市场营销学概论

主　编　邬晓鸥　张旭祥
副主编　王晓芳

西南师范大学出版社
国家一级出版社　全国百佳图书出版单位

图书在版编目(CIP)数据

市场营销学概论 / 邬晓鸥, 张旭祥主编. — 重庆：西南师范大学出版社, 2020.12
ISBN 978-7-5697-0280-4

Ⅰ.①市… Ⅱ.①邬… ②张… Ⅲ.①市场营销学—高等学校—教材 Ⅳ.①F713.50

中国版本图书馆CIP数据核字(2020)第235593号

市场营销学概论
SHICHANG YINGXIAOXUE GAILUN

主　编：邬晓鸥　张旭祥
副主编：王晓芳

责任编辑：任志林
封面设计：熊艳红
出版发行：西南师范大学出版社
　　　　　网址：http://www.xscbs.com
　　　　　地址：重庆市北碚区天生路2号
　　　　　市场营销部：023-68868624
　　　　　邮编：400715
印　　刷：重庆长虹印务有限公司
幅面尺寸：185mm×260mm
印　　张：19.75
字　　数：379千字
版　　次：2021年1月　第1版
印　　次：2021年1月　第1次印刷
书　　号：ISBN 978-7-5697-0280-4

定　　价：56.00元

前言 QIANYAN

市场营销学是一门建立在经济学、行为科学、现代管理理论基础上，吸收了心理学、社会学等诸多学科研究成果的交叉应用科学。市场营销学的研究对象是市场营销活动及其规律，即研究企业如何识别、分析、评价、选择和利用市场机会，从满足目标市场顾客需求出发，有计划地组织企业的整体活动，通过交换，将产品从生产者手中转向消费者手中，以实现企业营销目标。

随着我国社会主义市场经济的不断推进和深化，以及经济国际化的不断深入和拓展，市场营销学运用的领域和作用的空间正在不断扩大，得到国内越来越多的企业，包括非营利组织的重视和运用。市场营销学已经成为企业以及众多非营利组织生存与发展必不可少的理论源泉和实践指南。

市场营销学理论体系自从建立以来，一直随着时代的发展而不断完善与创新，源于实践，高于实践是它的特点。本书在全面介绍传统市场营销学理论的基础上，突出了市场营销实践的新观念、新方法。

本教材在编写上力求兼顾理论与实务，使两者能够完美地融合，相得益彰，理论全面、先进、适用，解释现实，指导实践，实务贴近实践，加深理论理解，增强学生的悟性，培养学生的能力。

本教材的主要特点是：

(1)体系完整，化繁为简。本书将市场营销学的理论浓缩为十四章，涵盖了市场营销学最基本、最核心的内容，以市场营销决策为主线，对市场营销活动所涉及的理念与实务进行阐述，摒弃了一些烦琐和过于理论化的内容。通过本书学习，学生可以掌握市场营销的基本知识、基本理论与基本方法，用以指导实践。

(2)内容新颖，概念准确。本书用较大篇幅介绍了市场营销学的新理论与新观点，反映了市场营销实践的新领域，力求概念准确、文字流畅、通俗易懂、内容实用，大量运用案例和举例方便学生学习和理解。

(3)案例的典型性。本书在进行案例选择时，充分考虑了案例的多元性，既保留了国外的经典案例,也提供了反映国内营销实践的新案例。所选案例贴近工作与生活实际,简单明了,易于理解,实用性强。

(4)便于学生学习。本书各章节脉络清楚,承接自然。重要概念均附有对应的英文,便于学生找寻、记忆和阅读相关外文文献。每章后面有复习思考题和案例分析,方便学生复习,也有助于提高学生运用所学理论解决现实问题的能力。

本书的编写借鉴了国内外营销学者的研究成果,除参考文献所列部分外,限于篇幅未能一一列出。在此,向众多市场营销学者表示衷心的谢意!

本书由于编者水平所限,难免存在欠妥与不足之处,敬请广大读者批评指正。

目录

第一章 市场营销与市场营销学
第一节 市场与市场营销 …………………………………001
第二节 营销观念与市场营销学 …………………………007

第二章 市场营销管理
第一节 公司战略与业务战略计划 ………………………022
第二节 市场营销计划 ……………………………………027
第三节 市场营销管理过程 ………………………………030

第三章 市场营销环境
第一节 微观营销环境 ……………………………………037
第二节 宏观营销环境 ……………………………………041
第三节 营销环境分析与企业对策 ………………………047

第四章 营销信息管理
第一节 营销信息系统 ……………………………………052
第二节 市场营销调研 ……………………………………055
第三节 市场预测 …………………………………………069

第五章 消费者市场分析
第一节 消费者需求与购买行为模式 ……………………086
第二节 影响消费者购买行为的主要因素 ………………091
第三节 消费者购买决策过程 ……………………………103

第六章 目标市场营销战略

第一节 市场细分 …………………………………………………… 116

第二节 目标市场与营销策略选择 ……………………………… 127

第三节 产品定位策略 …………………………………………… 132

第七章 市场竞争战略

第一节 竞争者分析 ……………………………………………… 138

第二节 市场领先者战略 ………………………………………… 145

第三节 市场挑战者战略 ………………………………………… 148

第四节 市场追随者与市场补缺者战略 ………………………… 152

第八章 产品策略

第一节 产品的概念 ……………………………………………… 158

第二节 产品组合策略 …………………………………………… 161

第三节 品牌策略 ………………………………………………… 163

第四节 包装策略 ………………………………………………… 170

第五节 产品生命周期 …………………………………………… 173

第六节 新产品策略 ……………………………………………… 179

第九章 价格策略

第一节 定价的依据 ……………………………………………… 191

第二节 定价方法 ………………………………………………… 195

第三节 定价策略 ………………………………………………… 199

第四节 价格调整 ………………………………………………… 206

第十章 渠道策略

第一节 分销渠道的职能与类型 ………………………………… 211

第二节 中间商 …………………………………………………… 214

第三节 分销渠道策略 …………………………………………… 219

第十一章 促销策略

第一节 促销与促销组合策略 …………………………………… 227

第二节　广告策略 ·· 230
　　第三节　营业推广策略 ·· 238
　　第四节　人员推销策略 ·· 244
　　第五节　公共关系策略 ·· 249

第十二章　国际市场营销
　　第一节　营销的全球视野 ·· 254
　　第二节　国际市场营销环境 ·· 257
　　第三节　国际市场的细分与选择 ···································· 262
　　第四节　国际市场营销组合 ·· 264

第十三章　网络营销与移动营销
　　第一节　网络营销 ·· 271
　　第二节　社交网络营销 ·· 279
　　第三节　移动营销 ·· 281
　　第四节　大数据营销 ·· 284

第十四章　营销发展
　　第一节　关系营销 ·· 290
　　第二节　体验营销 ·· 295
　　第三节　服务营销 ·· 299

主要参考文献 ·· 305

第一章 市场营销与市场营销学

提起市场营销，许多人首先想到的就是推销和广告。的确，我们每天都要通过媒体接触大量的电视广告、报纸广告、网络广告；进商场，有名目繁多的各种促销活动；哪怕逛街，也会收到各种宣传单。但是，进行推销和广告只是市场营销的冰山一角，它们虽然重要，但是只是众多营销活动中的两项，而且并不是最重要的。

第一节 市场与市场营销

现代营销之父，美国西北大学教授菲利普·科特勒（Philip Kotler）认为，营销（Marketing）是通过交换产品和价值，从而使个人或群体满足欲望和需要的社会和管理过程。站在企业的角度，营销就是企业为了从顾客身上获得利益回报，创造顾客价值和建立牢固顾客关系的过程。美国市场营销协会（American Marketing Association，AMA）下的定义是：市场营销是在创造、沟通、传播和交换产品中，为顾客、客户、合作伙伴以及整个社会带来价值的一系列活动、过程和体系。

这些不同的定义都涉及需要、产品、价值、交换等相关的概念，要准确理解市场营销，必须先了解这些相关概念。

一、需要、欲望与需求

1. 需要

营销的基石是人类的需要（Need）。所谓需要，是指一种缺乏的感觉，即基本的物质或精神方面没有得到满足的感受状态，包括对食物、衣服、安全等的基本物质需要；对归属感和情感的社会需要;对知识和自我实现的个人发展需要等。任何一种需要如果没有得到满足,人们就会不安、烦躁、紧张甚至痛苦。这些需要不是市场营销人员创造出来的,而是人类与生俱来的。任何营销组织或个人既不能创造也不能改变人的需要。

2. 欲望

欲望(Want)是指获得用来满足需要的某种具体物品或服务的愿望。对于同样的需要,欲望受到社会经济、文化、个性等因素的影响而存在差异,比如面对炎热的气候,人们有避暑降温的需要,不同地区、年龄或阶层的人可能形成对扇子、游泳、空调或避暑旅游的不同选择。市场营销人员无法创造需要,但可以影响欲望,并通过创造、开发和销售特定的产品或服务来满足欲望。

3. 需求

需求(Demand)是指人们具有支付能力并且愿意购买某种具体产品的欲望。当人们具有购买能力时,欲望便转化为需求。

例如,私家车给人们的生活带来了很大的便利,拥有一辆自己的汽车是很多人的愿望,但直到2003年底,国内私家车才达到1000万辆,因为这时候人们的收入普遍不高,而且汽车价格昂贵,而到2016年底,我国私家车拥有量达到1.46亿辆。这是因为一方面人们的收入水平提高了;另一方面,技术的发展使汽车生产成本降低,车更便宜了。这说明改革开放和社会主义市场经济使人们的支付能力显著增强,将许多人的欲望变为了需求和购买行为。

消费者的需要和欲望可以通过产品或服务得到满足。产品或服务是市场营销的对象,是用于价值交换的东西。科特勒称为营销供给物(Marketing offer)。

二、产品与服务

在市场营销学中,产品特指任何能用以满足人们需要或欲望的东西,既包括汽车、房屋、衣服等有形物品,也包括电影、教育、旅游等无形物品。但习惯上,人们将有形物品称为产品,无形物品称为服务。服务也可以理解为,向有需要的人提供的一种活动(比如教师的教学或借助CD对音乐作品的播放)。

消费者购买产品或服务是为了满足需要或欲望,他们关心的是产品或服务所提供的利益,产品(服务)只是消费者用来解决问题的工具。营销者如果只注重产品本身,而忽视产品所能带来的利益,就会陷入困境。比如,钻头制造商可能认为用户需要的是钻头,但实际上,用户真正想要的是孔。当某种能够更好、更便宜地满足用户需要和欲望的新产品出现时,制造商就会遇到麻烦,因为具有这种需要和欲望的用户将转向新产品。营销者的重要任务是分析用户的需要,向用户展示产品所包含的利益,而不能仅强调产品的外观和质量。

顾客面对众多可以满足特定欲望的产品或服务时,他们将如何进行选择?顾客会根据自己对产品或服务的感知价值形成期望,并做出相应的购买决策。满意的顾客会重复购买,并且把自己对产品的满意体验告诉其他人。不满意的顾客则转向竞争产品,并向其他人批评这种产品。营销者必须谨慎地确定合适的预期水平:如果设定的预期水平过低,他们也许能让那些购买者满意但无法吸引更多的购买者;如果设定的预期水平过高,购买者很可能不满意。

三、顾客价值与顾客满意

顾客价值与顾客满意是发展与管理顾客关系过程中的关键因素。价值是顾客就某种产品或服务满足其需求的能力所做出的评价。顾客按照"价值最大化"的原则,从一系列的品牌和供应商中选择感知价值最高的产品。

顾客感知价值(Customer Perceived Value)是指顾客在对比了其他竞争产品的基础上,对拥有和使用某种产品或服务的总利益与总成本进行衡量后的差额价值。例如,使用梅赛德斯-奔驰轿车的顾客,获得的主要利益是安全与自豪感,以及经久耐用的好处。顾客在做出购买决策之前,将权衡商品的价格、所付出的大量的精力、时间,以及所获得的利益,还要与其他品牌的轿车进行比较。

需要指出的是,顾客并不能很精确地分析某种产品的价值与成本,而是根据他们的感知价值行事。比如,一直以来,美国联邦快递展现给顾客的利益是快速而可靠的速递服务,但联邦快递的服务真的更快、更可靠吗?即便如此,它的服务真的值那么高的价格吗?几乎没有顾客能准确回答这一问题。美国邮政局就认为,自己的快件服务也很快、很可靠,价格还远远低于联邦快递。但联邦快递却占据了46%的市场份额,而美国邮政局只有6%。这充分体现了顾客感知价值的重要性。[①]顾客价值包含两个相关联的概念:总顾客价值与总顾客成本。

总顾客价值是指顾客期望从某一特定产品或服务中获得的一系列利益。总顾客价值包含四个方面的内容:①产品价值,即顾客购买和使用产品或服务时,可以得到的功能、可靠性、愉悦感等。②服务价值,即顾客可能得到的使用方法培训、安装、维护等服务。③人员价值,是指企业员工的知识水平、业务能力、工作效率与质量、经营作风、应变能力等所产生的价值。一个综合素质较高又具有顾客导向经营思想的工作人员,能够为顾客创造更高的价

---

① 菲利普·科特勒等.市场营销原理(第2版)[M].北京:清华大学出版社,2007

值,从而创造更多的满意顾客。例如,一位年长的技师不仅在几分钟内换好了轮胎,并且向顾客讲述了造成轮胎破损的几种可能原因,还回答了顾客汽车保养方面的问题。这位顾客所得到的人员价值是非常高的。④形象价值,是指企业及其产品在社会公众中形成的总体形象所产生的价值。如果企业具有良好的形象与声誉,顾客购买和使用该企业的产品就可能得到他人的赞誉,提升自己的社会地位。

总顾客成本是指顾客在评估、获得与使用产品或服务时预计会产生的付出。顾客为获得上述的一系列价值,一般会付出四个方面的成本:①货币成本,即顾客购买产品或服务支付的价格;②时间成本,即顾客在收集产品信息、选择产品、学习使用以及等待服务等过程中,付出的时间与机会成本;③精力成本,也叫精神成本,是顾客为学会使用和保养产品,联络企业营销人员,或为产品与服务的安全等付出的注意力、心理压力;④体力成本,即顾客为寻找、使用、保养、维修产品所付出的体力。

顾客根据自己所理解的价值来进行判断和做出选择,如图1-1所示。

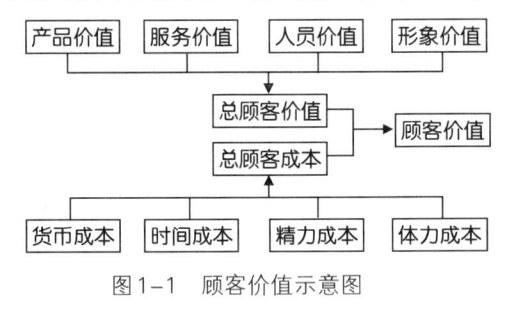

图1-1 顾客价值示意图

与顾客感知价值相似的一个概念是顾客让渡价值,这是菲利普·科特勒在《营销管理》一书中提出来的,他认为,顾客让渡价值(Customer Delivered Value)是顾客总价值与顾客总成本之间的差额。与顾客感知价值的主要区别在于,顾客让渡价值没有强调与竞争产品对比这一内容。对营销者来说,无论是顾客感知价值,还是顾客让渡价值,都是顾客总价值与顾客总成本之差,所以为了提升顾客价值,营销人员应努力提高产品或服务的价值,降低顾客评估、获得与使用产品或服务的成本。但要提高顾客感知价值,还必须比竞争对手更优秀,因为顾客是在对比了竞争产品的基础上,做出的购买决定。

顾客价值理论告诉我们:顾客购买产品所获得的不仅是产品具有的功能和质量;顾客所付出的也不仅是购买的价款。顾客价值是顾客购买产品所得到的"赢利"。企业希望通过销售获得最大利润,顾客也希望通过购买获得最大利益。顾客争取价值最大化的过程是一个"试错"的过程,通过不断的购买活动来积累经验和知识,依据消费的满意程度来调整或巩固自己对企业与产品的评价。满意的顾客更容易成为忠诚的顾客,并且给企业带来更多的业务。因为他们不仅自己会重复购买,还会影响别人的选择。

顾客满意(Customer Satisfaction)是顾客对一件产品的感知使用绩效与预期绩效进行比较所形成的感觉状态。顾客的感知使用绩效是顾客购买和使用产品以后,得到的好处,实现的利益,被提高的生活质量。顾客的预期绩效是顾客在购买以前,对产品可能给自己带来的好处、提供的利益的期望。预期绩效来源于顾客以往的购买经验,同事或朋友的影响,以及企业提供的信息与承诺。如果感知使用绩效低于预期绩效,顾客就不满意;如果感知使用绩效与预期绩效一致,顾客就满意;如果感知使用绩效超过了预期绩效,顾客会非常满意。

成功的企业为了让顾客满意,可以对产品做出某种程度的承诺,但真正的产品所能带给顾客的利益应大于该承诺。为了传递比竞争对手更高的顾客满意度,企业可以通过降低价格或加强服务等手段,但这可能使利润减少,因此,营销的目的是创造恰当的顾客价值,既能持续提供更多的顾客价值与满意,但是又不会赔上老本。

营销者分析顾客的需要与欲望,开发和提供满足顾客需求的产品与服务,努力提高顾客价值和顾客满意度,目的是为了实现价值交换。通过交换,顾客获得可以满足自己需要的有价值的产品或服务,营销者也换回对自己有价值的东西,比如可以用来购买生产资料的货币。当然,如果营销者是非营利组织,他们换回的可能是民众对自己的支持,人们对某种观点的接受等。

人的需要与生俱来,满足需要的方式也很多,只有当人们用交换这种方式来满足需要与欲望时,才会产生营销。营销可以理解为与想要某种产品、服务、思想或其他事物的目标人群建立和保持合理交换关系的所有活动。交换是市场营销活动的本质。

四、交换与市场

交换(Exchange)是指个人或组织以某种事物作为回报,从别人那里取得所需之物的行为。与其他满足需要或欲望的方式相比,交换可以让参与各方的利益增加,至少不会减少。因此,交换成为人们满足需要或欲望的最普遍的方式。

菲利普·科特勒认为,只有满足五个条件,才能发生交换:

(1)至少有两方,即有参与交易的人;

(2)各方都有被对方认为有价值的东西,即有交易的对象;

(3)各方都能传递信息和物品,即信息与物品能够流通;

(4)各方都有接收或拒绝对方物品的自由,即各方权利平等;

(5)各方都认为有必要进行交换,即通过交换各自的境况都能得到改善。

只有具备上述条件,交换才能进行。企业的营销活动,在很大程度上就是不断创造和完善这五个条件的过程。

交换需要通过某一市场来完成。传统的观点认为,市场是在一定时间、一定地点进行商品买卖的场所。它反映了商品交换的内容及其时间、空间含义,但只表现了市场的一个侧面,属于狭义的市场概念。在现代的交换活动中,随着技术的发展,大量的交易不需要买卖双方在同一时间、同一空间聚齐后才进行,比如电子商务,就是通过互联网这一虚拟的交易空间进行交换。所以,更准确的定义应该是:市场(Market)是由对特定或某类产品进行交易的买方与卖方的集合。也有观点将市场定义为:具有特定需要和欲望,愿意而且能够通过交换来满足这种需要或欲望的全部潜在顾客的总称。这种观点将买方集合称为市场,将卖方集合称为行业。图1-2显示了一个简单的市场营销系统:

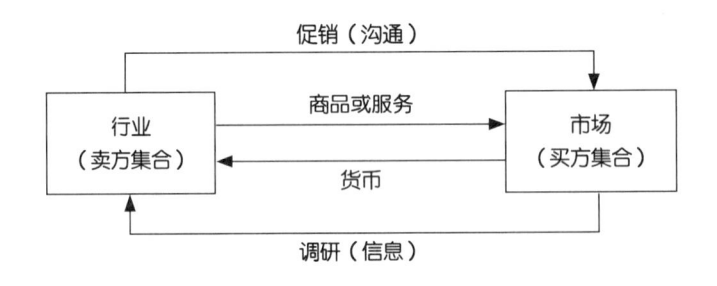

图1-2 市场营销系统

市场营销是交换活动。通过交换,各方获得自己所需所欲之物。在交换活动中,各方交换的迫切性、积极性,对于交换的要求等并不完全相同。营销者是在交换中积极、主动的一方。

五、营销者

营销者(Marketer)可以定义为:希望从其他人或机构那里得到资源并愿意以某种有价之物作为交换的人(或机构)。营销者可以是卖方,也可以是买方,这取决于竞争发生在哪一方。假如几个买房人都看中了同一套房屋,他们都会想办法提出更有吸引力的购买条件,争取房主能够选择自己,这时,买方是营销者,他们在进行营销活动。反之,若几个房主争取一个买房人选择自己的房子,那么卖方就是营销者。在有些情况下,买卖双方都在积极寻求交换,则双方都可称为营销者,他们在进行相互营销。在营销系统中,各参与者的关系如图1-3所示,这里将企业作为营销者:

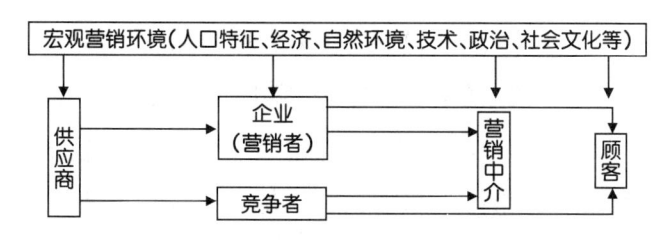

图1-3　现代营销系统的主要参与者

在这个系统中,营销者与竞争者都将产品与信息直接或通过中介间接传递给顾客。系统中所有参与者都受到宏观环境(人口特征、经济、自然环境、技术、政治、社会文化等)因素的影响。

系统中的每一个参与者都为下一个参与者创造价值。一个企业的成功与否不仅取决于自己的工作,还取决于整个价值链满足顾客的程度。例如,华润万家不可能单独保证出售低价的商品,除非供应商能提供低成本的货物。同样,长安汽车无法单独履行让顾客满意的承诺,除非经销商也能提供卓越的服务。

因为营销者是主动寻求交换的一方,所以他们必须事先为交换成功创造条件,使预期的交换成为现实的交换。

综合前面的分析,营销就是企业在研究顾客需要与欲望的基础上,通过创造顾客价值和获取利益回报来建立有价值的客户关系的过程。

第二节　营销观念与市场营销学

营销观念(Marketing Concept)是企业市场行为的指导思想,即企业在营销管理过程中,处理企业、顾客与社会三者利益关系所持的态度和理念。营销观念是一定社会经济环境的产物,随着社会经济环境的变化而发展和完善。

一、营销观念的发展

营销观念的演变可以划分为生产观念、产品观念、推销观念、市场营销观念、全面营销观念五个阶段。

(一)生产观念(Production Concept)

这是指导卖方行为的最古老的经营观念。它的基本观点是:顾客会接受任何他能买到且买得起的产品。这种观点认为顾客主要对可以买到且价格便宜的产品感兴趣,管理的主要任务是提高生产和分销的效率。这种观念的着眼点是产量,经营的基本策略是生产数量多、物美价廉的产品获得优势,基本方法是等顾客上门,通过大量生产和销售来取得利润。

奉行生产观念的企业,努力的方向是提高生产效率,它们往往生产某种单一的产品,使用效率更高的机器或生产方法,增加产量和降低成本,同时,通过广泛的分销渠道将产品尽可能多地销售给顾客。

福特汽车的创始人亨利·福特(Henry Ford)的营销理念就是完善T型车的生产,降低成本,让更多的人能够买得起这种汽车。他宣称"无论顾客想要什么颜色的汽车,我只提供黑色的"。

生产观念在某些情况下可能适用:一是某些产品供不应求,顾客最关心的是能否买到产品,而不关注产品的细节;二是某种具有良好市场前景的产品,其技术含量和生产成本较高,必须通过提高生产效率,降低成本来扩大市场。生产观念的主要问题是:过度注意自身的运作,无视顾客的需要。"我生产什么,你就要什么",这种观念更关心产品的数量,而不是质量。在产品供应充足,竞争激烈的市场上,生产观念很难取得成功。特别是,当产品积压时,提高生产效率反而会给企业带来更大的经营风险。

(二)产品观念(Product Concept)

这是继生产观念以后出现的经营观念。在西方,对产品观念的经典表述是"产品即顾客",也就是只要产品好,就不愁销路。这与我们熟悉的"酒香不怕巷子深"异曲同工。它的基本假设是:顾客喜欢质量好、功能多、操作方便的产品。因此,企业应集中精力改进产品,提高产品质量。柯达公司认为只要胶卷的质量好,一定会顾客盈门,但它忽视了顾客真正需要的是捕捉和分享回忆的方法,结果数码相机、照相手机夺取了它的大部分市场。

产品观念比生产观念更关注产品质量,这在一定程度上是一种进步,但它同样对顾客的需要漠不关心,只迷恋于自己认为的好产品。一个办公用品的制造商认为,自己生产的文件柜一定畅销,因为它非常结实耐用,从四层楼扔下去仍然完好无损,但顾客并不打算把它从四楼往下扔。即使顾客需要结实的文件柜,如果它在设计、包装、价格方面缺乏吸引力,在分销渠道上不够方便,也很难争取到消费者。

(三)推销观念(Selling Concept)

推销观念是市场经济从卖方市场向买方市场转变过程中产生的。这种观念认为:如果不积极进行促销和推销,顾客就不会购买足够多的产品。持有这样观点的企业认为,消费者普遍存在购买的惰性和对卖方的不信任。购买惰性使消费者不愿寻求不熟悉的产品,不去注意市场上更好的东西;不信任是因为他们觉得卖方都想骗取他们的钱财。解决的办法就是更多地向消费者做说服沟通工作,让消费者熟悉和信任企业与产品。

推销观念在非寻求类商品(Unsought Goods)的生产商中比较盛行。所谓非寻求类商品,就是在一般情况下,顾客不愿意主动购买的商品,比如百科全书或保险。在这类行业中,企业必须善于追踪可能的购买者,向他们灌输产品可以带来的各种利益,以完成销售。

大多数企业在生产能力过剩时,也会遵循这样的观念,它们的目标是销售生产出来的产品,而不是市场需要的产品。这种观念强调交易的完成而不是与顾客建立长期的互惠关系,具有很大风险。著名管理学家彼得·德鲁克(Peter F. Drucker)曾经说过:"可以设想,某些推销工作总是需要的,然而营销的目的就是要使推销成为多余。"

无论是生产观念、产品观念还是推销观念,本质上都是以企业为中心的营销观念。营销者的目光总是向内而不是向外看,只关注自己的产品,而不是去了解顾客的需要和欲望是什么,他们的需求是否得到了满足。市场营销观念被认为是营销观念的一次"革命",它强调以顾客为中心。

(四)市场营销观念(Marketing Concept)

一般认为,市场营销观念的核心原则定型于20世纪50年代中期。市场营销观念认为,实现企业目标的关键在于正确认识目标市场的需求,并且比自己的竞争对手更有效地传送目标市场所期望的东西。"顾客需要什么,我就生产什么"是这种观念的具体体现。

在许多人的观念里,营销与推销经常混为一谈。实际上,两者存在重要的区别。推销观念是由内向外的,它起始于工厂,关注点是企业当前的产品,通过大力的推销和促销获利。着眼于说服顾客,追求短期利益,而忽视了谁是购买者以及为什么购买的问题。

市场营销观念是由外向内的,它起始于目标市场,强调顾客的需要,协调影响顾客的所有营销活动,通过提供顾客价值和实现顾客满意,建立与顾客的长期互惠关系,以此获得利润和顾客资产。推销观念与营销观念的区别如图1-4所示。

营销观点强调,营销工作不是为自己的产品寻找合适的顾客,而是为你的顾客生产合适的产品。正如直销专家莱斯特·伟门(Lester Wunderman)所说:"工业革命的赞歌就是那些厂商说'这是我生产的,你能买下它吗?',而信息时代的要求是让消费者来问'这是我想要的,你能生产它吗?'"。

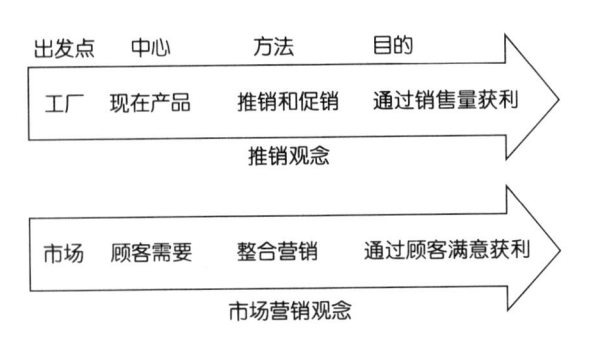

```
出发点      中心       方法         目的
┌─────────────────────────────────────────→
│  工厂    现在产品   推销和促销   通过销售量获利
└─────────────────────────────────────────→
                  推销观念

┌─────────────────────────────────────────→
│  市场    顾客需要   整合营销    通过顾客满意获利
└─────────────────────────────────────────→
                市场营销观念
```

图1-4 推销观念与市场营销观念的比较

履行市场营销观念不是简单地按照顾客表达出来的愿望进行设计和生产。顾客导向的企业经常进行市场调查，了解顾客需要，收集新产品和服务的点子。但这种方法通常适合顾客有明显的需求，并且知道自己想要什么的情况。

在很多情况下，顾客并不清楚自己想要什么，也不知道有哪些可能。比如，几十年前，很少有人会想到家里需要手机、笔记本电脑。这时候，需要驱动顾客的营销，营销者要比顾客更了解他们的需求，创造在目前以及将来能够满足顾客现实需求和潜在需求的产品和服务。索尼公司的创始人盛田昭夫的名言是："我们计划用新产品引导公众，而不是问他们需要什么产品。公众不知道什么是可能的，而我们知道。"

市场营销观念并非完美无缺，因为这种观念过于强调满足目标客户的需要，极力让目标客户满意，但却忽视了其他消费者的利益和社会整体利益。营销活动虽然可以满足目标客户的短期需要，但是否有利于他们的长期福利呢？随着全球环境问题、资源短缺问题日益突出，经济发展的可持续性和消费者的长远利益引起越来越多的关注。在这一背景下，正确的营销理念应该兼顾企业利益、合作方利益、消费者利益与社会利益，兼顾短期利益与长远利益。全面营销观念应运而生。

(五) 全面营销观念 (Holistic Marketing Concept)

全面营销观念强调营销应贯穿于"事情的各个方面"，认为市场是一个相互联系的有机整体，各个利益群体之间存在着必然的关系并且相互影响。企业必须采用更具整体性、长远性和关联性的方法来开展营销活动，同时关注营销实践中的每一个细节。全面营销观念试图揭示出营销活动的全部范围和复杂性，它涵盖四个关键要素：关系营销、整合营销、内部营销和社会营销。

(1) 关系营销 (Relationship Marketing)。关系营销把营销活动看成是一个企业与消费者、供应商、分销商、竞争者、政府机构及其他公众发生互动作用的过程，其核心是建立和发展与这些公众的良好关系。只有与这些相关者建立和谐的利益关系,企业才能赢得社会的支持和顾客的忠诚。

在一个全面开放的社会体系中,传统的营销理论越来越难以直接使企业获得经营优势,因为任何一个企业都不可能独立地提供营运所必需的资源,它需要通过银行获得资金、从社会招聘人员、与科研机构进行交易或合作、通过经销商分销产品、与广告公司联合进行促销和媒体沟通。不仅如此,企业还必须被更广义上的相关成员所接受,包括同行企业、社区公众、媒体、政府、消费者组织、环境保护团体等等。

狭义的关系营销理论强调建立和维护与顾客的良好关系,在与顾客保持长期的关系基础上开展营销活动,实现企业的营销目标。企业与顾客以承认相互利益为基础,建立彼此的信任关系。这种关系有助于降低交易成本,节约交易时间,甚至使交易成为一种惯例化的行为,正如人们追捧"名牌"产品的行为。

与关系营销相对应的是交易营销(Trade Marketing)。交易营销是指为了达成交易而开展的营销活动。它的特点是关注一次性交易,较少强调顾客服务,与顾客只保持适度有限的联系。交易营销以传统4Ps(产品、价格、分销、促销)理论为基础,以完成交换为目的。

交易营销认为市场是由同质性的无关紧要的个体顾客组成(至少在同一个细分市场是如此),关系营销则认为,每个顾客是需求、欲望和购买能力差异很大的个体,对企业来说,每个顾客对企业的价值也是不同的。卖方不应对每个顾客都同等对待,应将有价值的关键客户和其他客户区别对待。

交易营销认为市场中交易双方的主动性不同,即存在"积极的卖方"和"消极的买方",买卖双方是各自独立的因素,市场营销就是卖方的单方行为,卖方用产品、价格、促销等营销组合手段刺激顾客购买;关系营销则认为,具有特定需求的买方也存在寻找合适的供应商的过程,双方是互动的关系。

交易营销的产品概念主要是指产品的实体价值,而关系营销认为产品的价值既包括实体价值,也包括附在实体产品之上的服务,如按照客户的要求定制产品、从与供应商接触过程中得到的愉快感和咨询服务等。

交易营销完全依靠市场机制发挥作用,认为供应商与顾客都是完全的理性的"经济人",追求短期利益的最大化;关系营销则认为顾客是有限理性的"社会人",在交易中不但要得到经济价值还追求其他价值,供应商与顾客的关系以互惠为基础并存在"利他主义"倾向,关系的维护因素是信任与承诺。

交易营销的交易活动是由具体的单个交易事件组成,各个交易活动之间不产生相互作用;关系营销认为供求双方的交易是连续过程,大量的交易都是重复进行的,前一次的交易往往对以后的交易活动产生作用。如果顾客有一次满意的购买体验,在购买中得到超过预期的价值,那么,他就会把这种体验带到下次的交易活动中去。一次购买行为只是双方关系序列中一部分。表1-1展示了交易营销与关系营销的主要区别。

表1-1 交易营销与关系营销的主要区别

交易营销的特点	关系营销的特点
顾客平均化	顾客个别化
顾客匿名	顾客具名
标准化产品/服务	定制化产品/服务
大众化分销	个别分销
大众化促销	个别刺激
单向信息传递	双向信息沟通
规模经济	范围经济
市场份额	顾客份额
全部顾客	关键顾客
吸引顾客	维持顾客

企业选择关系营销还是交易营销取决于外部环境和内在条件。从客户方面看,有些顾客愿意与企业建立长期关系,有些则缺乏这种意愿。从供应商方面看,对有的客户希望建立稳定的长期关系,而对有的客户则不希望建立这种关系。从产品和服务的性质看,对于定制化、个性化的产品,需要供应商通过关系营销以满足特殊需求;当产品标准化程度较高时,则适宜交易营销。从市场环境来看,关系营销在环境不确定性大的情况下更有效,而交易营销适用于环境相对稳定的情况。

(2)整合营销(Integrated Marketing)。为了更好维系有价值的顾客,企业需要全面整合营销计划,为顾客创造、传播和交付价值。整合营销是一种对各种营销工具和手段进行系统化结合,根据环境进行即时性的动态修正,以使交换双方在交互中实现价值增值的营销理念与方法。整合就是把各种独立的营销活动综合成一个整体,以产生协同效应。

菲利普·科特勒在《营销管理》一书中从实用主义角度揭示整合营销实施的方式,即企业里所有部门都为了顾客利益而共同工作;这样,整合营销就包括两个方面的内容:一是不同营销功能——销售、广告、产品管理、售后服务、市场调研等必须协调;二是营销部门与企业其他部门,如生产部门、研究开发部门等职能部门之间的协同。

(3)内部营销(Internal Marketing)。要实现整合营销,还需要借助于内部营销。内部营销是一种把雇员当成消费者,取悦雇员的哲学。菲利浦·科特勒认为:"内部营销是指成功地雇佣、训练和尽可能激励员工很好地为顾客服务的工作。"也就是重视员工需求,通过向员工提供良好的培训、发展机会和奖励机制,认可他们所做出的贡献,激发员工的工作积极性,以便一致对外地开展外部营销。

内部营销基于这样一种理念:满意的员工产生满意的客户。要想赢得客户满意,首先要让员工满意;只有满意的员工才可能以更高的效率和热情为外部客户提供更优质的服务,并最终使外部客户感到满意。

内部营销还强调培养和训练企业员工以满足顾客需求作为宗旨和准则,并逐步在意识上和行为上产生认同感。不仅对顾客导向有认同感,还对企业的产品和品牌有认同感。因为把自己都不了解或者不喜欢的产品推销给客人,确实需要相当的勇气与智慧。一个冷饮店的店员如果只能告诉顾客哪几款饮品卖得好一点儿,却连口感、味道都一无所知的话,很难想象顾客会有购买的兴趣。主题公园行业的领先者迪士尼,专门创办了迪士尼大学,从基层一线员工到高级管理者,无论哪个层级的新员工入职后都要经过两天的"迪士尼传统培训"。培训的内容以企业的历史、文化理念、行为及服务标准为主,并树立员工的主人翁意识。

营销战略如果仅仅让顾客、员工或其他直接影响企业利益的相关者满意,还远远不够。企业应该认识到,营销活动不仅对企业和顾客有影响,也会对社会产生一定的冲击,所以营销者需要在道德、环境、法律和社会等层面考虑自身的行为倾向,必须在企业利润、消费者需求和公众利益之间求得平衡,要主动承担企业的社会责任,树立社会营销观念,才能保证企业的可持续发展。

(4)社会营销(Social Marketing)。社会营销观念认为,营销战略在给顾客传递价值时,应该保持或发展消费者与社会两方面的利益。社会营销观念的背景是:在现代社会,人们更重视社会各个阶层的和谐、人与自然的和谐,对社会发展可持续性的认识和诉求越来越多地反映到营销活动中,营销已逐渐超越了企业实现产品销售的狭隘领域,引入到更为广阔的人类发展空间里。"人道主义营销""绿色营销""社会责任营销"这些营销理念都属于社会营销的范畴。

市场营销观念强调满足顾客的需要,但它忽视了顾客需要与顾客利益、顾客长期利益与短期利益、个别消费者利益与社会福利之间的冲突。社会营销追求企业发展、顾客需要与社会利益的平衡,更注重长期利益与整体利益。随着人们收入水平和受教育程度的提高,人们开始关注发展的可持续性,关注环境保护和社会和谐,这也符合马斯洛的需求层次理论。在这一背景下,企业的营销活动也越来越重视产品对人和环境的长期影响,越来越多地参与社会公益事业。社会责任已成为众多行业的重要卖点。在尼尔森公司的"2015年全球企业可持续发展报告"中,66%的受访者表示愿意为其价值观与自身价值观相一致的公司的产品支付更多的费用。

在营销界,大家公认社会责任营销的创始者是美国运通公司(American Express),它是全球第一家在营销活动中将信用卡的使用与公司捐赠相对应的公司。2002年,农夫山泉借用运通公司的做法启动了"阳光工程",以"每卖一瓶水就捐一分钱"的形式从销售额中提取费用用于公益事业,获得了极大成功,半年时间向全国24个省39个市(县)的397所学校捐赠了价值501万元的体育器材。从这个意义上说,塑造品牌的社会责任形象不仅仅是为了被尊敬,在企业身体力行实践社会责任的同时,能够较快速地提升品牌的知名度和美誉度,从而提高企业的长期盈利能力。正像美国运通公司的一位总经理所说的那样:"社会责任是一个很好的营销诱饵。"

营销观念的变化与社会生产力的发展,人们的收入水平和知识水平的提高都密切相关,营销者需要注意这些变化与发展,树立和运用更为先进的营销理念指导营销活动。

对这些营销观念进行归纳和分析,并提出新的营销思想,指导企业经营活动的是市场营销学。市场营销学是研究市场营销活动及其规律的科学。

二、市场营销学的产生与发展

一般认为,市场营销学于20世纪初诞生于美国,后来传播到欧洲、日本和其他国家,并在实践中不断完善与发展。市场营销学的发展大体经历了六个阶段:

(一)萌芽阶段(1900—1920年)

这一时期,美国由于西部大开发和铁路修建运动,城市经济迅猛发展,国内市场不断扩大,商品需求量亦迅速增多,出现了供不应求的卖方市场。但由于企业数量的增加和产能扩大,竞争也很激烈。为了占领新的市场,企业日益重视广告与分销。1902年,美国密执安大学、加州大学和伊利诺伊大学的经济系开设了市场学课程。

1910年,执教于威斯康星大学的巴特勒(Ralph S.Bulter)教授出版《市场营销方法》一书,首先使用市场营销(Marketing)这一术语。

哈佛大学教授赫杰特齐(J.E.Hagerty)通过走访大企业主,了解他们的市场营销活动,于

1912年出版了第一本销售学教科书《市场营销学》,它的问世是市场营销学诞生的标志。

阿切·W.肖(Arch.W.Shaw)于1915年出版了《关于分销的若干问题》一书,率先把商业活动从生产活动中分离出来,并从整体上考察分销的职能。

韦尔达(L.D.H.Weld)提出:"市场营销应当定义为生产的一个组成部分。"并认为"市场营销开始于制造过程结束之时"。

这一阶段的市场营销学研究内容仅限于商品销售和广告业务等方面,研究活动基本局限在大学校园,还没有引起社会的广泛重视。

(二)职能研究阶段(1921-1945年)

"一战"以后,美国经济地位和国际地位显著提高,国民收入也迅速增加,个人的消费结构发生了变化,除粮食等必需品以外的消费都有所增加。但1929—1933年的资本主义经济危机,使生产过剩的问题凸显出来,为了争夺市场,企业开始重视营销活动,市场营销学研究大规模开展起来。这一时期的研究开始强调市场营销的职能。

1932年,克拉克和韦尔达出版了《美国农产品营销》一书,对美国农产品营销进行了全面的论述,指出市场营销的目的是"使产品从种植者那里顺利地转到使用者手中"。在这一过程中,市场营销的职能包括"集中、储藏、融资、承担风险、标准化、推销和运输"。1942年,克拉克出版的《市场营销学原理》一书,在职能研究上有所创新,把市场营销职能归结为交换职能,实体分配职能,辅助职能等,并提出了推销是创造需求的观点。这些观点已经具备了现代市场营销学的雏形。

(三)形成和巩固时期(1946-1955年)

"二战"以后,社会主义国家纷纷诞生,亚非拉许多国家也从西方殖民统治下相继获得独立,资本主义世界的市场相对狭小,而战时膨胀起来的生产力需要新的市场,竞争日趋激烈。市场营销学者开始从社会科学其他领域寻找灵感。

这一时期,有两部重要的著作问世:一部是范利(Vaile)、格雷斯(Grether)和考克斯(Cox)合作完成的《美国经济中的市场营销》,另一部是梅纳德(Maynard)和贝克曼(Beckman)合著的《市场营销学原理》,两部著作都在1952年出版。《美国经济中的市场营销》一书全面地阐述了市场营销如何分配资源;市场营销如何影响个人分配,而个人收入又如何制约营销;书中还提出市场营销应包含为市场提供适销对路的产品。而《市场营销学原理》提出了市场营销的定义,认为它是"影响商品交换或商品所有权转移,以及为商品实体分配服务的一切必要的企业活动"。梅纳德归纳了研究市场营销学的五种方法,即产品研究法、机构研究法、历史研究法、成本研究法及职能研究法。

这一时期,市场营销的原理与方法初步确立,表明市场营销学已逐步形成。

(四)市场营销管理导向时期(1956—1965年)

1957年,美国著名营销理论家约翰·霍华德(John A.Howard)出版了《市场营销管理:分析和决策》,首次使用"市场营销管理"一词,从营销管理角度论述市场营销理论和应用,通过企业环境与营销策略二者关系来研究营销管理问题,强调企业必须适应外部环境。霍华德提出了不可控因素与可控因素,他认为,社会政治经济环境是企业无法控制但可以认识和利用的,产品、分销渠道、定价、广告、人员推销等,则是企业可以利用的手段,营销的任务就是运用这些手段来适应环境。

麦卡锡(E.J.McCarthy)在1960年出版的《基础市场营销学》一书中,把消费者视为一个特定的群体,即目标市场,企业通过制定市场营销组合策略,适应外部环境,满足目标顾客的需求,实现企业经营目标。他首次提出营销组合四要素(4Ps):即产品(Product)、价格(Price)、渠道(Place)、促销(Promotion),并且明确了以消费者为中心的营销管理框架图。

霍华德与麦卡锡被认为是对市场营销思想做出卓越贡献,并将市场营销理论系统化的代表人物。

(五)协同和发展时期(1966—1980年)

经过前面几个阶段的发展,市场营销学逐渐从经济学中独立出来,又吸收了管理科学、行为科学、心理学、社会学等学科的若干理论,开始统合。这一时期的代表人物是乔治·道宁(George S.Downing)和菲利浦·科特勒。

道宁的主要贡献是首次提出系统研究方法,在1971年出版的《基础市场营销:系统研究法》一书中,他认为,企业作为一个营销系统,是社会大系统的组成部分,社会大系统由市场、资源和各种社会组织等组成,企业受到大系统的影响,同时又反作用于大系统。企业本身也是由若干部门即子系统构成的,市场营销不仅是一种职能,而且是一个与各种子系统始终有密切关系的过程。

菲利浦·科特勒是当代最有影响力的营销学家。1967年,菲利浦·科特勒出版了《市场营销管理:分析、计划与控制》一书,该著作继承了霍华德、麦卡锡等人的研究成果,全面、系统地发展了现代市场营销理论。他还提出了市场营销是与市场有关的人类活动,既适用于营利组织,也适用于非营利组织,扩大了市场营销学研究和应用的范围。

(六)分化和扩展时期(1981—)

在此期间,市场营销领域又出现了大量新的概念,市场营销这门学科出现了变形和分化的趋势,其研究和应用范围也在不断地扩展。

1981年,莱维·辛格和菲利普·科特勒对"市场营销战"这一概念以及军事理论在市场营销战中的应用进行了研究。

1984年,菲利浦·科特勒根据国际市场及国内市场贸易保护主义抬头,出现封闭市场的状况,提出了"大市场营销"理论,即6P战略:在原来的4P基础上增添了两个P,即政治权力(Political Power)及公共关系(Public relationship)。他提出了企业不应只被动地适应外部环境,而且也应该影响企业的外部环境的战略思想。

1985年,巴巴拉·本德·杰克逊(Barbara Bund Jackson)提出了"关系营销"等新观点。他认为关系营销就是把营销活动看成一个企业与消费者、供应商、分销商、竞争者、政府机构以及其他公众发生互动的过程,其核心是建立、发展、巩固企业与这些组织和个人的关系。

20世纪90年代以来,关于市场营销网络、政治市场营销、市场营销决策支持系统、市场营销专家系统等新的理论与实践问题开始引起学术界和企业界的关注。进入21世纪,互联网的普及和应用,推动着网上虚拟市场的发展,基于互联网的网络营销得到迅猛发展,网络营销、移动营销的研究也取得了丰硕的成果。

三、市场营销学的研究对象与方法

(一)市场营销学的研究对象

菲利浦·科特勒认为,市场营销学的研究对象是企业的这一职能:识别目前未满足的需求与欲望,估量和确定需求量的大小,选择本企业能提供服务的最好的目标市场,并且决定适当的产品、服务和计划,以便为目标市场服务。

美国市场营销协会的定义是:市场营销学是研究"引导商品和服务从生产者流转到消费者和使用者手中所进行的一切企业活动"。

可以认为,市场营销学的研究对象是市场营销活动及其规律,即研究企业如何识别、分析、评价、选择和利用市场机会,从满足目标市场顾客需求出发,有计划地组织企业的整体活动,通过交换,将产品从生产者手中转向消费者手中,以实现企业营销目标。

(二)市场营销学的性质

市场营销学是否是一门科学?它是什么性质的科学?对此,国内外学术界持有不同的见解。概括起来,大致分为三种观点:

第一种观点认为市场营销学不是一门科学,而是一门艺术。他们认为,工商管理包括市场营销管理在内,不是科学而是一种教会人们如何作营销决策的艺术。

第二种观点认为市场营销学既是一种科学,又是一种行为和一种艺术。即市场营销有时偏向科学,有时偏向艺术。当收集资料时,需要尽量用科学方法收集和分析,这时科学成分比较大;当要做最后决定时,主要是依据企业领导者的经验和主观判断,这时便是艺术。

第三种观点认为市场营销学是一门科学。这是因为,市场营销学是对现代化大生产及商品经济条件下工商企业营销活动经验的归纳和概括,它阐明了一系列概念、原理和方法。市场营销理论与方法一直指导着国内外企业营销活动的发展。

将市场营销学认为是艺术的观点,主要问题在于将市场营销同市场营销学混同起来了。市场营销是一种活动过程、一种策略,因而是一种艺术。而市场营销学是对市场营销活动规律的概括,因而是一门科学。

对于市场营销学是一门经济科学还是一门应用科学,学术界对此也存在两种观点:少数学者认为市场营销学是一门经济科学,是研究商品流通、供求关系及价值规律的科学。另一种观点认为市场营销学是一门应用科学。菲利浦·科特勒在《市场营销学原理》序言中指出:"市场营销学是一门建立在经济科学、行为科学、现代管理理论之上的应用科学。"

(三)市场营销学的理论来源

市场营销学是建立在多种学科理论基础上的管理科学,属于管理学的分支学科。它的理论来源主要包括:

(1)经济学。这是市场营销学最重要,也是最直接的理论来源。经济学是研究资源配置与利用的科学,市场营销学也研究如何用有限的资源通过科学分配来满足竞争的需要。市场营销学最初是从研究商品交换开始的,微观经济学的很多理论为市场营销学研究奠定了基础,比如,供求理论、交易成本理论和市场理论等。宏观经济学中的国际贸易理论也为市场营销学发展提供了原料。

(2)行为科学。行为科学研究人的行为产生、发展和相互转化的规律。其中,消费者行为理论与组织行为理论都是市场营销学研究直接的理论来源,比如,消费者行为理论给以消费者为中心的市场营销学提供了新的养分。分析消费者的需求、动机、态度和行为,以及如何适应和引导消费者的需求,都可以从行为科学里找到有益的东西。

(3)心理学。心理学是研究人们的心理、意识和行为,以及个体如何作为一个整体与其周围的自然环境和社会环境发生关系的科学,其研究对象就是人。而人正是市场营销活动的主体,也是市场营销学研究的对象。由于两者研究对象的相同,逐步形成了一门专门研究营销心理活动的新学科——市场营销心理学。广告促销策略、定价策略和消费者行为研究都运用了心理学的研究成果。

(4)社会学。社会学的观点主要应用于市场分析,比如消费者行为研究所涉及的参照群体、家庭、社会阶层、文化和亚文化等,关系营销理论所涉及的关系与网络都是社会学中重要的概念。

再比如,针对新产品传播的不同阶段制定相应的营销策略,重视舆论领袖和口头传播的作用,这些原则都运用了社会学的创新传播理论。市场营销学者越来越重视市场营销活动中参与者之间的社会关系,因此,社会学的观点和方法将会在市场营销学中得到更为广泛的应用。

此外,数学和哲学也为市场营销学研究提供了重要的方法论。在制定企业营销计划时,必须对销售量、成本、利润等进行科学的估计,微积分、概率、数理统计方面的知识必不可少。哲学领域的系统论观点、普遍联系观点指导市场营销学研究从分销、促销向营销组合,从商品流通向服务和非营利组织领域拓展,引导市场营销学不断从其他学科获得新的灵感。

市场营销学的发展是一个兼容并蓄的过程,这些学科都为其发展奠定了坚实的理论基础。

(四)市场营销学的研究方法

(1)产品研究法。强调对某类产品或服务的营销问题进行分别研究,如农产品、工业品、矿产品、消费品及劳务等。主要研究这些产品的设计、包装、商标、定价、分销、广告及各类产品的市场开拓。这种研究方法可详细地分析研究各类产品市场营销中遇到的具体问题,但需耗费巨量人力、物力和财力,而且重复性很大。

(2)消费者研究法。满足消费者需求是市场营销的出发点,也是市场营销能否取得成功的关键。消费者的行为是有规律可循的,通过研究消费者个体特征和行为规律,可以为企业制定适当的营销组合策略提供依据。

(3)系统研究法。宏观经济社会环境、消费者、竞争者、合作者和企业自身构成了一个相互影响和作用的大系统,企业内部的各职能部门也构成了相互影响的内部营销系统。市场营销学需要研究各职能部门如何协调,外部环境各要素之间的关系,以及企业与外部环境的关系,才能制定合理的营销计划和营销策略。

(4)案例分析法。市场营销学是以典型企业的营销活动作为例证,归纳出有规律的东西。运用案例分析法一方面可以增强企业对营销学理论的理解,提高企业营销管理水平;另一方面,有助于从中提炼出有普遍指导意义的规律,发展营销理论。

(5)管理研究法。这是一种从管理决策的角度来分析、研究市场营销问题的方法。从管理决策的观点看,企业营销受两大因素的影响:一是企业不可控制因素,诸如人口、经济、政治、法律、物质、自然、社会文化等因素;二是企业可控制因素,即产品、价格、分销及促销。企业营销管理的任务在于全面分析外部不可控制因素的作用,针对目标市场需求特点,结合企业目标和资源,制定最优的营销组合策略。

复习思考题

1. 需要、欲望与需求有何区别与联系?
2. 顾客价值理论对企业营销活动的启示是什么?
3. 营销观念与推销观念有何不同?
4. 全面营销观念是在什么背景下提出的?有哪几个要素?
5. 简述市场营销学发展的主要阶段,各个阶段的代表人物及其主要观点。

案例分析

茶饮料里没有茶

张一元,京城百年老字号,"货真价实"四个字一直被张一元奉为圭臬。早在1995年,在普通消费者还不清楚茶叶农药残留为何物时,他们就把上柜台的200多个品种主动送到设在杭州的国家茶叶质检站检测,这在茶行里也是头一份。在历次国家抽检中,张一元产品从未出现过不合格的现象,也因此成为北京人心目中值得放心购买的产品。2002年张一元在通州区成立饮品有限公司,准备大举进入每年一亿元的国内茶饮料市场,这时康师傅、统一、娃哈哈、雀巢、立顿已是群雄环伺,但张一元有众多门店和制茶卖茶的天然优势,这些本土优越条件是外来户康师傅想都不敢想的。还有一层,康师傅"冰红茶""冰绿茶"里居然没有茶!天时、地利、人和,这些主客观因素胶合在一起,让正宗含茶的饮料——张一元想做不成都难。但几年后,张一元却拱手让出占据400家超市的大好河山,黯然退出茶饮料和果汁饮料市场,偏安一隅,只搞门店销售。张一元和康师傅的不同之处在于:康师傅充分利用各种媒体和广告,以及大量的门店促销、有奖销售等活动,大造声势,狂轰滥炸,反复说服,先声夺人,一举撬动市场。而张一元仅仅搞了一个公交车广告,公司的副总经理郭翔还提到,"超市有名目繁多的费用,新品还遇到别的品牌的促销打压,而张一元虽是老的茶叶品牌,但在饮料市场还是个小品牌,饮料市场是大投入大产出。"更重要的一点,康师傅的茶饮料里没有茶,但有的是足以吸引年轻人的快乐与轻松,避开喝茶群体,功夫在茶外。

(资料来源:①《"窖制"张一元》21世纪经济报道;②《王秀兰:用良心泡出百年名茶》北京晨报)

案例思考

1. 分析张一元与康师傅在茶饮料市场的营销观念。

2. 分析张一元在茶饮料市场失败的原因。

3. 张一元可以进行怎样的营销改进?

第二章 市场营销管理

在现代市场经济环境中,市场营销活动是整个企业经营的核心,市场营销管理(Marketing management)是为实现企业目标,建立、发展、完善与目标顾客的交换关系,而对营销方案进行的分析、设计、实施与控制。市场营销管理活动在营销战略的指导下进行,而营销战略服从服务于公司战略。

第一节 公司战略与业务战略计划

一、营销战略规划的层次

现代大型企业一般由四个组织层次构成:公司(决策)层、部门(职能)层、业务层、产品层,每个层次都需要制定各自的战略计划。战略是指一个组织全局性和决定性的规划。

企业营销战略结构体系和各层次战略规划的主要工作内容如图2-1所示:

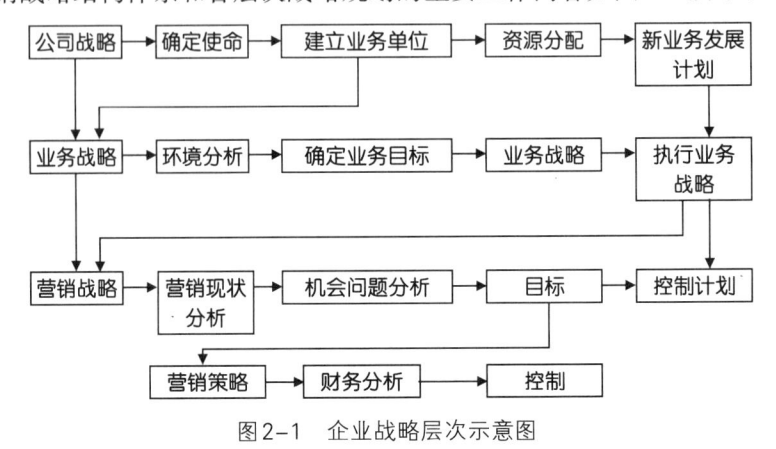

图2-1 企业战略层次示意图

公司层负责制定总体战略计划,指导整个企业的发展方向,并决定资源的分配和发展新业务的规划。它主要强调两个方面的内容:一是"应该做什么业务",即从公司全局出发,根据外部环境的变化及企业的内部条件,确定企业的使命与任务、产品与市场领域;二是"怎样管理这些业务",即在企业不同的业务单位之间如何分配资源以及采取何种成长方向等,以实现公司整体的战略意图。

各业务单位根据公司总体战略,制定自己的战略计划,以便有效利用各种资源,取得良好的经济效益。由于各个业务部门的产品或服务不同,所面对的外部环境(特别是市场环境)也不相同,企业能够对各项业务提供的资源支持也不一样,因此,各部门在参与经营过程中所采取的战略也不尽相同,各经营单位有必要制定指导本部门产品或服务经营活动的战略,即业务层战略。对于只经营一种业务的小企业,或者不从事多元化经营的大型企业,业务层战略与公司战略是一回事。

每个业务单位内的产品层需要为每个产品、品牌制定相应的营销战略计划,实现该产品的预定市场目标。

二、公司战略规划的基本内容

公司战略规划是在组织目标、资源和市场机会之间建立与保持可行的适应性管理的过程。战略规划的目标是帮助企业不断选择、组织和调整业务,合理配置经营所需的资源,使各项业务相互协调、相互支持,从而实现企业的利润目标和持续的发展。

公司战略规划包括四项基本内容:①确定公司使命;②建立战略业务单位;③为战略业务单位分配资源;④发展新业务。

所谓公司使命,就是公司应该完成的目标、任务或必须履行的社会责任。组织的存在是为了在一定环境中完成某些任务,比如,制造汽车(比亚迪)、金融服务(中国银行)、提供住宿(如家)。公司的使命或业务在最初是很明确的,但如果经营环境发生变化,公司的人员、资源变动,或新的市场机会的出现,公司就可能调整自己的目标。确定公司使命应避免过于狭窄或过于宽泛:过于狭窄会导致公司不能把握有利的机会或规避风险,限制公司发展,比如某公司将产品定义为人力车,在汽车出现后可能就没有市场,如果定义为交通工具,则能更好地适应环境的变化;但过于宽泛也会使公司目标不明确,经营没有重点,比如铅笔制造商声称自己从事信息交流工具的生产。

为了让公司的使命更明确,公司需要制定任务说明书,具体阐述公司的发展目标、方向和机会。任务说明书通常应包括以下几方面的内容:行业范围、产品与应用范围、能力范围、市场细分范围、纵向范围以及地理范围。

公司在确定了战略任务以后,就要考虑建立战略业务单位(Strategic Business Unit, SBU)。战略业务单位就是在公司中有独立的使命和目标,可以不受公司其他业务影响,能够为其专门制定营销战略计划的最小经营单位。一个SBU可以是公司的一个或几个部门,或者是某部门的某类产品,有时也可以是一个单独的产品或品牌。

一个战略业务单位有三个基本特点:①它是一项独立业务或者相关业务的集合体,在工作的计划等方面能与公司的其他业务分开而单独运作;②每个战略业务单位有自己的竞争者;③它有专职的经理,负责战略计划、利润业绩,并且控制着影响利润的大多数因素。

公司划分战略业务单位的目的,就是将公司有限的资源在各个战略业务单位之间进行合理分配。公司会基于对战略业务单位的综合评价决定资源的分配。最常用的两种评价方法是:波士顿咨询公司法和通用电气公司法。

对公司现有的业务组合进行分析,并拟定战略业务计划以后,公司可以对现有战略业务单位的销售额和利润进行预测。如果公司预计的销售额和利润低于管理者的期望,公司还需要制定新业务发展计划,扩大现有的经营领域。

公司的战略计划是在组织的目标、能力与不断变化的营销机会之间,建立和保持战略适配的过程。在公司战略的基础上,各战略业务单位需要制定各自的战略计划,以支持公司的整体战略。

三、业务战略计划

公司战略反映公司发展的方向,往往不是非常的具体,各业务单位需要更具体的战略计划来指导业务活动。业务层的战略营销计划制定通常需要以下步骤:

(一)明确业务任务

在公司业务范围内,各战略业务单位应明确自己的任务,对本业务单位的业务范围做出更详尽的界定:本单位准备满足的具体需要,提供的产品,采用的技术,产品的市场细分和目标市场,经营的地理范围等。任务书还应该说明本单位所开展的具体业务同公司整体战略之间的关系。

(二)环境分析

对业务面临的外部环境和内部环境进行分析。常用的分析方法是SWOT分析法,SWOT法是对业务单位的优势(Strengths)、劣势(Weaknesses)、机会(Opportunities)和威胁(Threats)进行全面的分析和评价。

(1)内部环境分析。

内部环境分析是对业务单位的优势和劣势进行分析。内部环境决定业务单位的竞争能力,也就是把握机会和应对威胁的能力。内部环境可以从四个方面进行分析:①营销能力,包括企业知名度及信誉、市场份额、产品质量、服务质量、定价效果、分销效果、促销效果、销售人员、创新能力、市场覆盖区域等。②财务能力,包括资金成本、现金流量、资金稳定性等。③生产能力,包括设备、规模经济、生产能力、员工素质、按时交货能力、技术与制造工艺等。④组织能力,包括领导者能力、员工的奉献精神、适应能力与应变能力等。

(2)外部环境分析。

外部环境分析是对业务单位面临的机会和威胁进行分析。业务单位的生存和发展,与外部环境密切相关。外部环境包括宏观环境(人口、经济、技术、政治法律、社会文化等),以及微观环境(顾客、竞争者、分销商、供应商等)。后面第三章将具体介绍外部环境的分析。

外部环境分析的目的是发现或识别潜在的机会或威胁,以提高业务单位的环境适应能力。机会是业务单位通过努力可以盈利的需求领域。比如,产品供应短缺,竞争对手失误,新技术等。对机会的分析主要是判断市场的吸引力和成功概率,成功概率不仅取决于自身的实力能否提供市场需要的东西,还取决于能否超越竞争者。

威胁是环境中一种不利的发展趋势所形成的挑战,比如竞争者采用新技术,替代品的出现,经济放缓等。如果不采取果断的战略行为,这种不利趋势将导致公司的竞争地位受到削弱。对威胁的分析主要集中在威胁的严重性和发生的概率方面。

将机会与威胁的分析结合起来,则企业的业务可以分为四种类型:麻烦业务(机会少、威胁多),风险业务(机会多、威胁多),成熟业务(机会少、威胁少),理想业务(机会多、威胁少)。

在分析自身能力和外部环境的基础上,业务单位可以制定战略周期内需要达到的目标。

(三)制定目标

业务单位的战略目标是战略任务的进一步具体化。大多数业务目标都是一系列目标的组合:提高利润率、提高销售额增长率、增加市场份额、提高声誉等。

目标的制定应该符合以下要求:①重点突出。业务单位希望实现的目标往往不止一个,但受条件限制,多个目标不可能同时实现。应该将目前最为重要的、最迫切需要实现的目标放在首位。比如提高市场知名度是首要目标,那么盈利目标就应放到次要位置。②层次化。将总目标分解为更具体的子目标,以便进行分工和利于控制。③数量化。目标应该是可量化的、客观的。比如"提高利润率"就不如"将利润率提高到30%"明确和易于执行。④现实性。即目标应建立在业务单位现有的资源条件上,通过努力可以在战略周期内实现。⑤协调性。各目标应该能相互配合与补充,避免相互矛盾或冲突。比如,追求"销量最大化与利润最大化"的目标,可能就难以实现,特别是消费者对价格比较敏感的市场,而且,增加销量往往需要增加促销费用,这也影响到利润最大化的实现。⑥时间性。明确目标完成的时间,以便于业务单位执行和控制。

(四)战略制定

目标代表业务单位努力的方向,战略则说明实现目标的方法。实现目标的战略是多方面的,包括竞争战略、开发战略、布局战略等。

竞争战略是针对不同的竞争对手和竞争环境而对业务单位所确定的竞争指导思想。根据迈克尔·波特(Michael E.Porter)的理论,竞争战略可分为:①全面成本领先战略。业务单位集中力量促进生产成本和销售成本最低,这样就能以低于竞争者的价格赢得市场份额。②差别化战略。业务单位结合自身优势和市场空白,通过提供有特色的产品或服务来赢得市场,成为某一方面的领先者。比如,企业的产品质量最好、故障率最低,或售后服务最完善,能够比别的竞争者更快响应用户的要求。这需要企业在创新能力、应变能力和营销能力之中,至少有一个方面的优势。③集中化战略。业务单位将营销目标集中在一个或几个较小的目标市场上,通过产品差异性或低成本优势,获得竞争优势。例如,挪威的造船业难以在整体上与欧、美、日等实力强大的造船企业匹敌,于是选择专注于制造破冰船而大获成功。

开发战略是企业开辟新的市场领域的方法。比如在进入市场的初期,企业可以采用造势型战略,以大张旗鼓的宣传和推广活动快速提高产品的知名度,让消费者能够慕名购买;也可以选择渐进型战略,以推销宣传和销售现场宣传的方式进入市场,让消费者在接触产品和销售人员的过程中,逐渐了解产品。

布局战略是对业务展开区域及进入的顺序和方式的规划。企业可以选择对市场的全方位覆盖战略,也可以选择重点覆盖或分片覆盖战略;可以采用跳跃式布局战略(即在各重要的战略目标市场,先行进入一些单位,然后再逐步扩展),也可以采用梯次推进战略(即以重点或已有的市场为基础,逐步向周边滚动发展)。

(五)计划制定与执行

业务单位一旦形成了主要的战略思想,就应该制定出执行战略的具体支持计划。比如,企业决定实施技术领先的差别化战略,那么财务部门就应该确定如何在财力方面支持企业的研发部门,信息部门应该明确收集哪些与技术相关的信息,销售部门也应该制定计划让销售人员了解新技术,以及如何在广告中宣传本企业技术的先进性等。同时,还需要有更详细的财务计划,说明实施该战略需要多少资金,并对市场需求进行短期和长期分析。

(六)反馈与控制

这要求业务单位具有应变能力。在执行战略计划的过程中,战略单位应根据环境的变化,及时调整自己计划和执行计划的方法。特别是当环境出现重大变化时,甚至有必要对战略目标进行修正。

在战略业务单位内,为了实现业务战略计划,企业需要制定产品的市场营销计划。这是营销管理的重要环节,也是企业营销经理最重要的职能。

第二节 市场营销计划

产品或品牌的市场营销计划通常包括下列主要内容:计划摘要、当前营销状况、机会和问题分析、目标、营销战略、行动方案、预期损益表、控制。这些内容及目的如表2-1所示。

一、计划摘要

计划的开始部分应该有一个关于计划的主要目标和建议的摘要,比如某无线耳机的营销计划摘要:

"本公司生产的无线耳机计划销售额和利润均比去年有大幅度增长,利润目标设定为1500万元,销售额目标为15000万元,比去年增加10%,这些目标可以通过调整价格、改进广告和分销渠道来实现。营销预算为1000万元,比去年增加15%。"计划摘要的后面应附上计划的内容目录。

表2-1 市场营销计划的主要内容

主要内容	目的
计划摘要	使决策者迅速了解计划的概要
当前营销状况	提供与市场、竞争者、分销以及宏观环境有关的背景数据
机会和问题分析	描述主要的机会和威胁、优势和劣势,以及产品面临的问题
目标	确定计划要达到的销售量、市场份额、利润等目标
营销战略	描述为实现计划目标而采取的主要营销方法
行动方案	回答做什么?谁来做?何时做?成本是多少?
预期损益表	提供预期的财务收支
控制	说明如何监测计划的执行

二、当前营销状况

这一部分涉及市场、产品、竞争者、分销以及宏观环境的情况。

(1)市场状况。列出目标市场的数据,诸如市场的规模、成长性等。可以通过过去几年该市场的销售数据来分析,还应反映顾客的需求和购买行为的趋势。

(2)产品状况。列出企业的主要产品过去几年的销售量、价格、利润率等。有些数据来自行业协会,有些则是企业自己的财务数据。

(3)竞争状况。识别主要的竞争者,以及它们的目标、规模、市场份额、产品质量、营销战略和营销活动等,并分析他们的战略意图。

(4)分销状况。列出产品在各个分销渠道上的销售量以及各分销渠道的重要程度。

(5)宏观环境状况。对影响产品前途的宏观环境因素,如人口、经济、技术、政治法律等进行描述和预测。

三、机会和问题分析

企业可以利用SWOT法分析产品的优势和劣势,面临的机会和威胁,确定在营销计划中需要解决的问题。

根据前面的分析,公司在计划中必须回答的问题是:

①它应该留在该行业中吗?它能够进行有效的竞争吗?或者它是否应该对这条产品线采取收获或放弃战略?②如果公司采用留下来的战略,那么,它是否应该继续执行它现行的产品、分销渠道、价格和促销政策?③或者公司应该转而进入高成长渠道吗?它如果这样做,能够保留传统渠道上的那些忠诚追随者吗?④为了和竞争者所花的经费抗衡,公司应该增加其广告和促销费用吗?⑤或者公司应该在产品研发上投资,以发展先进的特性和式样吗?

在回答这问题的基础上,营销计划需要对目标做出决策。

四、目标

营销计划的目标包括财务目标和营销目标。

(1)财务目标:①税后年投资报酬率。②净利润。③现金流量。

营销计划的财务目标必须转化为营销目标。比如,如果公司要获得1500万的净利润,根据以往的数据,销售利润率为10%,所以销售额必须达到15000万元,而公司产品的单价为1000元,因此必须销售150000件产品。如果行业的总销量预计为1000万件,那么公司的市场份额应达到1.5%,为实现这一目标,公司应在消费者认知度、分销范围等方面采取措施。公司可以据此制定营销目标。

（2）营销目标：①总销售收入15000万元，比上年提高10%。②因此，销售量为150000件，它占预期市场份额的1.5%。③通过实施计划的营销活动，公司品牌的市场知晓度从15%上升到30%。④扩大10%的分销网点数目。⑤打算保持每件1000元的平均价格。

为达到这些目标，公司需要制定更详细的营销战略。

五、营销战略

营销战略可以从目标市场、产品定位、价格、促销手段、分销渠道、研发方向等方面提出具体的方案。

前例中公司无线耳机的营销战略如表2-2所示：

表2-2　某公司无线耳机的营销战略概要

目标市场	高层次的家庭，着重音乐发烧友
定位	有最好音质和样式多样的无线耳机
产品线	增添一个低价式样和两个高价式样
价格	价格略高于竞争品牌
分销网点	努力加强对线上渠道的渗透，重点放在京东网上商城
销售队伍	扩大10%
服务	可得到广泛和迅速的服务
广告	增加20%的广告预算，开展一个新广告活动，直接指向支撑着定位战略的目标市场；在广告中强调高品质
促销	增加15%的促销预算，以鼓励网上经销商的销售促进活动
研究和开发	增加25%的费用，以发展产品线上消费者更喜欢的式样
市场调研	增加10%的费用，以增进对消费者选择过程的了解和掌握竞争对手的动向

六、行动方案

对营销战略的各个要素进行更详细的阐述：做什么？什么时候做？谁来做？成本是多少？

七、预期损益表

在营销计划中，产品经理应提供支持该计划的预算，即预期损益表。在收入一栏，要反映预计的销售量和平均价格；在支出一栏，要反映生产成本、分销成本、营销费用以及各项细目。两者之差为预期的利润。当预算编制好后，上一级的管理当局将审核这个预算，并提出赞同或修改的意见。如果认为要求的预算太高了,那么产品经理就必须做一些削减。一旦批准之后,该预算就是制定计划和对材料采购、生产调度、人力补充、营销活动安排的基础。

八、控制

营销计划的最后一部分是关于控制的内容,用以监督计划的进程。目标和预算按月或季来制定。上一级的管理机构要定期审查这些结果,并且识别那些没有达到预期目标的部门。这些落后部门的经理必须说明发生的原因,以及他们正在采取什么行动来改进计划,以争取实现预期的目标。有些控制部分包括应急计划。应急计划是管理机构在特殊的不利情况时应该采取的措施,如遇到价格战或罢工。应急计划的目的是鼓励经理们对可能发生的某些困难做事先考虑。

制订合理的营销战略计划只是保障企业成功的一个方面,企业的经营活动能否实现预定的战略目标,取决于整个市场营销管理过程。市场营销管理过程就是分析市场营销机会,规划营销战略,制定营销计划,执行和控制市场营销工作,从而完成企业战略任务,实现战略目标的过程。

第三节 市场营销管理过程

市场营销管理是对整个市场营销过程的管理。对市场营销过程的理解受到营销观念的影响。

在生产导向和产品导向时期,企业一般认为,将产品生产出来,然后用各种方法将其销售出去,就完成了价值让渡的过程。这种观点将企业的业务过程分为制造产品和销售产品两个阶段,于是,营销过程就是销售产品的过程。

在市场营销观念主导的时期,营销被认为开始于业务计划之前,这种观念将企业的业务过程分为三个阶段:选择价值(提供什么产品或服务,满足哪些需求)、提供价值(生产、定价与传递产品)和传播价值(将产品、服务、价格等信息传递给目标市场)。图2-2体现了基于这种观点的价值创造与传递过程。

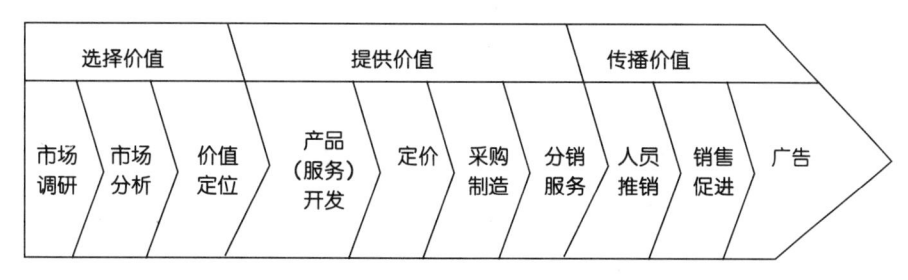

图 2-2　价值创造与传递过程

企业首先应确定顾客的需要,企业不必了解所有顾客的需要,重点应该分析目标市场顾客的需要(选择价值),然后为目标顾客制造(或提供)满足这些需要的产品(提供价值),再组织市场销售(传播价值)。这样,整个企业的营销活动可以分成战略营销和战术营销两个部分,其中战略部分立足于定位顾客需要的价值(做正确的事),战术营销则负责生产和传递顾客价值(正确地做事)。按照这种观点,市场营销过程开始于选择价值阶段。

与市场营销过程相对应,市场营销管理过程可以分为五个步骤:

一、分析市场机会

市场机会是没有被满足的需要或没有被认识到的需要(潜在需要)。分析市场机会的一种重要工具是市场调研,通过市场调研,企业可以了解顾客的需要与欲望,消费者的地理分布,以及他们的购买动机、购买特征、购买方式和影响购买行为的因素,以便开发能更好满足顾客需要的产品,提供更好的服务。市场调研的方法很多,包括小组座谈会、人员调查、电话访问、问卷调查等,也可以通过收集二手资料来获取信息。关于市场调研的具体过程和方法,第四章会有更详细的介绍。

除了了解顾客的需要,企业还需要进行竞争者分析。分析竞争者的优势和缺点,也是发现市场机会,选择目标市场的重要依据。

分析市场机会也离不开对营销环境的研究,特别是宏观营销环境中的人口、经济、技术、政治法律和社会文化等相关信息,都是企业选择目标市场必须考虑的因素。微观营销环境中的供应商、中间商、营销中介等,则影响到企业为目标市场服务的能力。

通过对各种市场机会的全面分析,企业可以进行市场细分,并对每一细分市场进行评价,选择能更好发挥自身优势,提供更好的产品与服务,同时有助于实现业务战略目标的细分市场。

在选择目标市场的基础上,企业应决定用来满足目标市场需要的产品或服务,并制定相应的营销战略。

二、制定营销战略

在确定了产品或服务项目以后,企业需要进行产品的市场定位,以及为产品设计市场营销战略,包括产品不同生命周期的营销策略。企业在市场中的不同地位,如市场领导者、挑战者、追随者或补缺者,也是企业选择营销战略需要考虑的因素。关于营销战略的内容,在第二节已有详细介绍,这里不再进行具体分析。

三、制定营销预算与选择营销组合

为完成营销战略任务,企业需要设计可执行的营销方案。营销方案的内容主要包括拟定营销预算、选择营销组合以及确定营销预算的分配。

(一)市场营销预算

市场营销预算是预计的营销支出。拟定营销预算通常需要与财务部门协调,可以按照上一期的营销预算与销售额之比,结合营销计划中销售收入的预测值来确定。在此基础上,根据企业的战略(扩张型或稳健型),以及市场竞争的激烈程度,进行相应调整。比如,企业推行扩张型战略,或市场竞争比较激烈,企业需要更快推出新产品,相应需要增加研发费用;需要更多宣传,相应需要增加广告费用;需要给中间商更多折扣,相应需要增加分销费用。

(二)营销组合

市场营销组合(Marketing Mix)是现代市场营销理论的重要概念,是指企业为实现预期的市场营销目标而在目标市场所使用的一整套营销工具。

市场营销组合将企业可控的基本营销措施组成一个整体性活动,可以保证企业从整体上满足消费者的需求。此外,它也是企业对付竞争者的强有力手段,是合理分配企业营销预算的依据。

1953年,在美国市场营销学会的就职演说中,哈佛大学教授尼尔·波顿(Neil Borden)提出了市场营销组合的概念。他认为,市场需求或多或少地受到所谓"营销变量"或"营销要素"的影响。为了寻求一定的市场反应,企业需要对这些要素进行有效的组合,从而满足市场需求,获得最大利润。

1967年,菲利浦·科特勒在其畅销书《营销管理:分析、计划、执行与控制(第一版)》中进一步确认了以4Ps为核心的营销组合方法。4Ps涉及的四个营销变量是:

(1)产品。指企业要根据自身的能力,确定提供给目标市场的产品和服务组合。包括产品的质量、特点、性能、样式、品牌、包装、规格、服务、担保等,产品要有实质上的创新,应把产品的功能放在第一位。

(2)价格。指企业根据不同的市场定位和企业、行业特点,确定不同价格的策略,包括产品的基本价格、折扣、付款时间、信贷条件等。产品定价的依据是产品策略。

(3)渠道。指企业为了使其产品进入和到达目标市场所选择的策略,包括销售方式、市场覆盖区域、市场位置、储存措施、运输条件、库存控制等。企业往往并不直接面对消费者,所以需要注重经销商的培育和销售网络的建立,企业与消费者的联系一般是通过分销商来进行的。

(4)促销。指企业与目标市场进行有效沟通,促进顾客购买,以扩大销售的各种活动,包括人员促销、广告、公共关系和营业推广等。企业除了将产品或服务信息有效传递给目标市场外,也可以通过销售行为的改变来刺激消费者,比如以短期的行为(如让利,买一送一,营销现场气氛等等)促成消费的增长,吸引其他品牌的消费者或导致提前消费来促进销售的增长。

企业在短期内,通常只能调整少数几个变量,比如修订价格,增加销售人员或广告支出等。但从长期来看,企业可以考虑开发新产品或改变销售渠道。

市场营销组合这一概念的提出,是基于这样的思想:影响企业营销目标实现的因素有两类,一类是企业外部环境给企业带来的机会和威胁,这些是企业很难改变的;另一类则是企业本身可以通过决策加以控制的因素,市场营销组合是企业可以控制的营销变量的组合。所以,企业的营销活动,就是通过选择可以控制的营销变量,来适应不可控的外部环境。

4Ps市场营销组合策略的基本思路是:从制定产品策略入手,同时制定价格、促销及分销渠道策略,组合成策略总体,以便达到以合适的商品、合适的价格、合适的促销方式,把产品送到合适地点的目的。企业经营的成败,在很大程度上取决于这些组合策略的选择和它们的综合运用效果。

4Ps是企业市场营销的有效工具,但它是从营销者,即卖方的角度提出的。1990年,美国营销专家劳特伯恩(R.F. Lauterborn)以顾客需求为导向,重新设定了市场营销组合的四个基本要素:即顾客(Customer)、成本(Cost)、便利(Convenience)和沟通(Communication)。这被称为4Cs理论,他强调企业首先应该把追求顾客满意放在第一位,其次是努力降低顾客的购买成本,然后要充分注意到顾客购买过程中的便利性,而不是从企业的角度来决定销售渠道策略,最后还应以消费者为中心实施有效的营销沟通。4Cs的四要素是与4Ps相对应的:

(1)顾客。与4Ps的产品相对应,主要指顾客的需求。顾客策略强调"忘掉产品,考虑消费者的需要和欲望",即企业不仅应关心产品的功能、质量、包装,还要多想一想企业的产品是否符合顾客的需要,是否能够给顾客带来实际的价值;企业在设计和开发产品时要考虑顾客的需求,使顾客的需求真正融入企业生产、投资、开发与研究等计划的制定中。

(2)成本。与4Ps的价格相对应,指顾客的购买成本。顾客购买成本不仅包括购买商品的货币支出,还包括其为此耗费的时间、体力和精力,以及购买风险。产品定价的理想情况,应该是既低于顾客的心理价格,亦能够让企业有所盈利。企业应该努力降低顾客购买的总成本,不仅是商品价格,还有时间、体力和精力付出。比如,努力提高工作效率,节约顾客的时间成本;商品陈列方便顾客拿取,减少顾客的体力成本;通过多种渠道向顾客提供详尽的信息,为顾客提供良好的售后服务,也能减少顾客的精神和体力成本。

(3)方便。与4Ps的渠道相对应,强调为顾客提供最大的购物和使用便利。要求企业在制订分销策略时,要更多地考虑顾客的方便,而不是企业自己方便。通过良好的售前、售中和售后服务来让顾客在购物的同时,也享受到了便利。便利是客户价值不可或缺的一部分。

沃尔玛取得成功的经验:一是拥有相当一批直接供应商;二是"方便、满意、低廉"的服务宗旨;三是其店面设于地价较低的区域及选址"方便"的策略。其店址一般选在经济较发达的区域,虽然不是闹市区,但是具备便利的交通条件,并为顾客提供免费停车位,还为顾客精心设计购物走道,两旁陈列许多全国性的知名品牌产品,定期推出快讯,介绍商品信息,节约了顾客的时间。沃尔玛所有的这一切,真正解决了顾客切实关心的问题,极大地"方便"了顾客。

(4)沟通。与4Ps的促销相对应,强调与顾客进行积极有效的双向沟通,建立基于共同利益的新型企业/顾客关系。促销是企业向顾客进行单向的营销信息传递,而顾客对企业促销信息的反应无法反馈到企业,难以做到企业与顾客之间的双向沟通与交流。企业与顾客的双向沟通更强调顾客在整个过程中的参与和互动。在互动的过程中,一方面顾客接收信息更充分,还有助于建立情感的联络;另一方面,这种互动也让企业更了解顾客的需要。

在20世纪90年代的四川农村地区,不少洗衣机用过一段时间后,电机转速减弱、电机壳体发烫。海尔营销人员向农民一打听,才知道在盛产红薯的成都平原,许多农民将红薯洗净后加工成薯条。但红薯上沾带的泥土洗起来费时费力,于是农民冬天用洗衣机洗红薯,夏天用它来洗衣服。为此,海尔专门设计了一种洗红薯的洗衣机。它不仅具有一般洗衣机的全部功能,还可以洗地瓜、水果甚至蛤蜊。首次生产了1万台投放农村,立刻被一抢而空。海尔的"洗虾机"、可以用来洗荞麦皮枕头的"爽神童"洗衣机等创意,都是来源于和顾客的沟通。

(三)预算分配

在确定营销组合以后,企业需要将营销预算分配给不同的产品、渠道、促销媒体和销售区域。比如,产品市场调研费用100000元,广告费用100000元,其中报纸广告和直接邮寄广告各占50%等。

企业需要根据不同的发展战略来确定预算分配的比例:如果追求以质取胜,那么产品设计支出的比例应该大一些;如果为了扩大市场份额,那么促销、分销费用就应该多一些。企业状况,如市场知晓度,也会影响预算的分配。比如,知名度高的,方便消费者购买就最重要,这时需要增加销售网点,分销预算就应该多一些。

四、实施与控制

营销管理过程的最后一个环节是实施与控制营销计划。一项计划必须转化为具体行动,企业为此需要设置一个能够实施营销计划的营销组织。在小企业中,可能由一个人兼管调研、推销、广告、顾客服务等一切营销工作。但在一些大企业里,会设置几个营销专职人员来承担这些工作,包括销售经理、推销员、营销调研人员、广告人员、产品和品牌经理、市场策划、顾客服务人员等。

营销组织通常是由一位主管营销的副总经理负责,他有两项使命:第一,协调全体营销人员的工作;第二,促使企业所有部门齐心协力地履行营销部门对顾客许下的诺言,这就需要与分管财务、业务、研究开发、采购和人事等的副总经理密切配合。比如,企业营销人员宣传自己的激光打印机是优质产品,但研发部门设计的是低端产品,或制造环节不够认真,营销部门就难以履行给顾客的承诺。

营销部门的有效性不仅取决于它的结构,同时也取决于对人员的选择、培训、指导、激励和评价。经理们必须定期召见下属,检查他们的业绩,表扬优点,指出缺点,并提出改进意见。

在营销组织实施营销计划的过程中,可能会出现许多意外情况,企业需要有一套控制程序,以确保营销目标的实现。营销控制有三种不同的类型:年度计划控制、盈利能力控制和战略控制。

年度计划控制是为了保证公司在年度计划中所制订的销售、盈利和其他目标的实现。这一任务可以分为四步:第一,管理层必须明确地阐述年度计划中每月、每季的目标。第二,管理层必须掌握衡量计划执行情况的手段。第三,管理层必须确定执行过程中出现严重缺口的原因。第四,管理层必须确定修正行动,以填补目标和执行之间的缺口。

盈利能力控制是对产品、顾客群、分销渠道和订货量大小的实际盈利率进行测量。

战略控制的目的是确保企业目标、政策、战略和措施与市场营销环境相适应。

复习思考题

1. 业务层的战略营销计划制定通常按照哪几个步骤进行?
2. 产品或品牌的市场营销计划包括哪些内容?
3. 以4Ps为核心的营销组合与4Cs理论有何不同?

案例分析

携程的用户理念

携程网是国内在线旅游企业的领跑者。首先,为满足旅游消费者的出行需求,携程网与各大酒店和国内外航空公司建立合作,使用户可以实现住宿、交通一站式购买;其次,面向消费者需求提供数百条度假产品线路,用基于LBS的旅游目的地分类方便消费者进行选择。携程网经常推出优惠旅行套餐,转发其官方微博或者分享给好友,可以抽奖,获取门票或者旅行套餐。另一方面,携程旅行网通过App端以及社交媒体等提供信息,使用户能充分利用碎片化时间。此外携程的定期返利、红包、团购、礼品卡等,也能为用户节约成本。携程网拥有自己的官方网站和App应用,及时更新旅游业务信息,同时在微信公众号、官方微博等发布信息,确保旅游者能够随时随地获取全方位的信息和实现便捷的购买。携程通过App推出"携程二楼·行者俱乐部",设置从别人的故事到自己旅程的栏目,不仅是企业与旅游者之间的互动平台,也实现了消费者之间的沟通。消费者体验旅游产品之后,积极分享自己的消费体验,不仅可以引导潜在的消费者,也是企业进行新的产品研发和升级的重要信息来源。携程网以旅游攻略为主题的会员网络论坛上拥有近50万篇旅游游记,通过网友分享的美图超过6000万张,这些信息不仅能够加强用户互动沟通,也能起到宣传旅游产品的效果。

(资料来源:周艳:《基于4C理论的携程网营销策略研究》,视听,2018年11期)

案例思考

1. 携程的营销组合如何体现4Cs理论?
2. 收集相关信息,对携程的业务环境进行SWOT分析。

第三章 市场营销环境

任何营销活动都是在一定环境中进行的。无论是公司战略、业务战略还是营销战略的制定都离不开对环境的分析。环境被认为是企业市场营销的外生变量,是企业自身难以控制和改变的。企业的任务就是认识和适应环境,只有认识环境,才有可能制定适当的营销策略以适应环境,最终实现企业的营销目标。

一般认为,市场营销环境(Marketing Environment)就是影响企业市场营销能力和效果的各种外在参与者和社会影响力。这里所说的外在参与者,可以认为是企业以外的各种市场参与者,也可以理解为企业营销部门以外的各方参与者。这些外在参与者构成了微观营销环境,而影响企业市场营销能力和效果的各种社会影响力被称为宏观营销环境。

第一节 微观营销环境

微观营销环境(Micro-Environment)是直接影响企业市场营销能力和效果的各种外在参与者,如消费者、供应商、竞争者、营销中介等,也叫直接营销环境。图3-1是企业微观营销环境示意图。这些参与者的共同特点是,能做出自己的决策,这些决策将影响企业服务目标市场的能力与效果。

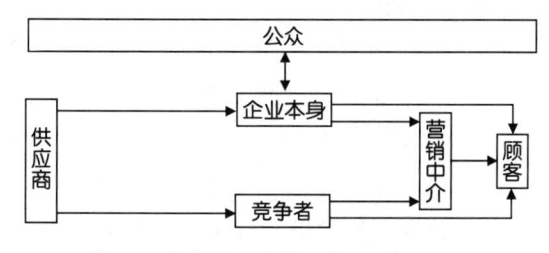

图3-1 企业微观营销环境示意图

一、企业本身

企业营销部门的工作就是通过创造顾客价值和用户满意来吸引顾客,并与顾客建立联系。但营销部门单靠自己的力量不可能完成这项任务,需要企业其他部门的配合与协作。与营销活动关系密切的部门包括高层管理、财务、研发、采购、生产、会计等,这些部门构成了企业内部的微观环境。营销计划的制定与实施离不开高层管理部门的批准与协调,营销费用来自财务部门,产品能否满足消费者需要取决于研发部门的设计,产品的产量、质量和成本与采购部门、生产部门的努力息息相关,会计部门核算的收入与成本则是了解营销目标是否实现的依据。

企业营销部门与这些部门之间既有多方面的合作,也存在争取资源方面的矛盾。例如在产品品质方面,营销部门从顾客需求出发,会对产品品质提出更高的要求,而生产部门从成本的角度出发,可能会降低对品质的要求;再如,对营销推广费用的核定,营销部门与财务部门也往往不一致。因此这些部门的业务状况如何,它们与营销部门能否合作及协调发展,对营销决策的制定与实施影响极大。营销部门在制定和实施营销目标与计划时,要充分考虑企业内部环境力量,争取高层管理部门和其他职能部门的理解和支持。

二、供应商

供应商是指为企业及竞争者生产产品或服务提供所需资源的企业、组织或个人。这些资源可能是产品,如原材料、能源,也可能是服务,如金融、通信等。

供应商从三个方面影响企业的营销活动:

(1)资源供应的可靠性。它影响企业的产量和交货期。

(2)资源供应的价格。它影响企业的生产成本和产品价格。

(3)供应资源的质量水平。它影响产品质量。

企业应该考虑与多个供应商建立合作关系,避免受制于人。条件允许时,企业可以采用后向一体化战略,自己生产所需的资源,保障业务目标的实现。

当然,也有些企业选择建立固定关系和长期合同,以降低协商成本。在选择供应商时,最重要的因素是交货的可靠性、价格和信誉,同时,其服务能力与项目也很重要。

企业与供应商的关系,既是一种合作关系,也是一种竞争关系。竞争关系主要表现在交易条件方面。若供应商得利多了,企业得利就少了。

三、营销中介

营销中介是指协助企业销售产品给最终购买者的所有中介单位。包括中间商、仓储物流企业、营销服务机构、金融机构等。这些组织都是营销所不可缺少的中间环节,大多数企业的营销活动都需要他们的协助才能顺利进行。商品经济愈发达,社会分工愈细,中介机构的作用愈大。

(1)中间商。中间商是协助企业寻找顾客或直接与顾客进行交易的商业企业。中间商分两类:经销中间商和代理中间商。经销中间商购买商品,拥有商品的所有权,然后再销售商品,包括批发商、零售商和其他再售商。代理中间商专门介绍顾客或与客户磋商交易合同但不拥有商品持有权。

(2)仓储物流企业。也叫实体分配企业,是协助企业储存商品并将商品运送到目的地的企业。实体分配包括分装、包装、运输、仓储、装卸、搬运、订单处理等内容。其基本功能是协调生产与消费的矛盾,适时、适地、适量地将商品提供给消费者。

(3)营销服务机构。营销服务机构包括市场调研公司、广告公司、各种广告媒介和营销咨询公司等机构,这些机构帮助企业选择恰当的目标市场和促销企业的产品。

(4)金融机构。金融机构为企业营销活动提供融资以及为交易的风险提供保险,以促进交易的完成。包括银行、信贷公司、保险公司等。

四、顾客

顾客是企业产品或服务的购买者,可以是个人,也可以是组织。已经购买企业产品的个人或组织,称为企业的现实顾客;还没有购买企业产品,但将来可能购买的个人或组织,就是企业的潜在顾客。对于现实顾客,企业需要分析他们的共同特征,为新产品设计和制定新的营销计划服务,还需要关注他们的用后评价,完善售后服务工作,使他们成为长期客户和企业的宣传员;对于潜在顾客,企业则要善于识别和引导,了解他们的特点、需要以及还没有购买企业产品的原因,制定恰当的营销策略,将潜在顾客变为现实顾客。

顾客是企业经营活动的出发点和归宿,企业的一切营销活动都应以满足顾客需要为中心。可以说,顾客是企业最重要的环境因素。

按照购买动机和主体的性质,可以将顾客分为五大市场:

(1)消费者市场。主体是个人或家庭,购买目的是用于个人消费。

(2)产业市场。主体是制造商或服务商,购买目的是用来生产产品或提供服务。

(3)中间商市场。主体是批发商、零售商,购买目的是用于转售,从中盈利。

(4)政府市场。主体是政府机构,购买目的是用以提供公共服务,或转让给有需要的人。

(5)国际市场。主体是国外的个人、厂商或政府。

产业市场、中间商市场和政府市场也可以合称为组织市场。每一种市场类型都有自己的特征,企业需要进行仔细的研究。

五、竞争者

竞争者是在同一目标市场提供相同或替代商品的企业或组织。竞争者影响企业营销的效果,营销者不仅要满足顾客的需要,还必须对产品进行定位,使自己的产品和服务在顾客心目中与竞争者区别开来,只有认识并设法战胜竞争者,才能赢得市场,赢得消费者。

根据影响顾客购买决策的因素,可以将竞争者分为四种类型:

(1)欲望竞争者。是指提供不同产品以满足不同需求的竞争者。消费者是欲望无穷而资源有限的个体,必须考虑资源的最优配置,即自己的收入应该首先满足哪些欲望。比如,某人有50万元,他需要决定究竟先买房还是先买车,于是,房屋开发商和汽车经销商就成为欲望竞争者。

(2)类别竞争者。是指提供不同产品以满足相同需求的竞争者。比如乘坐飞机与火车都可以到达目的地,满足的是同样的交通需要,航空公司与铁路运输公司就属于类别竞争者。

(3)产品形式竞争者。是指生产同一类产品,但规格、型号、款式不同的竞争者。比如,自行车中的山地车与城市车,轿车里的微型车与紧凑型车都属于产品形式竞争者。

(4)品牌竞争者。是指生产相同规格、型号、款式的产品,但品牌不同的竞争者。比如,在电视机市场,长虹、创维、海尔、海信等就是品牌竞争者。

六、公众

公众是指对组织实现其目标的能力有实际或潜在影响的任何团体。这些团体大致可以分为以下几类:

(1)金融公众。金融公众是影响企业融资能力的各种金融机构和群体,包括银行、投资公司、股东等。保持与金融公众的良好关系,最重要的是信用,按期偿还债务,给股东良好的投资回报。

(2)媒介公众。媒介公众是指报纸、杂志、广播、电视等有广泛社会影响力的大众传播媒介。媒介公众对树立企业品牌形象往往起着关键性作用,保持与媒体的良好关系对于争取消费者有积极的影响。

(3)政府公众。政府的政策法规是企业营销宏观环境的重要组成部分,为了使企业的营销活动得到政府的支持,企业首先需要遵守政府的法令,营销人员必须了解产品质量管理、广告宣传等方面的政府规定。

（4）社团公众。这里指的是公民为某种共同利益或特殊需要而建立的社会组织，如消费者协会、动物权益保护组织等。这些组织团体都拥有大批成员和支持者，与团体的关系直接影响到团体成员对企业的看法，而且社团公众还有可能对立法、政府的行政行为产生影响。所以，企业应努力取得这些团体的理解和支持，比如对团体活动给予物质支持，经常与团体保持沟通等。

（5）地方公众。一般指企业周围的居民或组织。地方公众不仅直接影响企业的营销活动，对企业的整个生产经营活动都有影响。企业需要通过社区的公关活动取得地方公众的谅解和支持。

（6）一般公众。非组织形式的公众为一般公众。一般公众的购买行为和口碑对企业营销目标的实现也非常重要，企业可以通过广告等促销活动和公关活动影响一般公众，使其对企业产品产生兴趣和好感。

（7）内部公众。内部员工的积极性和凝聚力也影响着企业营销目标的实现，他们的态度还会影响到外部公众。

由于公众对企业实现营销目标影响巨大，所以，企业一般都设有公共关系部，负责建立和协调与公众的关系。

微观营销环境各要素直接影响企业市场营销的能力和效果，而宏观营销环境通过影响微观环境中各参与者的决策，间接影响企业市场营销的能力和效果。

第二节　宏观营销环境

宏观营销环境（Macro-Environment）是影响企业市场营销能力和效果的各种社会力量，包括人口特征、经济、自然环境、技术、政治法律、社会文化等因素。宏观营销环境为企业的生存与发展提供机会或产生威胁，宏观营销环境的各要素不是决策者，它通过影响个人或组织的决策间接影响企业市场营销能力和效果，也被称为间接营销环境。

宏观营销环境所形成的社会与经济发展趋势也会影响企业的营销活动。趋势是具有持久性的事物发展方向。趋势不同于时尚，时尚是短暂和难以预测的，而趋势是长期的、渐进的。比如20世纪，女性就业比例不断提高成为一种趋势，这给托儿所、微波炉、职业装等带来了机会，而家用缝纫机则面临威胁。在21世纪，运用信息技术促进经济发展成为趋势，这给善于利用信息技术的企业带来了机会，而信息技术落后的企业则面临困难。那些能够认识发展趋势,并作出适当反应的企业才有可能取得成功。

对宏观营销环境的分析可以从六个方面进行:

一、人口统计环境

企业营销人员首先需要研究的是人口统计环境,因为人口是市场最基本的要素。人口统计环境由人口数量、密度、地理位置、年龄、性别、职业、种族等人口统计变量构成。

(1)人口数量。人口的数量影响企业的市场规模,尤其是必需品。人口的增长意味着市场扩大,给企业带来机会,但也会对资源的供应形成压力,使企业的生产成本提高,利润减少。而人口增长率,特别是出生率,则影响到婴幼儿用品和服务的需求。但人口增长过快的国家或地区,需求层次通常比较低。

(2)人口地理分布。在关注人口数量的同时,也需要分析人口的地理分布,比如城市与农村、南方与北方、山区与平原、暖湿地区与干热地区等。地理分布的差异对消费能力、偏好、需求类别都有影响。

(3)性别结构。男性和女性在需求品种、购物观念、购买决策过程等方面都存在差异,企业需要根据这些差异采取相应营销策略。比如,女性消费者在购买之前往往没有具体的购买目标,喜欢逛商场,情绪化消费,追求新鲜体验,有较强的模仿、从众心理;而男性消费者目的明确,决策果断、迅速,消费力求方便、快捷,购物过程缺乏耐心,善于独立思考,自己下定决心,一般不会轻易受外界环境或他人的影响。所以,体验式营销对女性尤为重要,广告、人员推销、价格促销等方法,以及产品外观、卖场氛围等因素往往对女性消费者影响更大。

(4)年龄结构。不同年龄层次的消费者需求特点是不一样的。在一些经济发达的国家或地区,人口出生率不断降低,对婴幼儿用品和服务的需求相应减少,但同时,人们的闲暇时间增加,因而对旅游、个人享受用品的需求增加。

(5)受教育程度。受教育程度会影响人们的收入及消费观念。随着人口的受教育程度普遍提高,文化用品、电脑、旅游等方面的需求也相应增加。受教育程度高的群体消费更理性,更容易接受新的产品、新的交易方式。企业的促销方式也需要考虑目标市场的受教育程度,比如在受教育程度低的地区,用文字广告就不如电视、广播或现场促销。

(6)家庭结构。许多商品的消费是以家庭为单位的,比如电视机、电冰箱、厨房设备等。家庭的数量和规模影响着相关商品的需求,家庭的数量影响到商品的需求量,而家庭的规模影响着对产品规格的要求,如电冰箱的容量、汽车的空间大小等。

(7)其他因素。比如职业、种族、宗教信仰等人口统计变量也都影响到人们的需求和消费习惯。

二、经济环境

人口数量与结构可以影响人们对特定商品的需要,但要成为需求,还需要人们有足够的购买能力,需要经济环境的支持。经济环境涉及收入、消费结构、储蓄习惯、信贷等要素。

(1)收入。人们的收入水平和收入的分配都会影响营销活动的效果。一般可以用个人可支配收入和个人可任意支配收入来衡量收入水平。

个人可支配收入是个人收入减去个人纳税支出以及政府强制缴纳的保险金、公积金以后的余额。个人可支配收入直接决定着人们的购买能力。

而个人可任意支配收入是在个人可支配收入基础上减去个人衣食住行的必需支出和贷款利息等固定支出后的余额。旅游、奢侈品等非生活必需品的需求往往取决于个人可任意支配收入。

除了个人的收入水平,收入的分配也影响企业的营销活动。在一些整体收入水平较低但贫富悬殊的国家或地区,奢侈品的销售反而不错,因为这些地方的财富非常集中。

(2)消费结构。消费结构是指各类消费支出占总支出的比例。消费结构受到收入、产业结构、文化与社会习俗等因素的影响。

在收入水平较低时,人们将大部分收入用来购买食品等生活必需品,随着收入水平的提高,食品支出占总支出的比例(恩格尔系数)越来越小,而旅游、奢侈品等支出占总支出的比例越来越大。

产业结构也是影响消费结构的重要因素,比如,种植业、畜牧业、水产业的结构是否合理,直接影响粮食、肉、禽、蛋、奶、水产品的消费结构。新产业、新产品的出现,不断开拓新的消费领域,也会促进消费结构的优化、升级。

文化与社会习俗同样有影响,比如某些地区或民族崇尚饮酒,那么酒类消费占总支出的比例就相对大一些。

(3)储蓄。储蓄对消费的影响具有两面性:一方面,如果储蓄增加,则即期消费就会减少,需求减少;另一方面,储蓄率高,则企业获取资金更容易,这有助于经济发展和收入增加,对刺激消费又是有利的。所以保持合理的储蓄率非常重要。

(4)信贷。消费信贷是购买力的预支,消费信贷的增加意味着购买力的增加。国家或企业的信贷政策,包括信贷品种、期限、用途、利率等,都会影响特定商品的销售。企业还需要关注个人的借贷观念,有些人习惯量入为出,有些人喜欢借款消费,不同的借贷观念会影响到信贷政策的效果。

三、自然环境

自然环境是指自然界提供给人类的各种形式的物质资料，如阳光、空气、水、森林、土地等，这是企业生产经营的物质基础。

自然环境的变化会影响企业的原料来源和生产成本，消费者对产品的评价与消费取向，以及政府的环境政策与技术标准等，这些对企业的产品设计、定价及产品销售都有直接的影响。企业必须关注到自然环境三个方面的变化趋势：

（1）资源日益短缺。自然资源可分为两类：一类为可再生资源，如森林、农作物等，这类资源在一定时期内是有限的，但可以被再次生产出来，需要防止过度采伐森林和侵占耕地以保障供给；另一类资源是不可再生资源，如石油、煤炭、银、锡、铀等，这种资源蕴藏量有限，随着人类的大量的开采，有的资源已近处于枯竭的边缘。自然资源短缺将使许多企业面临原材料价格大涨、生产成本大幅度上升的威胁，但这又迫使企业研究更合理地利用资源的方法，开发新的资源和替代品，从而为企业提供了新的商机，比如20世纪70年代，原油价格的上涨让日本生产的节能型轿车打开了美国市场。

（2）污染日趋严重。工业化、城镇化的发展对自然环境造成了很大的影响，尤其是环境污染问题日趋严重，许多地区的污染已经严重影响到人们的身体健康和自然生态平衡。环境污染问题已引起各国政府和公众的密切关注，这对企业的发展是一种压力和约束，要求企业为治理环境污染付出一定的代价，但同样也为某些企业带来了营销机会，比如水污染使各种净水设备以及矿泉水、纯净水的需求大增，雾霾天气给除霾空调带来了市场。

（3）政府对环境保护的干预不断加强。自然资源短缺和环境污染问题，使各国政府加强了对环境保护的干预，颁布了一系列有关环保的政策法规，这将制约一些企业的营销活动。企业需要在营销过程中自觉遵守环保法令，担负起环境保护的社会责任。同时，企业也要制定有效的营销策略，既要消化环境保护所支付的必要成本，还要在营销活动中挖掘潜力，保证营销目标的实现。环境保护的政策法规也能给一些企业创造机会，比如为防止对臭氧层的破坏，许多国家都限制氟利昂的使用，从而使无氟冰箱和氟利昂替代品的生产商受益。

四、技术环境

技术环境是科学技术的进步以及新技术手段的应用对社会进步所产生的作用。技术的发展对人类社会往往产生深刻而长期的影响，比如20世纪节育技术的发展，使家庭规模变小，妇女婚后就业人数增加，家庭可任意支配收入增加，同时，人们的闲暇时间也增加了，于是人们可以花更多钱去度假或购买耐用消费品。在21世纪，互联网技术创造了一个虚拟的市场空间,网上购物、网上银行、网络游戏、网络社区等改变了人们的购物方式、支付方式、娱乐方式和社交方式,给许多企业提供了新的市场机会。

每一种新技术在带来机会的同时,也会对原有的产业造成破坏:复印机的发明夺走了复写纸的市场,光盘的发明使磁带逐渐成为历史,电视机拉走了电影院的观众,汽车减少了铁路的客流,如此等等。面对新技术带来的挑战,企业应根据具体情况做好应对准备:要么转入新的行业,比如生产真空管的企业,转而生产晶体管或集成电路;要么使原有产品更具竞争力,比如铁路提速或让列车车厢更舒适;或者将新技术与老产品相结合,比如零售企业在互联网上建立自己的网站来销售产品。

五、政治法律环境

企业的营销活动是在一定的社会形态和政治体制中进行的,必然受到政治法律环境的约束。政治法律环境由政策法律、政府机构和压力集团构成。

政治形势会影响人们对未来的预期,从而影响他们的消费活动。比如,某些国家政治局势不稳定,人们就会囤积日用必需品,如粮食、饮用水、发电机等商品。政局变动还可能使政府的政策发生变化,比如,有些政府鼓励廉价的外国商品进口以减少通货膨胀,有些政府上台则主张限制国外商品进入,实行贸易保护主义政策。企业需要关注各国政府的政策倾向,以提前采取应对措施。

法律对企业营销活动的影响更多也更持久,政府针对企业的立法主要有三个目的:保护公平竞争,保护消费者利益以及保护社会利益。此外,还包括保护创新,保护本国利益等。对国内外的法律法规进行研究,关注各国政府的立法动向,有助于防范可能的风险。特别是针对企业营销活动的法律法规,比如对可售商品、产品定价、促销方式的限制。各种技术标准、安全标准也是企业开发和销售产品时需要研究的。

除了政治局势与法律,压力集团的作用也不容小觑,比如消费者利益保护组织以及环境保护组织等。这些团体与媒体以及政府的立法、行政机构往往关系密切,对社会舆论、政府的立法和行政行为都有重要影响。许多企业通过公共关系部门来协调与压力集团的关系。

六、文化环境

文化是人们在与自然及社会的长期交往和生活中形成的基本信仰、价值观念和生活准则。文化环境是影响人们欲望与行为的重要因素,营销人员只有了解不同消费者的社会文化背景,才能认识和掌握消费者的主要行为特征和规律。

构成社会文化的最核心部分是人们的价值观,即某一社会群体判断社会事务时依据的是非标准,遵循的行为准则。价值观又分为核心价值观和从属价值观,比如对于某些社会群体而言,婚姻是核心价值观,而早婚则是从属价值观。核心价值观是支配人们行为的最稳固的力量,人的核心价值观一经形成就具有持久性和稳定性。在营销活动中,企业应避免与人们的核心价值观相冲突。从属价值观相对容易改变,企业可以通过营销活动改变人们的从属价值观,从而影响消费者的某些行为,以创造一个有利的营销环境。

人们的信仰或价值观主要体现在以下几个方面:

(1)人们对自己的看法。比如是注重自我满足还是乐于奉献;在评价自己的时候依据自己的感受,还是关注他人的看法。这方面的信仰或价值观对人们的消费选择有重要影响,比如,选择大众化的商品还是个性化商品,与人们评价自己的依据直接相关。还有,当人们更关心自己的时候,保健、娱乐消费就会增加。

(2)人们对他人的看法。这也影响到人们的消费活动,比如,当社会对"以自我为中心"进行反思的时候,人们重新产生对"集体社会"的向往,于是能增进人们沟通与交往的产品与服务,如俱乐部、度假、游戏等方面需求就会增加。

(3)人们对社会的看法。在这方面,人们的态度也有很大的差异,有些人对社会满意,希望捍卫它;有些人认为社会存在不足,希望改造它;还有些人对社会不满意,希望远离它。人们对社会的态度也影响着他们的消费模式和对市场的看法。所以,有些企业针对人们的国民情感,强调自己的国货身份,也争取到大量的消费者。

(4)人们对自然的看法。改造物质世界的能力影响着人们对自然的态度,从最初的恐惧到企图支配自然,再到热爱自然和保护自然。对大自然态度的变化影响着人们的消费观念,在工业社会,人们认为自然界是取之不竭的,追求多消费,追求商品廉价;而现在,人们认识到自然资源是有限的,自然是脆弱的,人们开始重视环境保护,追求亲近自然,喜欢野营、步行、划船等活动,于是旅游鞋、帐篷、鱼竿等商品就有了市场。

(5)人们对宇宙的看法。人们对于宇宙的起源及人类在其中的位置也存在不同的看法,形成了不同的宗教文化,在崇尚禁忌等方面的文化差异影响着人们的消费行为,这会给某些企业带来机会,但如果不重视宗教文化的影响,也可能阻碍企业的营销活动。

在一个社会中,除核心文化外,还存在亚文化。亚文化是在共同价值观体系下产生的,由具有共同生活经验和生活环境的人群构成的文化群体。亚文化可以分为人种的亚文化、年龄的亚文化、生态学的亚文化等。市场营销人员可以根据亚文化群体来选择目标市场。

第三节 营销环境分析与企业对策

营销环境分析的任务是对外部环境各要素的信息进行收集和研究,明确其现状和发展趋势,从中发现企业经营面临的机会和威胁,然后根据企业自身条件制定相应的对策。营销环境分析的主要目的是识别营销机会与环境威胁,增强企业的环境适应能力。

一、营销环境分析的方法

对营销环境的分析可以使用重要性列表或矩阵分析法。

(一)重要性列表

环境因素既可以给企业的经营带来机会(正面影响),也可能对企业的经营带来挑战(负面影响),各个因素影响的程度和发生的概率也有差异。企业可以通过重要性列表来表示环境事件的重要程度。

表3-1是某造船厂对原油涨价这一事件带来的影响的分析。其中,对企业的影响用5~-5表示,代表从最好机会到最大威胁,大于0为机会,小于0为威胁;发生的概率用0~5表示,影响程度与发生概率的乘积反映事件的重要程度。

表3-1 环境事件重要性列表

事件	对企业的影响	发生概率	重要程度
原油涨价			
1.油轮需求减少	-5	5	-25
2.运煤船需求增加	5	5	25
3.储油需求增加	3	4	12
4.生物燃料的需求增加	1	1	1
5.造船成本上升	-5	3	-15

从表里的数据可以看出,第1、2、5项最重要,在制定应对策略时应优先考虑,其次是第3项,而第4项相对不重要,可以忽略。

(二)矩阵分析法

矩阵分析法将环境事件分为机会和威胁两类,分别进行分析。如图3-2所示:纵坐标表示影响程度,横坐标表示发生概率。图中展示的是前例中的事件。

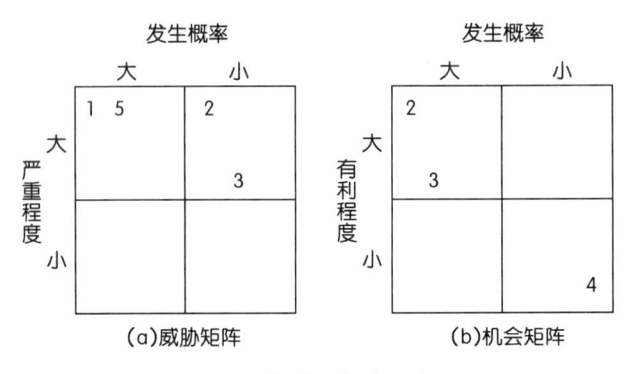

图3-2 矩阵分析法示意图

位于威胁矩阵或机会矩阵左上角的事件,都属于重要事件,企业在制定对策时需要优先考虑;右上角或左下角的事件,重要性次之,企业一般不需要马上制定对策,但应密切关注其动向;位于右下角的事件,企业可以忽略。

二、企业应对环境影响的策略

(一)应对市场机会的营销策略

市场机会就是市场上存在的尚未满足或尚未完全满足的显性或隐性的需求。面对市场机会,企业可以采取的策略主要有:

①及时利用策略。当市场机会与企业的营销目标一致,企业又具有利用机会的资源条件时,应当抓住时机,及时调整营销计划,充分利用市场机会,寻求更大发展。

②待机利用策略。有些市场机会相对稳定,在短时间内不会发生变化,而企业暂时又不具备利用机会的必要条件,可以积极准备,创造条件,等待时机成熟时,再加以利用。

③果断放弃策略。如果市场机会十分具有吸引力,但企业缺乏必要的条件,在相当长的时期内无法加以利用,此时企业应做出决策果断放弃。因为任何犹豫和拖延都可能错过利用其他有利机会的时机,从而一事无成。

(二)应对环境威胁的营销策略

环境威胁是环境中不利于企业营销的因素及其发展趋势对企业形成的挑战。对于环境威胁,企业可以采用的策略主要包括:

①对抗策略。企业通过自己的努力限制或扭转环境中不利因素的发展。对抗策略通常被认为是积极、主动的策略。企业可以通过各种方式利用政府通过的某种法令或与有关权威组织达成某种协议,以用来抵消不利因素的影响。如我国贵州茅台酒厂发现市场上有许多厂家盗用和仿冒茅台酒商标,致使该厂的经营受到威胁。他们毅然拿起法律武器,捍卫自

己的合法权益,从而消除营销环境中对自己的不利影响。

②减轻策略。企业通过调整、改变自己的营销组合策略,尽量降低环境威胁对企业的负面影响程度。例如,企业生产所需的某些原材料价格大幅度上涨,致使本企业的产品成本增加,在企业无条件或不准备放弃目前产品的经营时,可以通过加强管理,提高效率、降低成本以消化原材料涨价带来的威胁。

③转移策略。企业通过改变自己受到威胁的产品的现有市场,或者转移投资方向来避免环境变化对企业的威胁。企业可以有三种选择:一是产品转移。即将受到威胁的产品销售到其他市场。二是市场转移。即将企业的营销活动转移到新的细分市场上去,推出新的产品和营销方案。三是行业转移。即将企业的资源转移到更有利的行业中去。

除了考虑外部环境因素外,企业还应该结合自身优势和不足,才能制定切实可行的营销策略,这时可以使用SWOT矩阵分析法。

三、SWOT矩阵分析法

SWOT矩阵分析法在上一章分析业务战略计划和市场营销计划时,都曾经提到过。SWOT分析实际上是将企业内外部环境各方面的内容进行综合和概括,进而分析企业的优势(Strengths)、劣势(Weaknesses)、面临的机会(Opportunities)和威胁(Threats)的一种方法。通过SWOT分析,可以帮助企业把资源和行动聚集在自己的强项和有最多机会的地方,并让企业的战略变得明朗。

SWOT分析一般分为三步:

第一步,列出企业的优势和劣势,可能的机会与威胁。

企业的优势可能包括:有利的竞争态势;充足的财政来源;良好的企业形象;技术力量;规模经济;产品质量;市场份额;成本优势;广告攻势等。

企业的劣势可能有:设备老化;管理混乱;缺少关键技术;研究开发落后;资金短缺;经营不善;产品积压;竞争力差等。

企业面临的机会可能包括:新产品;新市场;新需求;外国市场壁垒解除;竞争对手失误等。

企业面临的威胁可能涉及:新的竞争对手;替代产品增多;市场紧缩;行业政策变化;经济衰退;客户偏好改变;突发事件等。

第二步,将优势、劣势分别与机会、威胁相组合,形成SO、ST、WO、WT策略。表3-2展示了根据SWOT分析进行战略定位的一般方法。

表3-2　SWOT分析定位图

营销策略	优势(Strengths)	劣势(Weaknesses)
机会(Opportunities)	SO战略(增长型战略)	WO战略(扭转型战略)
威胁(Threats)	ST战略(多种经营战略)	WT战略(防御型战略)

第三步,对SO、ST、WO、WT策略进行甄别和选择,确定企业应该采取的具体战略与策略。表3-3是某邮政公司的SWOT矩阵分析与策略选择。

表3-3　邮政公司的SWOT矩阵分析与策略选择

营销策略		内部环境	
		优势:①作为国家机关,拥有公众的信任②顾客对邮政服务的高度亲近感与信任感③拥有全国范围的物流网(几万家邮政局)④具有众多的人力资源⑤具有创造邮政/金融协同作用的可能性	劣势:①上门取件相关人力及车辆不足②市场及物流专家不足③组织、预算、费用等方面灵活性不足④追踪查询服务不够完善
外部环境	机会:①寄件需求年均增长38%②事业自由度逐步增长③物流、IT等关键技术的飞跃发展	SO策略:①大力发展电子邮政②积极进入超级购物中心配送市场③开发多样化的邮政服务:如小时鲜花快递	WO策略:①对实物与信息的统一化进行实时的追踪②建立差别化的价格体系
	威胁:①通信技术发展后对邮政的需求下降②宅送企业逐步增多③WTO后邮政市场开放的压力	ST策略:①灵活运用宽广的物流配送网络树立积极的市场战略②与全球性的物流企业建立战略联盟	WT策略:①对包裹详情单与包裹运送网分别运营②对已经确定的邮政物流运营提高效率,由此提高市场竞争力

复习思考题

1.什么是微观营销环境?它由哪几个部分构成?

2.宏观营销环境需要分析的人口统计变量主要有哪些?

3.自然环境的变化趋势有哪些?带给企业哪些挑战与机遇?

4.文化环境如何影响企业的营销活动?

5.企业应对环境影响的策略主要有哪些?

案例分析

传音科技的非洲布局

2019年在国外出货量最大的手机品牌,不是华为,也不是小米,而是深圳一家叫传音科技的公司生产的传音手机。这家公司的产品在非洲市场的占有率达到52.5%,2019年1年的出货量高达1.37亿部。非洲有很多国家的政局不稳定,而且工商、税收、专利等相关政策都不完善,投资风险大,加上经济发展滞后,消费能力有限,所以国际大品牌很少在此布局,专利政策的缺失也为国产手机在非洲的早期开发和销售提供了便利。非洲经济增长落后,失业率高。因此传音在当地投资建厂很受当地政府的欢迎。在产品上,传音推出了多品牌战略,产品涵盖高中低档,满足非洲用户的不同需求。传音真正出彩的地方,是对当地消费者的研究,传音的双卡手机,可以解决非洲的不同运营商产生的昂贵费用。传音的拍照系统采用眼睛和牙齿来做定位,专门解决非洲人民自拍画面过黑的问题。还有注重手机喇叭音量的设计解决非洲人民喜欢听歌跳舞的习惯。甚至是采用了特殊的手机表面设计预防非洲过高温度手心出汗,解决手机防滑问题。非洲电压不稳定,设计大容量,超长待机时间的手机。传音的这些努力赢得了非洲用户的喜爱。

(资料来源:①传音控股2019年报;②梁华芬:《传音手机非洲市场营销策略研究》,2019年;③笑春风生涯:《战略分析工具集合》)

案例思考

1. 传音科技的成功利用了营销环境的哪些要素?
2. 传音科技的未来发展需要注意哪些问题?

第四章
营销信息管理

企业了解内外环境与制定营销战略都需要进行信息的收集与分析。通过建立营销信息系统来收集、组织和分析营销相关信息,进行市场预测,是企业科学决策的根本保障。管理营销信息是企业营销部门的一项基本工作。

第一节 营销信息系统

企业对营销信息的管理需要通过一个营销信息系统来进行。营销信息系统(Marketing Information System,MIS)是指有计划、有规则地收集、整理、分析、评价与传递信息,供营销决策者制定规划和策略,由人员、设备和计算机程序所构成的,一种相互作用的有组织的系统。

一、营销信息系统的构成

营销信息系统一般由内部报告系统、营销情报系统、营销调研系统、营销决策支持系统这样四个子系统构成。如图4-1所示:

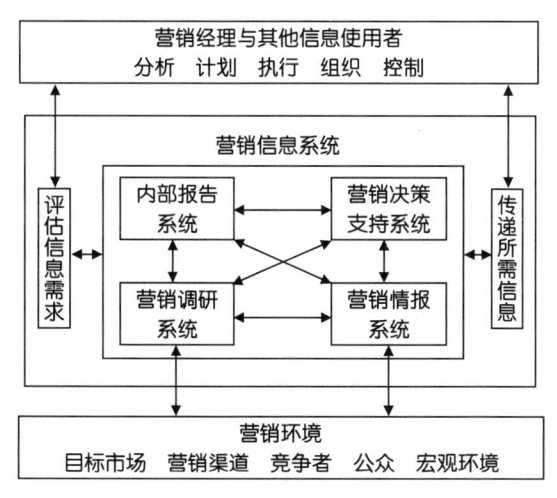

图4-1 营销信息系统

营销信息系统的起点与终点都是营销决策者:营销经理、企业内部与外部的合作者以及其他使用者。他们也是信息的需求者。首先,该系统与信息使用者一起评估信息需求。其次,该系统通过企业的数据记录、营销情报收集和营销调研来获取所需信息。然后,该系统对收集到的信息进行分析,并以决策者易于理解的适当形式表示出来。最后,系统发送营销信息,帮助管理者做出决策。

二、市场营销信息系统子系统

营销信息系统的工作主要通过四个子系统来完成:

(一)内部报告系统(Internal Reporting System)

内部报告系统的主要任务是处理由企业内部的财务、生产、销售等部门定期提供的控制企业营销活动所需的信息,包括订货、销售、库存、生产进度、成本、现金流量、应收应付账款及盈亏等方面的数据,也包括其他类型的信息,比如销售部门所记录的中间商的反应与竞争者的活动,营销部门提供的顾客人口统计特征、消费心理及购买行为的信息,售后服务部门提供的顾客满意度与服务问题的信息等。

其中的核心是"订单→发货→账单"的循环,即销售人员将顾客的订单送至企业;负责管理订单的机构将有关订单的信息送至企业内的有关部门;有存货的立即备货,无存货的则立即组织生产;最后,企业将货物及账单送至顾客手中。

企业营销管理人员通过分析这些信息,比较各种指标的计划和实际执行情况,可以及时发现企业的市场机会和存在的问题。企业的内部报告系统的关键是如何提高这一循环系统的运行效率,并使整个内部报告系统能够迅速、准确、可靠地向企业的营销决策者提供各种有用的信息。

(二)营销情报系统(Marketing Intelligence System)

营销情报系统是指企业营销人员取得外部市场营销环境中的有关资料的程序或来源。该系统的任务是提供外界市场环境所发生的有关动态。

企业市场营销情报系统可以从各种途径取得市场情报:通过查阅各种商业报刊、文件;直接与顾客、供应者、经销商交谈;与企业内部有关人员交换信息;观察消费者的购买行为、市场环境、生产过程;也可通过雇用专家收集有关的市场信息;或向情报商购买市场信息等。系统要求采取正规的程序提高情报的质量和数量,必须训练和鼓励营销人员收集情报;鼓励中间商及合作者互通情报;购买信息机构的情报;参加各种贸易展览会等。

除了常规的情报收集方式,企业还会用到一些特殊的手段来获取信息。比如收集竞争对手扔掉的垃圾,在法律上,垃圾离开公司就成为废弃物品。甲骨文公司曾经翻遍竞争对手微软的垃圾堆,试图找出微软公司用金钱收买某些影响公众的舆论甚至政府部门意见的证据,以便扳倒这个竞争对手。[1]宝洁公司也曾通过联合利华的垃圾堆了解其产品的细节。

如果说内部报告系统提供的是反映营销活动结果的数据,那么营销情报系统主要提供与正在进行的营销活动相关的信息。

(三)营销调研系统(Marketing Research System)

营销调研系统是对企业所面临的特定营销问题进行研究的组织机构。其任务是:针对确定的市场营销问题收集、分析和评价有关的信息资料,并对研究结果提出正式报告,供决策者针对性地用于解决特定问题,以减少由主观判断可能造成的决策失误。

因各企业所面临的问题不同,所以需要进行市场研究的内容也不同。根据国外对企业市场营销研究的调查,营销调研的内容主要有市场特性的确定、市场需求潜量的测量、市场占有率分析、销售分析、企业趋势研究、竞争产品研究、短期预测、新产品接受性和潜力研究、长期预测、定价研究等。

营销调研系统与内部报告系统和营销情报系统最本质的区别在于:它的针对性很强,是为解决特定的具体问题而从事信息的收集、整理、分析。企业在营销决策过程中,经常需要对某个特定问题或机会进行重点研究。如开发某种新产品之前,或遇到了强有力的竞争对手,或要对广告效果进行研究等。显然,对这些市场问题的研究,无论是内部报告系统还是情报系统都难以胜任,而需要专门的组织来承担。有时,甚至企业自身也缺乏获取信息以及进行这类研究的人力、技巧和时间,不得不委托专业调研公司来完成这种任务。

---

[1] 软件业巨头互探情报无所不用其极(《人民日报.华南新闻》2000年07月06日第二版)

企业的很多营销工作都需要进行营销调研。例如,企业打算对产品大幅度降价,往往会责成一个精干的调研小组,对降价的可行性、利和弊、风险性以及预防性措施进行专题研究,并把调研结果呈决策人参考。企业可以临时组成一个调研小组来完成这种调研任务,也可以委托外部的专业调研公司,大公司一般会设立专门的营销调研部门。

(四)营销决策支持系统(Marketing Decision Support Systems, MDSS)

营销决策支持系统是一组用来分析市场资料和解决复杂市场问题的,由软件和硬件组成的数据处理系统。这一系统又被称作专家系统。这个系统主要由统计工具库和决策模型库两个部分组成,第一部分是借助各种统计方法对所输入的市场信息进行分析的数据库;第二部分是专门用于协助企业决策者选择最优的市场营销策略的数据库。

统计工具库包括一系列统计程序,利用回归分析、相关分析等分析方法,解释或预测与市场营销有关的因素。决策模型库包括产品设计模型、定价模型、媒介选择模型、广告预算模型等一系列数学模型,这些模型有助于营销管理者做出科学的营销决策。

营销决策支持系统的概念如图4-2所示。假设营销经理需要分析一个营销问题并采取行动,他首先将问题输入营销决策支持系统的相应模型库中,该模型调用经统计工具库分析过的数据,营销经理可以使用程序来优化行动方案,然后实施。该行动与其他因素共同影响环境,产生新的数据。

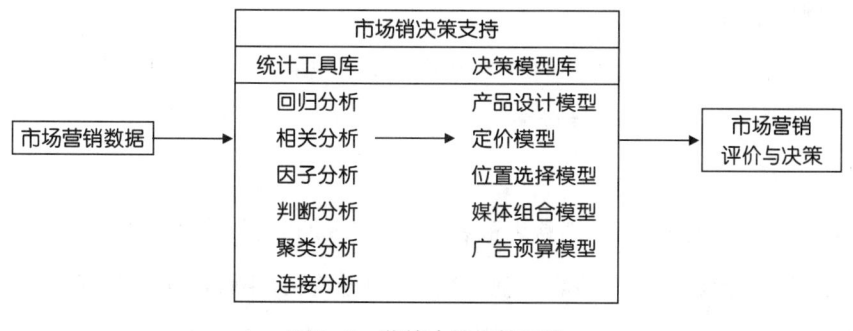

图4-2 营销决策支持系统

第二节 市场营销调研

市场营销调研是系统地设计、收集、分析和报告与企业面临的特定营销问题有关信息的活动。企业在很多情况下都需要进行营销调研,从市场潜力和市场份额的分析,到顾客满意度与购买行为评估,再到定价、产品设计、分析和促销活动的有效性研究等。

一、市场营销调研的内容

企业进行有效市场营销所需的信息主要包括两大部分：企业内部信息和外部环境信息。因此，企业内部信息以及宏微观营销环境是营销调研的主要对象。此外，企业用来实现营销目标的工具：产品、分销渠道、价格、促销活动也是重要的调研对象。

(一)企业内部环境信息调研

企业的资源和能力是实现营销目标的基础，决定着企业对外部环境的适应能力。内部环境信息调研包括一般情况调研和企业经营实力分析两部分。

一般情况调研的主要内容包括：领导者素质和职工素质；企业管理素质、技术素质；企业发展情况、生产条件、营销情况；资源供应、组织结构分析；财务、成本和经济效益。企业经营实力分析主要涉及产品竞争能力分析、技术开发能力分析、生产能力分析、市场营销能力分析、产品获利能力分析等。这些信息大多可以通过内部报告系统获取。

(二)宏观环境调研

宏观营销环境为企业的生存与发展提供机会或产生威胁。宏观环境调研的主要内容有：人口统计环境调研、经济环境调研、自然环境调研、技术环境调研、政治法律环境调研、文化环境调研等，具体内容在第三章已经有详细分析。

(三)消费者调研

顾客是企业服务的对象，企业的顾客市场可以分为消费者市场、中间商市场、政府集团市场和非营利组织市场等。消费者个人和家庭构成的消费者市场是企业营销调研的重要对象。

消费者调研的主要内容有：消费者的特点；消费者的需要；消费者的购买动机和禁忌偏好；消费者的购买行为，包括消费者在何时购买、何处购买、由谁购买和如何购买等；消费者的购买能力与购买频率；他们的品牌态度及品牌偏好；在产品质量、产品价格、售后服务、品牌形象等方面，消费者如何评价企业及竞争者。

(四)营销活动调研

营销活动调研是对企业的产品、分销渠道、价格、促销活动和销售服务进行的调研。

(1)产品调研。包括产品实体调研、品牌形象调研、产品包装调研和产品生命周期调研。

产品实体调研主要涉及：①产品的生产能力调研；②产品设计、功能与用途调研；③产品质量调研，包括产品的安全性、可靠性、耐用性、使用和维修的经济性与方便性等内容；④产品原料调研,不同层次、不同区域、不同时期、不同年龄、不同性别的消费者对原材料的需求会有差异,企业需要了解目标消费者对产品原材料的要求和评价;⑤该产品的替代品与互补品。

品牌形象调研的主要内容是品牌知名度、品牌美誉度、品牌认知度和品牌忠诚度等。品牌知名度是指品牌被公众知晓的程度;品牌美誉度是指品牌获得公众信任、支持和赞许的程度;品牌认知度是指品牌被公众认识、再现的程度;品牌忠诚度主要指公众对品牌产品使用的选择程度,可通过消费者重复购买次数、对价格的敏感程度、对竞争产品的态度等来衡量。

产品包装有运输包装和销售包装,产品包装调研主要是对销售包装的调研,内容包括消费者对包装要素的偏好;消费者希望包装传递哪些信息;竞争产品的包装有什么特点;同类产品中何种包装最受消费者欢迎等。

产品生命周期是指产品从进入市场开始直到最终退出市场所经历的过程,产品生命周期的不同阶段呈现出不同的市场特征,是企业制定和实施营销策略的重要依据。产品生命周期调研可以从产品的销售量、销售增长率、产品普及率、消费者购买意向、市场竞争产品、可替代产品的开发和销售情况等方面进行。

(2)分销渠道调研。主要包括分销渠道类型调研、中间商调研和分销渠道管理调研。

分销渠道类型调研的内容涉及各种分销渠道的优点和缺点、影响分销渠道选择的因素、企业产品最常用的分销渠道、竞争对手选择的分销渠道等。

中间商与目标顾客直接打交道,它的销售效率、服务质量直接影响企业的产品销售。因此,企业必须重视对中间商的调研。中间商调研应该从以下几个方面进行:①中间商的基本情况,包括市场范围、销售的产品种类、地理位置、渠道网络的规模等。②中间商的能力与评价,包括对网络的控制能力和管理能力、在同行业中的声誉、综合服务能力、财务状况、合作诚意、促销政策和技术、内部管理制度、员工的工作积极性与业务能力等。③中间商与当地政府及各职能部门的沟通能力等。

分销渠道管理包括激励中间商、评估中间商和调整分销渠道等内容。其中,激励中间商是分销渠道管理最重要的内容。企业必须了解中间商的需求,才能有的放矢地实施激励措施,达到良好的激励效果,使其产生最好的工作业绩。中间商的需求有经济的需求、安全的需求和权力的需求。企业要明确中间商的需求类型和需求内容。

(3)价格调研。价格是影响消费者购买的重要因素,也决定着企业的利润水平。价格调研的主要内容包括:产品的需求价格弹性调研、消费者价值感受调研、竞争产品的价格调研以及产品成本调研。

产品的需求价格弹性是指市场需求量对于产品价格变动的反应程度。产品的需求价格弹性调研的主要内容是影响产品需求价格弹性的因素：产品需求的性质和强度、竞争产品和替代品的多少和效用的强弱、商品用途的多寡、商品供求状况等。

企业采用需求导向定价法为自己的产品定价或调价时，需要进行消费者的价值感受调研。了解目标消费者对本企业产品价值在心理上的感受和认同程度，包括可以接受的价格水平、对现有价格的接受程度等。

企业采用竞争导向定价法为自己的产品定价或调价时，需要调查竞争产品的价格。调研内容包括：消费者对竞争产品价格的认同程度和意见，竞争者产品的价目表，竞争产品价值和价格之间的关系等。

产品成本是盈亏的临界点，也是企业定价的最低界限，企业在为自己的产品定价时，都要进行产品成本的调研。产品的成本包括生产成本、销售成本、财务成本、管理成本四部分。生产成本和销售成本应该是调研的重点。生产成本包括固定成本、变动成本、边际成本等项目，销售成本包括储运成本、流通成本、促销成本等项目。

(4)促销调研。企业促销的主要方式包括广告、营业推广、人员推销和公共关系等，促销调研的目的是了解促销的效果，选择最合适的促销方式。

广告调研包括广告内容调研和广告媒体调研。企业制定和调整广告传播内容时，需要调查目标消费者的情况、本企业产品的独到之处和竞争产品的广告诉求、目标消费者对本企业广告所传播的信息的认同和理解等内容。企业选择广告媒体时，需要结合产品的特点、所要传播信息的特点，有重点地了解某些具体媒体的影响力、覆盖面、信誉度、经济性和目标消费者的接触率等内容。

营业推广是指企业运用各种短期的促销工具，刺激消费者或中间商迅速或大量购买某一特定产品的促销手段。在选择营业推销工具时，需要调研目标对象的消费心理和购买行为特点、各种营业推销工具的利弊。某种营业推销工具确定后，要调研各种具体方式的利弊、实施具体方式应该注意的问题。营业推广活动结束后，要调研营业推广效果，包括促销活动开展前后销售量变化的幅度、获利的大小、消费者对本次活动的响应程度和评价等内容。

公共关系是指企业为在社会公众中树立良好形象、扩大声誉，而开展的一系列活动。企业要正确选择公关活动方式，需要调研的内容包括：政府决策信息、新闻媒介信息、立法信息、产品形象信息、竞争对手信息、消费者信息、市场信息、企业形象信息、销售渠道信息等。公关活动方式确定后，还要调查公关对象的需求、竞争对手已经采用过的公关活动及效果。

人员推销是指推销人员与顾客面对面接触,运用推销手段和技巧,将商品或劳务信息传递给顾客并说服其购买的销售行为和过程。企业应该采取一些措施,帮助、激励推销人员完成推销功能。要采取有效的措施,必须通过调查收集一些信息作为依据。人员推销调研包括推销人员的推销观念、推销人员的推销技能、推销人员的培训效果、推销人员的报酬等内容。

(5)销售服务调研。销售服务本质上也是一种促销手段。销售服务调研的主要内容有:消费者需要在哪些方面获得服务;服务质量如何;服务网点分布;主要竞争对手提供的服务内容与质量等。

(五)竞争对手调研

企业只有认识并设法战胜竞争者,才能赢得市场,赢得消费者。竞争对手调研的主要内容包括:竞争者的类型及主要竞争者,竞争者产品的核心优势,竞争者产品的市场份额,与竞争者是直接竞争还是间接竞争,竞争者的生产能力与营销计划,竞争者对分销渠道的控制程度,竞争者对市场的控制能力,消费者对竞争者产品的认可程度,竞争者产品的缺陷,消费者的哪些需要没有在竞争者的产品中得到满足等。

二、市场营销调研的分类

营销调研可以按照不同的分类依据进行划分。按照调研的时间可以分为定期调研、经常性调研和临时性调研;按照调研的对象范围可以分为全面调研、重点调研、典型调研与抽样调研;按照调研方法可以分为案头调研和实地调研;按照调研目的可以分为探索性调研、描述性调研、因果性调研和预测性调研。

下面主要按调研的对象范围和调研目的进行分类。

(一)按照调研的对象范围划分

(1)全面调研。全面调研就是对被研究总体中的所有单位进行的调查研究。优点是可以取得调研总体全面的原始资料和可靠数据,全面反映客观事物。缺点是工作量大,时间长,费用高,甚至可能因为组织不够周密产生较大的失误。

(2)重点调研。重点调研就是对被研究总体中具有举足轻重地位的单位进行调研,以此获得总体基本情况资料的一种非全面调研方式。优点是需选定的调研对象较少,可以用较少的人力、财力,较快地掌握被调研对象的基本情况;不足之处是只能对总体情况做出粗略估计,可能以偏概全。

(3)典型调研。典型调研就是对被研究总体中具有代表性的个别单位进行的专门调研,目的是以典型样本的指标推断总体的指标。其优点是:调研对象少,可对调查单位进行细致透彻的调研,可取得调研单位的详尽资料。不足之处是:如果典型选择不当,即被调研单位不具有代表性,则调研结果毫无意义;还有典型调研的对象往往是临时确定的,资料可能缺乏连续性。

(4)抽样调研。就是在被研究总体中抽取一定数量的单位,即样本,根据对样本调研的结果,推算总体情况的一种调研方式。样本是按随机的原则抽取的,在总体中每一个单位被抽取的机会是均等的,因此,能够保证被抽中的单位在总体中的均匀分布,不致出现倾向性误差,代表性强;而且样本数量也是根据调查误差的要求,经过科学的计算确定的。抽样调研被公认为是非全面调研方法中用来推算和代表总体的最完善、最科学的调研方法。目前市场营销调研大多采用这种方式。但抽样的方法会影响调研的准确性。

选择调研方式时需要根据决策层次、商品特点、决策时间限制等因素综合考虑,比如,进行宏观决策制定政策规划时,可以选择全面调研或重点调研,以掌握更完整的信息;微观决策时,由于内容多样、时效性强,采用典型调研、抽样调研可以更快地收集更多信息。

(二)按照调研的目的划分

(1)探索性调研。探索性调研是在没有特定结构和非正式方法下收集数据资料的市场研究方法。一般是在调研专题的内容与性质不太明确时,为了了解问题的性质,确定调研的方向与范围而进行的搜集初步资料的调研,通过这种调研,可以了解情况,发现问题,从而得到关于调研项目的某些假定或新设想,以供进一步调查研究。调研经验表明,二手资料调研、经验调查、小组座谈和选择性案例分析在探索性调研中特别有用。

比如某配方奶粉的市场份额去年下降了,公司不能确定是经济放缓的影响?还是因为广告支出减少?销售代理效率低?或者是消费者的习惯改变了?显然,可能的原因很多,公司只好用探索性调研来寻求最可能的原因,比如咨询代理商或营销专家,从中发掘问题。假设代理商或营销专家的解释是,该配方奶粉原来定位为经济型奶粉,而现在有小孩的家庭比过去更有钱,并愿意花更多的钱在高质量的婴儿用品上,这是公司市场份额下降的可能原因。公司对通过探索性调研得到的这一假设,可以利用描述性调研来验证。

(2)描述性调研。描述性调研是对市场上存在的客观情况如实地加以描述和反映,从中找出各种因素的内在联系,即回答"是什么"的问题。描述性调研寻求对"谁""什么""何时""哪里"和"怎样"这样一些问题的回答。不像探索性调研,描述性调研基于对调研问题性质的一些预先理解。尽管调研人员对问题已经有了一定理解,但对决定行动方案所必需的事实性问题做出回答,仍需收集信息。描述性调研常用的方法有访谈法、观察法等。

找人充当顾客影子是美国一些市场营销调研公司的杰作,这些公司专门为各商场提供市场营销调研人员。这些营销调研员装作消费者,时刻不离顾客左右,设法了解顾客购买了哪些商品,停留了多久,多少次会回到同一件商品面前,以及为什么在挑选很长时间后还是选择离开等信息。美国许多企业得益于这类调查,它使企业的经营活动更具针对性,更贴近消费者。在前面的配方奶粉的例子中,企业就可以让营销调研人员观察购买配方奶粉的消费者的行为,比如,他们是否更喜欢购买贵一点儿的奶粉？他们购买其他婴儿用品时,一般选择什么档次的？

(3)因果性调研。因果性调研是对市场上出现的各种现象之间或问题之间的因果关系进行调研,目的是找出问题的原因和结果,也就是专门调研"为什么"的问题。描述性调研提出各因素的关联现象。因果性调研则要找出在这些关联中何者为"因"、何者为"果",哪一个"因"是主要的、哪一个"因"是次要的,各个"因"的影响程度如何等等。

因果性调研通常是在收集、整理资料的基础上,通过逻辑推理和统计分析,找出不同事实之间的因果关系或函数关系。因果性调研可以通过实验法来收集数据,运用统计方法或其他数学模型进行分析。

在配方奶粉的例子中,如果通过描述性调研了解到,消费者确实愿意为更高质量的婴儿用品(包括配方奶粉)花更多的钱。现在,企业希望进一步了解什么特性(原料来源、口味、配方、包装、规格)对顾客更重要,这时,企业可以通过因果性调研来进行分析。首先,企业需要创造统计上的实验性控制以建立对照组。比如,控制价格、媒体广告、优惠券、宣传品以及顾客的年龄、收入等特征,使实验组与对照组在这些方面基本一致,但配方奶粉的某一个特征(如原料来源、口味、配方、包装或规格)不一样,然后,了解实验组与对照组的选择情况,从而判断配方奶粉的哪些特征影响消费者的选择,消费者更喜欢什么样的配方奶粉。

(4)预测性调研。预测性调研是在取得过去和现在的各种市场信息的基础上,运用科学的方法和手段,估计未来一定时期内市场对某种产品的需求量及其变化趋势的研究。很多时候,预测性调研可以归入预测的范畴,后面有专门的部分介绍预测方法。

调研问题的不确定性影响着调研的类型。在调研的初期,当调研人员还不能肯定问题的性质时实施探索性调研,当调研人员意识到了问题是什么,但对有关情形缺乏完整的了解时,进行描述性调研,因果性调研则要求严格地定义问题。

这样,在调研过程的每一阶段,都代表了对问题更详细的调查。尽管一般应按探索性、描述性、因果性的顺序进行,但其他顺序也可能出现。比如,"有小孩的家庭将花更多的钱购买婴儿用品"成为共识,顺序就从探索性调研直接到了因果性调研。按相反顺序进行调查的可能性也是存在的。如果一个假设被因果性调研认为不成立,分析人员也许需要另一个描述性调研,甚至另一个探索性调研,这取决于具体的调研人员如何形成问题。

三、市场营销调研的程序

典型的市场营销调研通常可以分为三个阶段:调研准备阶段、正式调研阶段和结果处理阶段。这三个阶段又可以进一步分为明确问题、制定调研计划、组织实施计划、分析调研资料和提出调研报告五个步骤。

(一)明确问题

确定问题和调研目标是调研过程中最困难的一步,这往往需要营销经理与调研人员密切合作,营销经理了解决策需要什么信息,而调研人员则掌握获得信息和营销调研的方法。通过营销经理与调研人员的合作,明确调研所要解决的问题。然后,企业可以进行初步调研,即利用二手资料或通过企业内部相关人员的讨论获得信息。其目的有两个:通过初步调研进一步缩小和明确调研目标;有些问题通过初步调研就可以解决,不必再进行正式的调研,从而节约时间和成本。

在第一阶段所确定的问题和调研目标将引领整个调研过程。

(二)制定调研计划

营销调研的第二步是确认哪些信息是必须的,然后制定计划去收集这些信息。调研计划要写明数据的来源、调研方法、样本计划和所需调研工具。

(1)确定所需信息。调研目标必须转换为具体的信息需求。比如某食品公司打算为速食面使用可在微波炉加热的一次性碗状包装,希望了解消费者的反应。新包装成本高,但消费者可以在微波炉加热后就食用,不需要再准备开水来冲泡,也不需要倒入碗碟中。公司调研需要了解以下信息:

①目前该速食面食用者的人口特征、经济状况和生活方式。因为繁忙的上班族更关注方便性而不在乎价格,小孩多的家庭则希望价格低而不在意洗碗。

②消费者食用该速食面的模式:吃多少,在哪里吃,什么时候吃。新包装对在外面吃饭的,且附近有微波炉的人可能有吸引力,对于在家给小孩做饭的主妇就不一定。消费者吃多少决定速食面的规格。

③零售商对新包装的反应。如果不能得到零售商的认可,新包装产品的销售就可能减少。

④对新旧产品销售的预测。新包装的产品是带来新的销售量,还是单纯取代现有包装

的产品？新产品能否增加公司的利润？

(2)信息来源。调研所需信息可以是原始信息，也可以是二手资料。

获得二手信息相对更容易和快捷，成本也较低，很多一手信息企业自己难以收集或投入太大而不够经济，所以，调研人员通常会从二手信息入手。企业的内部数据库提供了很好的起点，同时，企业也需要大量外部来源的信息，包括商业数据服务机构，如尼尔森公司、零点调查公司等，以及政府机构，如商业部、农业部等。各种出版物和在线数据库、网站都是常用的二手资料来源。

但二手信息也存在可获得性、时效性、准确性等方面的问题，很多时候企业需要进行原始信息的收集。比如前面提到的速食面新包装调研，消费者对新包装如何反应的信息就没有相应的二手资料，因为该商品还没有上市。调研计划的重要内容就是如何收集原始信息。

(3)调研方法。收集原始信息的方法主要有：观察法、实验法、调查法和访谈法。收集二手信息的方法主要是文案调研法。

(4)抽样计划。在确定样本时，企业需要解决三个问题：谁是抽样对象？调研的样本应该多大？样本应如何挑选出来？

常见的抽样方法有随机抽样和非随机抽样两大类。其中，随机抽样主要包括简单随机抽样、等距随机抽样、分层抽样、多级抽样、分类抽样等；非随机抽样主要有方便抽样、判断抽样、配额抽样等。各种抽样方法都有各自的优缺点和适用情况，由于篇幅所限，关于样本数量、抽样程序以及各种抽样方法的优缺点和适用对象在此不做详细介绍，可以参照有关专业书籍。

(5)调研工具。调研人员在收集原始信息时，需要用到两种主要的调研工具：问卷和仪器。

问卷一直是使用最普遍的调研手段，在调查法、访谈法中都会用问卷来提出问题。在观察法或实验法中，则可能用到某些仪器，比如，商店会使用监视器来记录消费者的购买行为；媒体调研公司会安装收视测试器了解受众收看电视节目的情况。进行访谈法时，调研人员还会用到录音机等设备。调研计划应根据所选择的调研方法来确定可能使用的调研工具。

此外，调研计划还应包括调研的时间安排和预算费用的内容。

(三)组织实施计划

调研计划经主管部门批准后，调研人员就要按照计划规定的时间、方法和内容开始收集信息。数据收集可以由企业自己的调研人员进行，也可以委托其他机构，如专业调研公司、零售商等代办。一般而言,在调研过程中,数据收集阶段的工作量最大,花费最多,也最容易出错。调研人员需要强化监督,保证计划的正确执行,避免出现以下的问题:与被访问者的联系障碍,被访问者拒绝合作或提供不真实的信息,访问员出错或为省事而走捷径。

(四)分析调研资料

调研人员对收集到的信息进行分析和处理:检查资料是否完整;对资料进行编辑和加工,尽可能将数据转化为计算机可以处理的形式;去粗取精,找出误差或前后矛盾的地方;对资料进行分类、列表,以便归档、查找和使用;运用数学模型对数据进行处理,发掘数据里隐含的情报,在看似无关的信息之间建立联系。

(五)提出调研报告

调研人员需要将调研结果提供给管理部门,调研结果不应该是一堆统计数据或数学公式,而是对决策者关心的问题所提出的结论性的建议。规范的调研报告应包括以下一些内容:

(1)引言:说明调研的目的、对象、范围、方法、时间、地点等。
(2)摘要:概括研究的结论和建议。
(3)正文:详细说明调研目标、过程、结论和建议。
(4)附件:各种数据图表、问卷副本、访问记录、参考资料等。

调研人员提交调研报告以后,还需要对调研结果进行解释,帮助管理人员理解和决策,同时,关注建议是否被决策者采纳,采纳后的效果如何,是否需要进行补充调研。

四、市场营销调研的方法

获取原始信息的方法主要有:观察法、实验法、调查法。

(一)观察法

观察法是调研人员根据一定的研究目的、研究提纲或观察表,用自己的感官和辅助工具去直接观察被研究对象,从而获得原始资料的一种方法。

(1)观察法的类型

①按观察者是否参与被观察对象的活动,可分为参与观察与非参与观察。参与观察要求观察者不暴露自己的真实身份,加入被观察者的群体或组织中,进行隐蔽性的观察。非参与性观察法则是观察者不参与被观察者的任何活动,完全以局外人的身份所进行的观察。

②按观察过程是否事先确定具体观察项目和观察程序的严密程度,可分为结构性观察和非结构性观察。结构性观察也称正式观察,是在观察前有明确的观察目标、详细的观察内

容和指标体系,并要求有完整记录的观察。具有计划严谨、周密、操作标准化的特点,观察结果一般容易量化。非结构性观察没有严格的观察计划,根据观察现场的实际情况灵活决定观察目标与内容,随意性大,观察结果一般难以量化。

③按观察的环境条件,可分为自然观察和实验观察。自然观察也称现场观察,是在非人工控制的环境中进行的观察。实验观察是在人工控制的环境中进行的观察。

④按是否借助仪器和技术手段,可分为直接观察和间接观察。直接观察法就是观察者直接运用自己的感官对研究对象的行为进行感知的观察方法。间接观察是利用仪器或技术间接地对现象和行为进行观测,从而获取资料的观察。

⑤按观察对象是否察觉,可分为掩饰观察和非掩饰观察。进行掩饰观察时,被观察对象没有察觉被观察,而在非掩饰观察中,被观察对象知道别人在观察。

(2)观察法的应用

在营销调研中,观察法可以用于以下调研项目:

①对行动和迹象的观察。例如,调查人员通过对顾客购物行为的观察,预测某种商品的销售情况。

②对语言行为的观察。例如观察顾客与售货员的谈话。

③对表现行为的观察。例如观察顾客谈话时的面部表情等身体语言的表现。

④对空间关系和地点的观察。例如利用交通计数器对来往车流量的记录。

⑤对时间的观察。例如观察顾客进出商店以及在商店逗留的时间。

⑥对文字记录的观察。例如观察人们对广告文字内容的反应。

(3)观察法的优缺点

观察法的主要优点是:①它能通过观察直接获得资料,不需其他中间环节。因此,观察的资料比较真实。②在自然状态下的观察,能获得生动的资料。③观察具有及时性的优点,它能捕捉到正在发生的现象。④观察能搜集到一些无法言表的材料。

观察法的主要缺点是:①受时间的限制,某些事件的发生是有一定时间限制的,过了这段时间就不会再发生。②受观察对象限制。有些秘密活动一般不会让别人观察,不适合敏感问题研究。③受观察者本身限制。一方面人的感官都有生理限制,超出这个限度就很难直接观察。另一方面,观察结果也会受到主观意识的影响。④观察者只能观察外表现象和某些物质结构,不能直接观察到事物的本质和人们的动机、意向及态度等内在因素。⑤观察法不适合大面积调查。⑥自然状态下的观察缺乏控制,无关变量混杂其中,可能会使观察结果缺乏科学性。

(二)实验法

实验法是调研人员按照某种因果假设设计的,在高度控制的条件下,通过人为操纵某些因素,以了解两现象之间是否存在着一定因果联系的研究方法。

(1)实验要素

实验法涉及三对基本要素:①自变量与因变量。调研人员首先要确定研究的自变量与因变量分别是什么?自变量是单个还是多个?

②前测与后测。调研人员需要在实验前对被试对象进行观测,以及在实验条件处理后进行同样的观测。

③实验组与控制组。调研人员需要将实验对象分为实验组与控制组。实验组是指随机选择的接受实验处理的实验对象的集合,控制组是指不接受实验处理的被试组。

(2)实验法的应用

实验法主要用来收集因果关系的信息。实验法首先要选择合适的实验对象并进行分组,各组给予不同的处理方式,并控制无关变量,然后观测实验对象的不同反应。

某公司准备改进咖啡杯的设计,邀请了30多人,让他们每人各喝4杯相同浓度的咖啡,但是咖啡杯的颜色,则分别为咖啡色、青色、黄色和红色4种。试饮的结果,使用咖啡色杯子的人认为"太浓了"的占2/3,使用青色杯子的人都异口同声地说"太淡了",使用黄色杯子的人都说"不浓,正好。"而使用红色杯子的人中,竟有90%的认为"太浓了"。根据这一调查,公司咖啡店里的杯子以后一律改用红色杯子。该店借助于颜色,既可以节约咖啡原料,又能使绝大多数顾客感到满意。结果这种咖啡杯投入市场后,与市场上另一公司的产品开展激烈竞争,以销售量比对方多两倍的优势取得了胜利。

(3)实验法的优缺点

实验法的主要优点是:①在尽量减少干扰变量前提下进行的实验,可以帮助调研人员获得相对客观的信息资料。②目的性明确,针对不同的调查项目进行合理的实验设计,可以探索不明确的因果关系。③由于对各种变量进行了严格的控制,所以研究结论具有较强的说服力。④实验方法是可以重复的,这是研究科学性的重要体现。

实验法的主要缺点是:①所需的时间较长,并且费用较高。②实验对象和实验环境的选择难以具有充分的代表性,调查人员很难对实验过程进行充分有效的控制。③由于处于人为环境中,被试又知道自己在做实验,可能干扰实验结果的客观性。④研究只能限于当前问题,对过去问题和将来问题的研究,实验方法不太可行。

（三）调查法

调查法是以提问的方式要求调研对象回答以收集信息的方法。

(1)调查法的类型

根据调查工具和方式的不同，调查法可分为：

①问卷调查。问卷调查以书面提问和回答的方式收集信息，是在社会调研活动中收集资料的最常用的一种工具。

根据载体的不同，问卷调查可分为纸质问卷调查和网络问卷调查。纸质问卷调查是传统的问卷调查方式，调研人员需要分发和回收纸质问卷，这种方式的主要缺点是调查周期较长，投入的人力、物力较多，分析与统计结果比较麻烦，成本比较高。网络问卷调查这种方式的优点是无地域限制，速度快，成本相对低廉，结果易于进行统计和分析，缺点是答卷质量无法保证。

按照问卷传递方式的不同，纸质问卷调查还可分为报刊问卷调查、邮寄问卷调查和送发问卷调查。

②访谈法。访谈法通过调研人员与调研对象的交谈来收集信息，一般根据事先拟定的访谈提纲进行，也可以认为是一种特殊的问卷调查，即代填式问卷调查。访谈法可以更深入地了解一些问题，特别是探索性问题。当调查对象的受教育程度较低时，也适合访谈法。

根据交流方式和对象的不同，访谈法可分为电话访谈和个人采访。个人采访又可以分为个人访谈和小组访谈。

电话访谈可以较快地收集信息，调研人员还可以解释难懂的问题，但费用较高，调查涉及隐私的问题有难度。

个人访谈一般是由调研人员与调研对象面对面进行交流，调研人员可以进行解释，还能够根据情况灵活调整问话的方式。在访谈过程中，调研人员也可以展示产品、广告或包装，同时观察人们的反应与行为。

小组访谈属于另一种访谈形式，是同时对一组人的访谈。比如，为了了解消费者对新产品的看法，可以召集10人左右的消费者，由主持人对企业的新产品进行介绍，鼓励大家自由表达自己的看法，调研人员观察小组讨论情况，并记录人们的谈话或进行录像。小组深度访谈已经成为了解消费者想法和感觉的主要调研手段，随着技术发展，小组深度访谈也可以借助可视会议系统或监视器来完成。

各种调查方法的特点如表4-1所示：

表4-1 各种调查方法的比较

调查种类	报刊问卷	邮寄问卷	送发问卷	网络问卷	个人采访	电话访谈
调查范围	很广	较广	较窄	很广	窄	可广可窄
调查对象	难控制和选择，代表性差	有一定控制和选择，但回复的代表性难以估计	可控制和选择，但过于集中	难控制和选择，代表性差	可控制和选择，代表性较强	可控制和选择，代表性较强
影响回答的因素	无法了解、控制和判断	难以了解、控制和判断	有一定了解、控制和判断	无法了解、控制和判断	便于了解、控制和判断	不太好了解、控制和判断
回复率	很低	较低	高	较低	高	较低
回答质量	较高	较高	较低	较低	高	较低
投入人力	较少	较少	较少	少	多	较多
调查费用	较低	较高	较低	低	高	较高
调查时间	较长	较长	短	短	较短	较短
灵活性	差	差	较差	差	好	较好

（2）运用调查法需要注意的问题

调查法的主要优点是比较灵活，而且简单易行，可以获得其他方法难以获取的一些信息，特别是调查对象的想法与感觉。

在运用调查法的过程中，保证调查对象表达真实想法，是调查法取得成功的关键。这需要注意以下几个方面：

一是问题的设计要科学。比如，在用词方面要准确，避免出现理解的偏差，比如"经常""普遍"等词语调查对象存在不同理解，就应避免；针对非专业人士，尽量不用专业词汇；避免诱导性问题、禁忌的或隐私的问题，以及难以回答的问题，比如"你今年收到过多少小广告"。

二是问题的安排要合理。封闭式问题、容易回答的问题尽量安排在前面，被调查才有回答的兴趣。开放式问题、难回答的问题、涉及个人隐私的问题放在后面，可以减少回答者的戒备心理。

三是调研人员专业素质好。特别是在访谈法中，调研人员的语言组织能力、活跃气氛的能力以及他们的表情、语气、用词都可能影响到调查对象的回答，影响到访谈能否顺利进行，他们对问题的解释也影响到调查对象的理解。应避免由调研人员引起的偏差。

大多数的营销调研对主办企业和消费者都有好处。通过营销调研，企业可以更准确地了解顾客需要，提供更优质的产品和服务，消费者的需求也可以得到更好的满足。成功的营销调研除了需要周密的组织，以及选择合适的方法与策略外，还应该处理好相关的伦理问题。营销调研所面临的主要伦理问题是对消费者个人隐私的侵犯和调研结果的操纵。

要解决消费者个人隐私的问题,企业需要规范自己的营销调研行为,比如在调研之前向消费者充分说明调研的目的,给消费者带来的利益,数据的使用领域和保护措施,保证只有在消费者同意的情况下才能收集、保存、使用和分享信息。

有些企业会有意按照自己期望的结果进行调研设计。由一次性餐具行业协会进行的民意调查问道:"据估计,一次性餐具占垃圾总量的比例不到3%,而饮料包装、商业印刷、建筑装修、庭院垃圾占到30%以上。你认为应该禁止一次性餐具吗?"结果90%的人认为不应该。对调研样本、问题选项、背景资料或用词的巧妙操纵,会使得调研结论符合企业的需要,但却没有科学性和客观性。

企业在进行营销调研和分析调研数据时应该承担起社会责任,以保护消费者利益和企业自身的长远利益。

第三节 市场预测

预测是根据过去和现在的情况推测未来,由已知推测未知的一种活动。市场预测是在营销调研的基础上,利用收集到的信息资料,运用逻辑推理和数学方法,对市场变量未来变化趋势及其可能水平进行估计与测算的过程。

一、市场预测的类型

市场预测可以按不同的标准进行分类。

(一)按预测的时间跨度划分

按预测的时间跨度,可以分为近、短、中、长期预测。

(1)近期预测。是根据市场上需求变化的现实情况,以旬、周为时间单位,预计一个季度内的需求量(销售量)。

(2)短期预测。主要是根据历史资料和市场变化,以月为时间单位测算出年度的市场需求量。

(3)中期预测。是指1~5年的预测,一般是对经济、技术、政治、社会等影响市场长期发展的因素,经过深入调查分析后,所做出的未来市场发展趋势的预测,为编制3~5年营销计划提供科学依据。

(4)长期预测。一般是对5年以上市场情况进行的预测,是为制定企业发展的长期规划,为综合平衡、统筹安排长期的产供销比例提供依据。

(二)按预测的空间范围划分

按照预测的空间范围又有两种分类方法:

一是按地理空间范围划分,市场预测可以分为国内市场预测和国际市场预测。

二是按经济活动的空间范围划分,市场预测可分为宏观市场预测和微观市场预测。宏观市场预测是把整个行业乃至整个国家或地区发展的总体情况作为研究对象,预测行业需求和宏观经济的发展变化趋势。宏观市场预测对企业确定发展方向和制定公司战略具有重要的指导意义。微观市场预测则是针对某一种产品的供求情况和销售量进行预测,用于具体营销计划的制定。

(三)按预测的性质划分

(1)定性预测。是由预测人员凭借知识、经验和判断能力对市场的未来变化趋势做出性质和程度的预测。

(2)定量预测。是以过去积累的统计资料为基础,运用数学方法进行分析计算后,对市场的未来变化趋势进行的数量测算。

二、市场预测的理论依据

尽管市场预测的方法多种多样,但一般都依据以下一些基本原理:

(一)相关性原理

相关性原理认为,客观事物是普遍联系的,任何事物的发展变化都是一系列因素作用的结果。这些因素相互联系、相互依存、相互制约,存在一定的因果关系,通过对事物间的因果(相关)关系分析,就能够认清事物的本质,找出事物发展的规律。所以,人们可以根据某些事物的变化,来推测另一些事物的相应变化。比如,季节变化与人们的衣着,利率变化与股票市场走势,收入与人们的需求量等,都存在这样的因果关系。无论是定性预测还是定量预测,许多预测方法都建立在相关性原理的基础上,比如相关因素分析法和回归分析预测法等。

(二)惯性原理

也叫延续性原理,是指事物发展的连续性和继承性。从时间上看,市场是一个连续发展的过程,将来的市场是在过去和现在的基础上演变而来的,在一定时间、一定条件下会保持原来的趋势和状态。惯性原理是时间序列法等定量分析预测方法的理论基础。

(三)类推性原理

许多事物在结构、模式、性质、发展趋势等方面存在着相似之处。根据这种相似性，人们可以在已知某一事物的发展变化情况的基础上，通过类推的方法推演出相似事物未来可能的发展趋势。比如，彩色电视机与黑白电视机的功能是相似的，因此可以根据黑白电视机市场的发展历程类推彩电的市场需求变化趋势。对比类推预测法就是以类推性原理为理论基础的，在缺乏历史数据时对比类推方法的使用特别有价值。

(四)系统性原理

任何一个企业的经营活动都是在社会大系统中进行的，这个大系统又可分为政治、经济、技术、文化等子系统。对市场供求影响最大的是经济子系统，因此，预测的着眼点往往是经济子系统。但是由于各子系统是相互联系、相互影响的，因此，不但要注意经济子系统内各变量变化和对市场的影响，还要注意其他子系统中变量的变化及对市场的影响。因为社会大系统中各子系统对预测目标的影响很难用数学模型来描述，很多时候需要根据各领域专家的经验做出逻辑判断。

市场预测原理与方法的对应关系如图4-3所示：

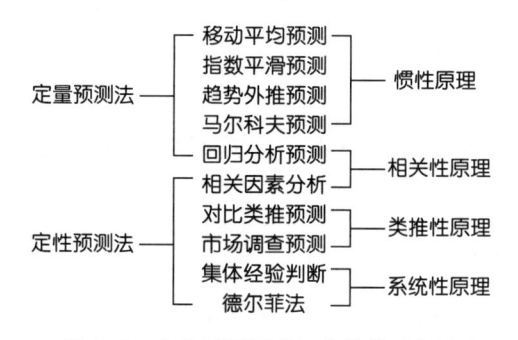

定量预测法
- 移动平均预测
- 指数平滑预测 —— 惯性原理
- 趋势外推预测
- 马尔科夫预测
- 回归分析预测 —— 相关性原理

定性预测法
- 相关因素分析
- 对比类推预测 —— 类推性原理
- 市场调查预测
- 集体经验判断 —— 系统性原理
- 德尔菲法

图4-3 市场预测原理与方法的对应关系

三、市场预测的内容

市场预测的内容非常广泛。政府经济管理部门进行的宏观市场预测，主要包括：生产活动的发展变化趋势、市场容量及其变化趋势、市场价格的变化趋势、消费需求的变化趋势以及进出口的变化趋势等。而企业营销部门进行的微观市场预测则是在宏观预测的基础上，根据已经收集到的资料，对目标市场的未来发展趋势，企业市场占有率的变化趋势，以及产品的生命周期和企业经营能力等进行的估计和判断。预测的结果对于企业及时调整经营发展方向，做出正确的营销决策，在市场竞争中争取有利的地位至关重要。

(一)市场需求预测

市场需求预测是对有支付能力的目标客户在一定时期、一定市场范围内,购买某种商品的可能数量的估计。消费者的需求受多种因素的影响,企业预测市场需求,首先需要对影响消费需求的各种因素的变化趋势进行预测。

(1)收入水平

收入水平决定支付能力,消费者的收入水平受宏观经济形势以及行业现状等因素的影响,所以企业需要密切关注政府发布的各种统计数据以及宏观经济政策的信息,分析宏观经济的现状与发展趋势。政府的税收政策和银行的信贷政策也会影响个人可支配收入和支付能力,这些都是预测市场需求时需要考虑的因素。

(2)价格走势

价格也是影响需求量的重要因素。对于政府调控价格的商品,企业要关注政府价格政策的变动。对于市场定价的商品,企业要分析影响价格的因素,比如劳动生产率的变化、市场供求情况、原料价格走势、竞争产品的价格走势等,根据对价格走势的预测和商品的需求弹性合理定价。

(3)购买力投向及其变化趋势

居民收入水平和消费习惯的变化影响着居民的消费结构。企业可以根据相关经济理论,比如恩格尔定理,以及一些发达国家的经验,来研究消费者支出模式的变化趋势,预测居民购买力投向。

(4)消费倾向的变化趋势

生产力的发展,居民受教育程度的提高,以及人口年龄结构等因素的变化,都影响到消费者需求的类别、品质和数量。比如,旅游、娱乐、信息通信等非必需品的需求,个性化商品或服务以及老年人市场的需求显著增长。营销决策者应该根据消费倾向的变化趋势,预测出市场畅销商品的品种、需求量、滞销商品的种类,需要改进或更新换代的产品,并利用预测结果决定企业新产品开发的方向和营销计划。

(二)市场供给预测

市场供给量是一定时期内可以投放市场以供出售的商品数量。这些商品主要来自生产部门、进口、国家储备、企业库存或商业部门存货,以及民间储备。

市场供给预测是对可以进入市场的商品数量、结构及其变化趋势的估计。它与市场需求预测相结合,可以判断未来市场的供求关系的变化。

预测供给量的变化趋势,可以依靠历史统计资料,通过相关产品的产量、库存、销售量等数据,利用定量分析预测方法,估算未来某一时期的供给数量。预测供给量还需要了解产品现有生产企业的数量、生产能力和生产规划,此外,原材料的生产能力和保障水平、原材料的价格走势,以及企业的原料储备情况等,也是需要考虑的因素。

生产技术是影响产量和成本的重要因素,在分析供给量变化趋势时,还需要关注生产技术的发展变化。

进口量是商品供给量的重要组成部分,企业也需要分析进口量及其变化趋势,关注政府外贸政策的调整和外贸环境的变化。如果产品的原料或生产设备主要依靠进口,那么原料与设备进口的限制,进口价格的变化趋势,以及有没有替代品或替代来源,都是企业预测供给量时需要分析的因素。

(三)市场占有率预测

市场占有率是在一定时期和一定市场范围内,企业所生产的某种产品的销售量占整个市场销售量的比例。

通过分析和预测产品的市场占有率,有利于改善企业的营销因素组合和进行产品调整。预测产品的市场占有率,企业应该从产品现有的市场份额、产品销售量的增长率、产品的知晓度和美誉度、产品价格、促销费用、分销费用,以及促销分销的拉动系数等方面认真分析,还要结合竞争对手的数据进行综合研究。

由于市场占有率是一个相对比例,预测产品的市场占有率,还必须对整个行业产品的销售量进行分析和预测。

(四)产品生命周期预测

产品生命周期预测是对产品从进入市场到退出市场的全过程中所处阶段及前景的估计。预测产品的生命周期,有助于企业根据产品生命周期不同阶段的市场特点,采取有针对性的营销策略,以期获得最大的收益。

影响产品生命周期的主要因素有:购买力水平的高低,商品本身的特点,消费心理、消费习惯、社会风尚的变化,商品供求与竞争状况,科学技术的发展,新技术、新工艺、新材料的推广应用,以及政府的政策法律制约等。

判断和预测产品生命周期的方法主要包括:曲线判断法、类比判断法、经验判断法(家庭普及率推断法)、销售量增长率法和比率增长判断法等。

(五)科学技术发展预测

科学技术发展预测是对科学技术的未来发展,特别是与本企业产品或产品材料、工艺、设备等有关的技术发展水平、发展方向、发展速度和发展趋势及其在社会、生产、生活等方面的影响所进行的分析和预测。科学技术发展预测主要为企业选择技术发展方向和制定产品研发规划服务。

科学技术发展预测的方法主要有德尔菲法、头脑风暴法、文献调研法以及专利分析法等。

科学技术的发展对经济周期、经济增长、市场需求、行业发展、竞争环境,以及企业的生产成本、原料来源等都有深远的影响。预测科学技术的发展趋势对企业降低成本,提高产品质量和生产效率,增强产品竞争力,准确判断市场发展趋势,以及形成技术先发优势和开拓新的市场都具有积极的意义。

除了以上内容之外,政府经济政策的调整,国际局势特别是国际贸易环境的变化,教育文化事业的发展,以及社会习俗、生活习惯、流行趋势的变化等,都是影响市场的重要因素,企业应该根据营销活动的需要确定市场预测的内容。

此外,企业生产经营能力预测也属于广义的市场预测的内容,因为企业的生产经营水平决定了企业把握市场机会和应对环境威胁的能力,是实现营销目标的基本条件。企业生产经营能力预测包括对企业研发能力、营运能力以及销售能力的预测。

四、市场预测的程序

为了提高预测工作的效率和质量,市场预测必须按照一定的程序来进行。

(一)明确预测目的

明确预测目的,即明确预测的对象与范围,通过预测要解决的问题,以及预测所要达到的要求。在此基础上,拟定预测项目、制订工作计划、调配预测人员和确定财务预算,这是进行预测工作的第一步。

(二)收集资料

通过市场调研收集资料,是进行市场预测的基础。任何预测都需要以市场的历史和现实资料为依据。收集资料应根据预测目的,力求资料的全面性、系统性、可靠性和适用性,这是预测质量的根本保证。

对收集到的市场资料,需要按照预测的目的和要求进行选择、分类、排序、整理和加工,使之系统化、易理解、易检索,以便在预测工作中得到充分利用。

(三)分析判断

即依靠预测人员的经验和综合分析能力,根据调查和收集的资料,对事物的未来发展性质和程度做出判断。预测一般是根据现象发展的规律来测定未来趋势。只有对调查搜集的资料经过综合分析、判断、归纳、推理,才能正确了解现象之间是否存在联系,如何联系;才能发现现象演变的规律性表现。预测人员在分析资料的基础上,判断具体市场现象的运行特点和规律,判断市场环境和企业条件的变化与影响程度,然后估计未来市场商品供求关系。

(四)进行预测

在通过市场调研取得资料,并对资料进行分析判断的基础上,预测人员根据预测的具体要求,选择预测方法,建立预测模型,并对预测方法与模型进行分析评价,最终得出预测值。

(1)选择预测方法,提出预测模型

市场预测的方法很多,按照主观性的程度可以分为定性预测法和定量预测法。

选择预测方法应根据预测的具体需要:如果只要求预测出一个总体的发展趋势,则可以选择定性预测方法;如果要求预测出具体的数据,且有误差要求,就必须选择定量预测方法。选择具体预测方法时,还应该考虑预测期的长短、数据样式、适用性、预测费用等。

定性预测法依靠预测者的知识、经验和综合判断能力,根据历史和现实资料,对市场现象性质的变化进行推断,定性预测方法比较简单、省时间、省费用,对现象发展的方向把握较准确,它还可用于难以量化的现象预测。但定性预测容易受到预测者主观因素的影响,必要时可与定量预测法相结合使用。定性预测的具体方法很多,有集合意见法、专家预测法、联想预测法等。

定量预测法对市场现象的性质、特点、关系进行分析后,建立数据模型,进行数量的预测。定量预测法又分为时间序列预测法和因果关系预测法。

(2)修正预测结果

按照预测方案和选定的预测方法,对资料进行分析判断和计算预测值,即可形成初步的预测结果。预测结果要达到100%准确,完全符合未来实际是不可能的,一般能达到90%左右的准确程度,就相当成功了。预测结果与实际的差别为预测误差。超过10%的预测误差,可能受以下因素的影响:①预测所用资料不完全或不真实;②预测人员因素质偏低、能力不足;③选定的预测模型本身有误,或与现象实际运动特点出入过大;④预测现象所处外部环境条件或内部因素发生显著变化。

预测结果出现较小误差是允许的,也是必然的,可以根据预测现象和影响因素的历史数据和最新信息估计预测结果的变化程度；也可以采用多种方法预测，然后比较各方法预测的可信度；还可以对定量预测结果，运用相关检验、假设检验、差值检验(或方差检验)等方法分析预测误差，分析误差大小最常用的方法是利用拟定的预测方法或模型，对现期或近期的现象进行预测，然后将预测结果与观察的实际结果进行比较，误差过大的应予放弃或修正。

(3)做出最终预测

依据原选定的资料和方法，预测结果如果误差稍大于许可值，可通过分析原因后进行调整。如果误差大幅度超过允许值，并且不存在资料记录、计算笔误，则原预测结果应推倒重来。重新预测之前要对原预测方案的可行性进行分析，对预测所用资料进行审核。方法正确，资料不全、不实的重选资料按原方法进行预测。方法不符合市场现象运行特点的要按既定预测目标重新选定，然后重新搜集所需资料，按新方法进行预测，直至预测结果接近实际值为止，以此作为预测最终结果。

五、市场预测的基本方法

按照预测方法的性质，市场预测方法可分为两个基本大类，即定性预测法和定量预测法。

(一)定性预测法

定性预测法，也叫判断分析法。它主要是利用人们在市场实践活动中获得的经验、知识和综合判断能力，根据历史资料和现实资料，对未来市场发展趋势进行估计。

在市场预测中，常用的定性预测方法有：

(1)相关因素分析法

相关因素分析法是以事件的因果关系原理为依据，根据已知相关事件的发展趋势，来推测目标事件的未来变化趋势的分析方法。例如智能手机已成为众多消费者的必备通信工具，智能手机芯片的需求量同智能手机的销量有密切关系。在已知智能手机销售量及其增长率的情况下，可大致推断出手机芯片的需求量。当然，若能考虑不同消费群的消费水平和更新换代周期，将智能手机需求者进行分类，确定每类消费者的年需求量，这样推断出来的手机芯片需求量更加准确。

在市场预测中，运用相关因素分析法，首先要依据理论分析或实践经验，找出同预测目标相关的各种因素。特别要抓住同预测目标有直接关系的主要因素。然后，再依据事件相关的内在因果关系进行推断。

运用相关因素分析法，往往需要同变动方向的推断结合起来，根据相关变动方向的顺相关与逆相关关系进行推断。两个经济变量,有的是同增同减。例如,录像机与录像带这类互补品;有些经济变量存在此长彼消的相关关系,例如,圆珠笔与钢笔这样的替代品。

(2)对比类推法

对比类推法是根据市场及其环境因素之间类似性,从一个市场发展变化的情况推测另一个市场未来趋势的判断预测方法。对比类推法根据预测者对预测目标市场范围的不同,至少可分为产品对比类推法、行业对比类推法、地区对比类推法和局部总体类推法四种。

①产品对比类推法。产品对比类推法的依据是:由于产品之间在功能、构造、原材料、档次等方面的相似性,产品市场的发展规律可能出现某种相似性。例如,彩色电视机和黑色电视机的基本功能是相似的,因此,可以根据黑白电视机的市场发展规律大致地判断彩色电视机市场的发展趋势。再如,档次相近的产品市场之间,如高级化妆品的市场之间,可能存在相似的营销规律。

②行业对比类推法。有不少产品的发展是从某一个行业市场开始,逐步向其他行业推广;而且每进入一个新的行业市场,往往要对原来的产品做一些改进或创新,以便适合新的行业市场的需要。根据这一点,可以运用行业对比类推法对产品的行业市场加以判断预测。例如,预测者可以根据军工产品市场的发展预测民品的市场。军工产品一般都是技术上领先的产品,军工行业市场的现在基本上就是民用市场的未来。所以,预测者应密切注视军工产品的发展动向,推测军工产品或技术在民用市场上发展的可能性。除了军工行业外,航天工业也是技术领先的行业之一。有些今天仅用于宇航的产品,可能在将来的民用市场上得到普及,羽绒服、浓缩速溶饮品就是范例。

③地区对比类推法。同类产品的市场不仅在不同行业之间存在领先滞后的时差,而且在不同的地区之间也存在这种时差。因而,预测者可以根据领先地区的市场情况类推滞后的市场。例如,家电一般先进入城市家庭,然后再进入农村市场。利用家电产品在城市市场的发展规律可以类推它们在农村市场的发展规律。

④局部总体类推法。通过典型调查、抽样调查等方式进行一些调查,来分析局部市场的变化趋势与发展规律,以此预测和类推全局和总体的市场变化规律。这是一种运用最为广泛的类推预测方法,也是在方法上最为严谨、科学的一种。例如,预测今后一段时期内全国智能手机市场的需求发展状况,可以选取一些有代表性的城市和农村进行调查分析,从而来推断全国总需求情况。

(3)集体经验判断法

也称专家小组意见法。它利用集体的经验和智慧,分析、判断事物未来的发展变化趋势。该方法的一般程序是:组成一个预测小组,每个预测者做出预测结果,说明其分析的理由,允许小组成员在会上充分争论,在分析讨论基础上,预测者可以重新调整其预测结果,然后把若干名预测者的预测综合处理,得出最终的预测结果。

对于需要量化的预测目标,操作步骤是:首先,预测者用三点估计法估计预测目标的最小值、最大值、最可能值,并根据出现的可能性,设定主观概率;然后,采用主观概率统计法计算出每个预测者的预测期望值;最后,根据预测者的经验知识水平,确定预测者的重要性权重,运用加权平均法计算出预测最终结果。

集体经验判断法的主要优点是:

①参加的人数多,因而所拥有的信息量远远大于个人所拥有的信息量,所考虑的因素比个别预测者所考虑的因素全面。

②有具体的预测方案,其预测结果比单纯的个人判断可靠、客观。

③在综合各预测者(或各方案)的意见后得出预测结果,可以避免个人判断的主观性、片面性。

④虽然有时难以得到统一的预测结果,但是这并不意味着预测失败,而恰恰说明这一预测方法考虑问题有多重性、多面性。其意见能更好地为决策及执行工作提供依据,企业经营管理人员若能充分注意到预测结果的不一致之处,就能防微杜渐,保证事件的正常发展。

⑤可以同时对几个预测目标进行分析、预测。

但是,集体经验判断法也有许多难以克服的缺点,主要是干扰因素较多:

①感情因素。与会人员中可能有权威、上级、前辈、同学、同事等多种关系出现,出于感情考虑,有不同意见者不好意思当面提出。

②个性因素。人的个性本身是复杂的,有的人善辩,有的人寡言;有的人谦虚,有的人傲慢;有的人"投机取巧";有的人固执己见,这些都不利于会场上意见的充分发表及认识统一。

③时间因素。尽管集体意见法可以组织多次会议进行讨论、分析,但是毕竟时间再长也有限度,会前准备再充分,也难免有不全面之处。所以,要在会议当场统一众人的意见,做出共同的估计,有时是不可能的,尤其是会议意见分歧较大,各派员互不相让时,常常使会议"无果而散"。

④利益因素。当与会人员的意见与其利益有关时,往往有些人员不轻易提出其观点,致使预测结果或缺乏新意,或没有表达预测者的真实想法。

比如,某企业为使下一年度的销售计划制订更为科学,组织了一次销售预测,由经理主持,参与预测的有销售处、财务处、计划处、信息处四位处长。许多企业都把完成销售计划的情况作为确定销售人员业绩的主要依据,故销售人员一般都希望尽量把计划压低,从而超过计划部分可获得更多的奖励,这就影响到预测的准确性。

解决的办法可以考虑将预测结果与销售计划脱钩,或根据销售人员过去的销售预测值与实际销售量的差异计算调整系数,对他的预测结果进行修正。如果过去实际销售量都比销售人员预测值多20%左右,就可以将该销售人员本次的预测值乘以1.2的系数作为他的销售预测值。

(4)德尔菲法

德尔菲法是专家小组意见法的发展。它以匿名方式通过多轮的函询征集专家意见,通过定量处理,最终得出预测结果的一种经验判断法,是应用较广的定性预测方法之一。

德尔菲法需要经过多轮专家调查:第一轮是组织者提出预测的主题,把预测的目的和主题附在调查咨询表中一同寄给有关专家,同时将与预测主题有关的各种资料,经过整理、加工后也寄给专家,以便专家能更全面、系统地考虑问题。请专家提供预测的项目,经过综合整理,编制出一份预测项目表,据此制成调查表再寄给专家。第二、第三轮是根据专家回函的意见,进行统计处理,将经过统计处理和汇总的专家意见以及预测要求,再寄给专家们,专家接到汇总意见和有关资料以后,再提出自己的意见寄还预测组织者,然后由预测者汇总整理做出统一归纳,并提出下一轮的预测要求。也可以请专家们就自己的意见阐明理由,或就某一意见做出评价。一般,进行到第四轮时专家们的意见就比较集中,预测组织者就可以据此整理出结果,写出预测报告书。

德尔菲法的特点主要有:

①匿名性。采取背靠背的办法向专家征询意见,可以避免面对面集体讨论中权威意见影响他人预测的倾向。

②反馈性。多次轮番征询意见,专家的预测意见每次都反馈给预测者,具有信息反馈沟通的特点。

③趋同性。注重对每一轮专家意见做出定量的统计归纳,使专家能借助反馈意见不断修正自己的意见,最后使预测意见趋于一致。

④定量处理。作定量处理是德尔菲法的一个重要特点。对预测的结果,主持者应做出统计分析,同时,逐渐按统计反映出来的收敛特征明确预测问题。

德尔菲法的优点,主要表现在以下几个方面:

①简便灵活。德尔菲法是采用函询方式收集专家意见的,这就有利于较广泛地征询各类专家意见,它不受地区部门的限制,简便灵活;尤其是在某些项目缺乏历史统计资料的情

况下,它能以具有广泛代表性的许多专家的丰富知识和实践经验为基础,使预测结果具有一定的可靠性。而专家集体意见法,往往由于参加会议的人数有限,专业有限,影响代表性,从而影响预测结果的可靠性。

②便于征询对象独立思考、独立判断。德尔菲法应邀参加预测的专家互不了解,可以克服专家集体意见法面对面开会讨论而受心理因素影响的缺点。诸如迷信权威或领导意见的倾向、少数服从多数随大流的情况,以及有的专家出于自尊心不愿当场修改自己的意见,等等。德尔菲法中的专家可以参考前一轮的预测结果修改自己的意见无须做公开说明,无损自己的威望。

③有利于专家探索式地解决问题。德尔菲法是轮番多次的征询专家意见,而不是试图一次实现预测结果。每轮征询都是组织者把上一轮应答意见综合统计后反馈给每一个专家,使他们了解到全体意见的倾向,以及持不同意见者的理由。这样,可以使专家在集体意见反馈中得到启发,使他们能较好地克服自己意见的主观性和片面性,有助于提高预测结果的可靠性和全面性。

德尔菲法也存在一些缺点:首先,应用德尔菲法进行预测,容易忽视在开始时由别人提出的并不为大家所理解的创造性预见。尤其是当真理在少数人手里时,所得出的预测结果,往往失败。其次,采用德尔菲法进行预测,往往需要较长时间。国外一般把每轮反馈周期定为一个月左右,几轮反馈费时较长。最后,德尔菲法征询专家意见,缺乏专家之间的思想交锋和商讨,凭专家个人的知识和实践经验,难免要受到专家知识的深度与广度,占有资料的多少,以及对预测问题是否感兴趣等因素的影响,使有些意见带有一定的主观片面性。

(二)定量预测法

定量预测法是在较完整的历史统计资料基础上,运用各种数学模型对市场未来发展趋势进行计算,求得预测结果。这类方法有助于在定性分析的基础上,掌握事物量的界限,帮助企业更科学地进行决策。常用的定量预测方法主要有时间序列分析法和因果分析法。

时间序列是指同一经济现象或特征值按时间先后顺序排列而成的数列。时间序列预测法不需考虑现象之间的各种关系,假定现象变化是过去和现在的延续,于是依据现象的时间序列的发展特点,建立动态的数据模型,描述现象变化规律,预测未来水平和变化趋势。移动平均预测法、指数平滑预测法等方法属于时间序列分析法。时间序列分析法应用范围比较广泛,如对商品销售量的平均增长率的预测、季节性商品的供求预测、产品的生命周期预测等。

(1)移动平均法。

移动平均法是用一组最近的实际数据值来预测未来一期或几期内公司产品的需求量、公司产能等的一种常用方法。移动平均法适用于短期预测。当产品需求既没有快速增长也没有快速下降,且不存在季节性因素时,移动平均法能有效地消除预测中的随机波动,是非常有用的。

简单的移动平均的计算公式如下:

$$F_t=(A_{t-1}+A_{t-2}+A_{t-3}+A_{t-4}……+A_{t-n})/n$$

式中,F_t为下一期的预测值;n为移动平均的时期个数;A_{t-1}为前一期实际值;A_{t-n}为前n期实际值。

当序列包含季节变动时,移动平均时距项数n应与季节变动长度一致,才能消除其季节变动;若序列包含周期变动时,平均时距项数n应和周期长度基本一致,才能较好地消除周期波动。

(2)指数平滑法。

指数平滑法是在移动平均法基础上发展起来的一种时间序列分析预测法,它是通过计算指数平滑值,配合一定的时间序列预测模型对现象的未来进行预测。

指数平滑法由布朗(Robert G.Brown)提出,布朗认为时间序列的态势具有稳定性或规则性,所以时间序列可被合理地顺势推延,他认为最近的过去态势,在某种程度上会持续到最近的未来,所以将较大的权数放在最近的资料。随历史数据的时间由近到远,权重以指数形式递减,所以称之为指数平滑法。

指数平滑法的基本公式是:

$$S_t=\alpha y_t+(1-\alpha)S_{t-1}$$

式中,S_t为时间t的平滑值;y_t为时间t的实际值;S_{t-1}为时间$t-1$的平滑值;α为平滑系数,其取值范围为[0,1]。

关于初始值,即第一期的预测值的确定:一般原数列的项数较多时(大于10项),由于初始值对预测结果影响很小,可以选用第一期的实际值作为初始值;如果原数列的项数较少时(小于10项),可以选取最初几期(一般为前三期)的平均数作为初始值。

在指数平滑法的计算中,α的取值大小非常关键,但α的取值又容易受主观影响,因此合理确定α的取值方法十分重要,一般来说,如果数据波动较大,α值应取大一些(0.3~0.7),可以增加近期数据对预测结果的影响。如果数据波动平稳,α值应取小一些(0.1~0.3)。以上取值区间属于经验判断,具体操作时,可以取几个α值进行试算,比较不同α值下的预测标准误差,选取预测标准误差最小的α。

在利用指数平滑法进行预测时,根据平滑次数不同,指数平滑法分为:一次指数平滑法、二次指数平滑法和三次指数平滑法等。

①一次指数平滑预测法。当时间数列无明显的趋势变化,可用一次指数平滑预测。其预测模型为:

$$y'_{t+1}= S_t=\alpha y_t+(1-\alpha)S_{t-1}$$

式中,y'_{t+1}为t+1期的预测值,即本期(t期)的平滑值。

②二次指数平滑预测法。二次指数平滑是对一次指数平滑的再平滑。它适用于具有线性趋势的时间数列。二次平滑值的计算公式为:

$$S_t^{(2)}= S_t^{(1)}+(1-\alpha)S_{t-1}^{(2)}$$

二次指数平滑法的预测模型为:

$$y'_{t+m}=A_t+B_t\times m$$
$$A_t=2S_t^{(1)}-S_t^{(2)}$$
$$B_t=\alpha/(1-\alpha)\times(S_t^{(1)}-S_t^{(2)})$$

式中,y'_{t+m}为第t+m期的预测值;$S_t^{(1)}$为第t期的一次平滑值;$S_t^{(2)}$为第t期的二次平滑值;m为本期到预测期的时期数。

③三次指数平滑预测法。若时间数列呈现抛物线趋势,或者当时间序列的数据经二次指数平滑处理后,仍有曲率时,应用三次指数平滑法。

三次平滑值的计算公式为:

$$S_t^{(3)}= S_t^{(2)}+(1-\alpha)S_{t-1}^{(3)}$$

三次指数平滑法的预测模型为:

$$y'_{t+m}=A_t+B_t\times m+C_t\times m^2$$
$$A_t=3S_t^{(1)}-3S_t^{(2)}+S_t^{(3)}$$
$$B_t=\frac{\alpha}{2(1-\alpha)^2}[(6-5\alpha)S_t^{(1)}-2(5-4\alpha)S_t^{(2)}+(4-3\alpha)S_t^{(3)}]$$
$$C_t=\frac{\alpha^2}{2(1-\alpha)^2}[S_t^{(1)}-2S_t^{(2)}+S_t^{(3)}]$$

式中,y'_{t+m}为第t+m期的预测值;$S_t^{(1)}$为第t期的一次平滑值;$S_t^{(2)}$为第t期的二次平滑值;$S_t^{(3)}$为第t期的三次平滑值;m为本期到预测期的时期数。

因果关系预测法先确定影响市场变动的因素,分析影响方向、程度与形式,分析原因与结果的联系结构,然后建立适合的数学模型,以原因的变动来测算变化趋势和结果的可能水平。主要采用回归分析方法,此外,经济计量法和投入产出分析等方法也较为常用。由于篇幅所限,这里只介绍回归分析法中最基本的一元线性回归分析法。

(3)一元线性回归分析法。

回归分析法,是研究两个以上变量之间关系的数学方法。如果只涉及一个自变量和一个因变量,叫作一元回归分析或单回归分析,若自变量和因变量的关系可用一条直线近似表示,这种回归分析称为一元线性回归分析;如果涉及两个以上的变量,则叫作多元回归分析或复回归分析。

由于市场现象一般是受多种因素的影响,所以应用一元线性回归分析预测法,必须对影响市场现象的多种因素做全面分析,只有当诸多影响因素中,确实存在一个对因变量影响作用明显大于其他因素的变量,才能将它作为自变量,应用一元相关回归分析市场预测法进行预测。

一元线性回归分析法的一般步骤:

①根据数据资料绘制散点图。若自变量和因变量有线性关系,可以使用一元线性回归分析法。

②建立一元线性回归方程。方程的一般表达式为:

$$Y=a+bX$$

③用最小二乘法估计回归系数。

$$b = \frac{\Sigma(X_i - \bar{X})(Y_i - \bar{Y})}{\Sigma(X_i - \bar{X})^2}$$

$$a = \bar{Y} - b \times \bar{X}$$

式中,X_i为自变量的实际值,Y_i为因变量的实际值,$\bar{Y}$为因变量实际值的均值,$\bar{X}$为自变量实际值的均值。

通过样本数据建立的回归方程,不能立即用于对实际问题的分析和预测,还需要进行各项统计检验。

④进行回归方程拟合优度检验(R^2检验)。

用来检验实际值与依照某种假设或模型计算得到的理论值之间一致性的一种统计假设检验,以便判断该假设或模型是否与实际值相吻合,R^2反映了因变量的波动中能用自变量解释的比例。

$$R^2 = \frac{SSR}{SST} = \frac{\Sigma(\widehat{Y}_i - \bar{Y})^2}{\Sigma(Y_i - \bar{Y})^2}$$

式中,$\widehat{Y}_i$为根据方程计算的因变量的估计值,$\bar{Y}$为因变量实际值的均值,Y_i为因变量的实际值。

$\Sigma(Y_i - \bar{Y})^2$称为样本的校正平方和,或总平方和,记为SST(sum of squares for total),刻画因变量Y的波动程度。

$\Sigma(\widehat{Y}_i - \bar{Y})^2$称为模型平方和(或回归平方和),记为SSR(sum of squares due to regression),刻画由自变量X的波动引起的Y波动的部分。

R^2越接近于1,拟合优度越好。

此外,还应进行变量的显著性检验和参数的置信区间估计。变量的显著性检验主要包括回归方程的检验(检验回归方程的显著性)、回归系数的检验(检验自变量X对因变量Y的影响程度是否显著)以及相关系数的显著性检验。对于一元线性回归来说,这三种检验是等价的,只需要做一种检验即可。下面以回归方程的检验为例:

⑤进行回归方程的检验(F检验)。

F检验也叫方差比率检验,通过分析因变量Y的波动中各因素的贡献程度,判断该模型中的全部或一部分参数是否适合用来估计母体。通过前面的分析可知,回归平方和SSR越大,回归的效果就越好,可以据此构造F检验统计量为:

$$F = F\frac{SSR/1}{SSE/(n-2)}$$

式中,SSE(sum of squares due to error)表示残差平方和(误差平方和):$\Sigma(\widehat{Y}_i - \bar{Y})^2$,反映不能由自变量解释的Y波动部分。分子中的1表示SSR的自由度,即自变量的个数。分母中的n-2表示SSE的自由度。

确定显著性水平α,根据分子自由度1和分母自由度n-2,通过F分布的临界值表找出临界值F_α,如果$F>F\alpha$,则可以认为,回归方程的线性关系显著。

⑥利用回归方程预测并对预测结果进行分析。

建立一元线性回归方程,并通过统计检验以后,就可以使用该回归方程进行市场预测,并利用预测结果进行营销决策。

复习思考题

1. 市场营销信息系统由哪几个部分构成？各子系统的功能分别是什么？
2. 市场营销调研的内容主要包括哪些？
3. 获取原始信息的方法主要有哪些？各种方法的优缺点是什么？
4. 市场预测依据的基本原理主要有哪些？
5. 集体经验判断法与德尔菲法有何不同？各自的优缺点是什么？
6. 常用的定量预测方法有哪些？分别适用于哪些方面的预测？

案例分析

中国人不喝冰茶

一间宽大的单边镜访谈室里，桌子上摆满了没有标签的杯子，有几个被访问者逐一品尝着不知名的饮料，并且把口感描述出来写在面前的卡片上……北华饮业调研总监刘强组织了5场这样的口味测试，他想知道，公司试图推出的新口味饮料能不能被消费者认同。此前调查认为，超过60%的被访问者认为不能接受"凉茶"，他们认为中国人忌讳喝隔夜茶，冰茶更是不能被接受。刘强领导的调查小组认为，只有进行了实际的口味测试才能判别这种新产品的可行性。调查结论显示，被测试的消费者都表现出对冰茶的抵抗，一致否定了装有冰茶的测试样品。新产品在调研中被否定。直到以旭日升为代表的冰茶在中国全面旺销，北华饮业已经很难迎头赶上，一个明星产品就这样穿过详尽的市场调查与刘强擦肩而过。说起当年的教训，刘强还满是惋惜："我们举行口味测试的时候是在冬天，被访问者从寒冷的室外来到现场，没等取暖就进入测试，寒冷的状态、匆忙的进程都影响了访问者对味觉的反应。测试者对口感温和浓烈的口味表现出了更多的认同，而对清凉淡爽的冰茶则表示排斥。测试状态与实际消费状态的偏差让结果走向了反面。"

（资料来源：2005年4月《中国财富》杂志）

案例思考

1. 北华饮业营销调研用的是什么方法？
2. 北华饮业营销调研失败的原因是什么？
3. 北华饮业应该进行怎样的营销调研改进？

第五章
消费者市场分析

营销者收集、分析和使用信息,进行市场预测,目的是了解营销环境的现状与趋势,确定营销机会与选择营销项目。在营销环境中,最重要的因素是顾客。营销的目的就是用一定的方法影响顾客对企业及其产品的看法和行为。为了影响购买的对象、时间和方式,营销者必须了解顾客购买行为的特点与影响因素。

根据购买动机的不同,可以将顾客分为消费者市场与组织市场。消费者市场也叫消费品市场,是由为满足自身生活需求而购买商品或服务的个人或家庭所构成的市场。消费者市场是现代市场营销理论研究的主要对象。成功的营销者是那些能够有效地开发有价值的产品,并运用具有吸引力和说服力的方法将产品有效地呈现给消费者的企业和个人。因而,研究影响消费者购买行为的主要因素及其购买决策过程,对于开展有效的市场营销活动至关重要。

第一节 消费者需求与购买行为模式

消费者需求是消费者对于市场上某种具有支付能力的商品的购买要求。

一、消费者的基本期望和需求

在企业的经营发展中,消费者需求始终是其关注的重点,只有提供满足消费者需求的产品和服务,企业才可能长久发展。首先,企业必须清楚知晓消费者对市场的基本期望和需求:

(1)在市场上买到称心如意的商品。商品的花色品种、规格、式样、数量、质量、包装装潢等都要符合消费者心意,既能满足消费者生活的需要,又能满足消费者心理上的要求。

(2)商品价格合理,同购买能力相适应。人们在生活上和心理上对物质资料的要求是无止境的,但要受购买力的限制。因此,每个消费者在市场上购买商品时,总是希望在有限的收入范围内,花费最少的代价得到最大的满足感。

(3)供应商品的时间、地点和方式方法适应自己的要求。能够实现及时与方便的购买。

(4)良好的市场服务。如良好的服务态度和服务质量、优美的购物环境、周到的售后服务等。

这些是消费者对市场的共同要求,也是他们选择商品的一般标准。据此,企业就应在商品的使用价值、价格、供货时间、地点、方式方法以及服务工作等方面做出基本的经营决策,以满足消费者的共同要求。

二、消费者需求的基本特点

消费需求会随着社会经济、政治、文化的发展而不断变化。消费需求虽然千变万化,但总有一定的趋向性和规律性。消费者需求的基本特点主要表现在:

(1)多样性。由于各个消费者的收入水平、文化程度、职业、性格、年龄、民族和生活习惯不同,自然会有不同的价值观念和审美标准,有各种各样的兴趣和爱好,对产品和服务的需要自然是千差万别,而这种差异就表现为消费需求的多样性。就同一消费者而言,其需要也是多方面的。消费者不仅需要吃、穿、用、住,还需要社会交往、文化教育、娱乐消遣、休闲旅游、艺术欣赏等,这是消费需求多样性的另一种体现。此外,同一消费者对某一特定消费对象的要求往往也是多方面的:既要求产品质量好,又要求外形美观,具有时代感,同时还要求经济实惠。消费需要的多样性决定了市场的差异性,这是企业进行市场细分和选择目标市场的基础。

(2)发展性。随着社会的发展,消费者的心理需求也将不断被激发和推进,一般是较低层次的需要得到满足之后,逐渐向高层次推进,从简单需要向复杂需要发展,从物质需要向精神需要发展,从单纯追求数量上的满足到追求质量和数量的全面充实,形成阶梯式的发展趋势。同时,时代的进步所产生的新技术、新产品、新观念、新的社会风尚,也必然会引起消费需求的发展。需求的无限发展性与科学技术的发展互相作用,成为人类社会发展的重要推动力。

(3)伸缩性。因受内外因素的影响,消费需求可以扩大、增加和延伸,也可以减少、抑制和收缩,表现出伸缩性的特点。内因包括消费者本身需要与欲望的特征、程度和货币支付能力等,外因主要是产品的供应、价格、广告宣传、销售服务及他人的实践经验等。一般而言,消费者对日常生活必需品消费需求的弹性较小,而对非必需品或中高档消费品需求的伸缩性较大。

(4)层次性。人们的需求是有层次的,各层次之间虽然难以截然划分,但是大体上还是有次序的。一般说来,总是先满足最基本的生活需要(生理需要),然后再满足社会交往和精神生活需要。随着生产的发展和消费水平的提高,以及社会活动的扩大,人们购买的商品越来越多地用于满足社会性、精神性需求。需求的层次性还体现在,消费者的收入水平、购买力大小是有差异的,不同层次的消费者购买的产品数量、质量、品牌等均有差异。

(5)可诱导性。消费需求是可以引导和调节的。这种引导和调节一般通过三种途径进行:①产品的升级换代;②宣传促销;③价格变动。这就是说通过企业营销活动的努力,人们的消费需求可以发生变化和转移。潜在的欲望可以变为明显的行动,未来的需求可以变成现实的消费。

(6)相关性。消费需求在有些商品上具有互补性,消费者往往顺便购买。如出售皮鞋时,可能附带售出鞋油、鞋垫、鞋刷等。所以经营有联系的商品,不仅会给消费者带来方便,而且能扩大商品销售额。有些商品有替代性,即某种商品销售量增加,另一种商品销售量减少。如洗衣液销量上升,洗衣粉销量下降等。

在了解消费者需求及其特点的基础上,营销人员需要进一步研究消费者的购买行为及其影响因素,才能制定更为有效的营销方案。

三、消费者购买行为研究的内容

消费者购买行为是为满足个人或家庭生活需要而购买所需商品或服务的活动,以及与这种活动有关的决策过程。营销人员在研究消费者购买行为时,应该了解以下一些内容:

(1)市场由谁构成(Who),即购买主体。企业可以根据消费者的年龄、性别、职业、收入划分不同的类型,了解谁是企业产品的购买者,购买的产品供谁使用,谁是购买的决策者、执行者、影响者。根据分析,设计相应的产品、渠道、定价和促销组合。

(2)购买什么(What),即购买对象。消费者主要购买什么商品,以及所购商品的品牌、规格、型号、颜色、式样、包装、价格等。

(3)为何购买(Why),即购买的原因和目的。消费者购买商品的动机是由消费者的需要和对需要的认识引起的,通过分析购买动机的形成,企业可以了解消费者的购买目的,以采取相应的营销策略。

(4)怎样购买(How),即购买行动或购买方式。根据不同类型的消费者购买方式的特点,可以提供不同的营销服务。如手头拮据的购买者要求分期付款,工作繁忙的购买者重视购买方便和送货上门等服务。

(5)何时购买(When),即购买的时机或时间。了解消费者购买商品有无季节性,消费者经常在什么时间购买,有助于企业科学安排促销时间。

(6)何地购买(Where),即购买地点。企业分析消费者对购买地点的要求,有助于合理设计分销渠道。

营销人员对以上的内容了解越清楚,就越能够掌握市场特点和规律,从而设计出更为有效的营销战略与营销组合。消费者的购买行为虽然千差万别,但是仍然存在许多共同的东西,为研究消费者购买行为的规律,营销研究人员建立了相应的消费者购买行为分析模式。

四、消费者购买行为模式

行为模式是指一般人如何行动的典型方式。消费者购买行为模式就是大多数顾客在购买商品时表现出来的典型方式。在研究消费者购买行为的分析模式中,最著名的是"刺激—反应"模式。根据行为心理学的创始人华生(John B.Watson)创立的"刺激—反应"理论,人们行为的动机是一种内心心理活动过程,像一个"黑箱",外部的刺激,经过"黑箱"(心理活动过程)产生反应而引起行为。

在研究消费者购买行为时,消费者要购买什么,谁来购买,在什么时间购买,在什么地方使用和购买,以及经常采用什么样的方式购买等问题,可以借助于观察、询问获得较明确的答案,但"为什么购买",却是隐蔽的、错综复杂的和难以捉摸的。"刺激—反应"模式有助于解释这一问题。按照消费者购买行为的"刺激—反应"模式,消费者的购买行为是受到某种外部刺激后做出的反应,刺激因素可归为两类:营销因素,即企业的4Ps组合;非营销因素,主要是经济、政治、技术、文化等环境因素。该行为模式如图5-1所示:

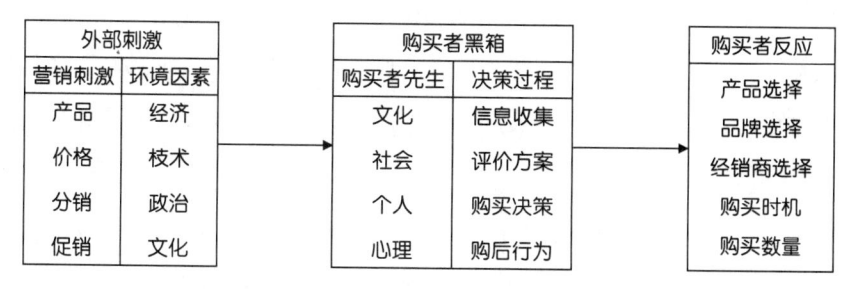

外部刺激		购买者黑箱		购买者反应
营销刺激	环境因素	购买者先生	决策过程	产品选择
产品	经济	文化	信息收集	品牌选择
价格	技术	社会	评价方案	经销商选择
分销	政治	个人	购买决策	购买时机
促销	文化	心理	购后行为	购买数量

图5-1 消费者购买行为模式示意图

从该行为模式可以看到,消费者在购买过程中做出的产品、品牌、经销商、购买时间和数量等选择,是对刺激因素的反应。但为什么面对同样的刺激因素,消费者的选择却并不一样,这是因为对于同样的刺激,不同行为人的心理反应不同,就会产生行为的差异。由于企业只能看到消费者表现出来的选择,而不能完全了解他们的心理活动过程和决策过程,所以将其称为购买者"黑箱"。

尽管不可能了解每个消费者的"黑箱",但是通过对消费者购买行为中带有规律性的反应进行观察和分析,营销人员能够找到各种刺激因素与消费者购买行为之间的关系,从而为制定合理有效的营销组合提供帮助。消费者购买行为模式是对实际购买行为的抽象和简化,消费者的实际购买行为虽然存在很大差异,但是在某些方面也有相似性。根据消费者的购买决策过程和对营销刺激的不同反应,可以把消费者的购买行为模式分为以下几种基本类型:

(1)习惯型。这类行为模式的消费者由于对某种商品或某家商店的信任、偏爱而产生经常、反复的购买。由于经常购买和使用,他们对这些商品十分熟悉,体验较深,再次购买时往往不再花费时间进行比较选择,注意力稳定、集中,较少受广告宣传的影响。

(2)理智型。这类行为模式的消费者在每次购买以前对所购的商品,要进行较长时间的研究比较。理智型购买感情色彩较少,购买商品时头脑冷静,行为慎重,主观性较强,不轻易相信广告、宣传、承诺、促销方式以及售货员的介绍,非常注重商品的性价比。

(3)冲动型。这类行为模式的消费者容易受商品的外观、包装、商标或其他促销努力的刺激而产生的购买行为。冲动型购买一般都是以直观感觉为主,从个人的兴趣或情绪出发,喜欢新奇、新颖、时尚的产品,购买时不愿做反复的选择比较,购买过程比较轻率,容易动摇和反悔,这类消费者以年轻人居多。

(4)经济型。这类行为模式的消费者购买商品时特别重视价格,对于价格的反应特别灵敏。经济型购买无论是选择高档商品,还是中低档商品,首先关注价格,他们对"大甩卖""清仓"等低价促销最感兴趣。一般来说,这类消费者与自身的经济状况有关。

(5)疑虑型。这类行为模式的消费者具有内倾性的心理特征,善于观察细小事物,体验深而疑虑大。疑虑型购买都是小心谨慎和疑虑重重,常常会犹豫不决而中断购买,购买后还会疑心是否上当受骗。

(6)情感型。这类行为模式的消费者一般比较感性,善于联想,情感体验深刻,对美的要求也比较强烈,对购物环境比较敏感,通常购买符合情感需要的商品。针对这种类型的购买者,企业应该关注商品的包装、造型与品牌设计,促销方式与内容的情感诉求,以及购物场地的装修、布置等。

作为消费者往往不是某一种特定的类型,在某个时间,他可能是冲动型购买,而在另一个时间或场合,他又可能是理智型的;或者购买耐用品时,消费者是理智型的行为模式,而购买日用品时又可能选择习惯型的行为模式。营销者应该根据消费者购买行为模式的差异,采取适当的营销策略。

利用"刺激—反应"模式分析消费者购买行为的关键:一是揭示影响购买者行为的主要因素及其相互关系;二是揭示消费者的购买决策过程。前者影响购买者对外界刺激的反应,即购买意愿;后者决定购买者做出的选择,即如何购买。

第二节 影响消费者购买行为的主要因素

消费者的购买行为受到文化、社会、个人和心理特征等因素的影响,尽管其中的大部分因素是营销人员难以控制的,但是通过分析这些因素对消费者购买行为的影响,营销人员仍然可以利用合理的营销组合促成消费者的购买。

一、文化因素

文化是决定人们欲望和行为的基本因素,对消费者的购买决策具有强烈和广泛的影响。文化因素主要包含文化、亚文化和社会阶层三个要素。

(一)文化

文化是根植于一定的物质、社会、历史传统基础上而形成的特定的价值观念、信仰、思维方式、习俗的综合体,是人类欲望和行为最基本的决定因素。低级动物的行为主要受其本能的控制,而人类行为大部分是学习而来的,在社会中成长的人是通过其家庭和其他机构,在社会化过程学到了一系列基本的价值、知觉、偏好和行为的整体观念,这也影响了他们的消费观念、消费内容和购买行为。比如,许多西方国家的消费者追求物质享受、自由和冒险,所以,他们对多样性的产品、旅游、娱乐的需求量大。

(二)亚文化

一个社会虽然是由拥有相同的核心信仰和价值的人们组成,但是由于人们不同的生活经验,面对相同的问题会表现出与众不同的信仰和价值观,这些与众不同的价值观和信仰等形成了亚文化。亚文化有四种主要类型:

(1)民族亚文化群。民族是在共同生活的过程中形成的具有相同或相似生活习俗的群体。不同民族有不同的服饰、饮食、住房、节日、崇尚、生活习惯以及消费行为。例如在服饰文化方面,苗族的银饰服装、藏族的藏袍、傣族服饰中的束腰等都体现出少数民族消费群体对于服饰美观的不同追求。

(2)宗教亚文化群。不同的宗教信仰使人们在文化偏好和禁忌等方面具有差异。这要求企业在进行营销活动时必须谨慎,但这同时也给企业带来了机会。例如穆斯林不饮酒,对于含有酒精的产品也非常反感,但一般香皂里面都含有酒精,有一款香皂在包装上明确标示"不含酒精",就很好地利用这个禁忌来突显自己产品的特色。

(3)种族亚文化群。种族是在体质形态上(如肤色、发型等)具有某些共同特征的人群,如亚裔、白人、黑人等。不同的种族具有不同文化风格、生活态度和生活习惯。比如,尼尔森公司2014年的调查发现,亚裔购买有机食品的可能性比总体水平高31%,亚裔在蔬菜和水果上的平均消费支出比总体水平多62%和27%。亚裔家庭尤其喜爱海鲜,海鲜平均消费金额超过总体水平的近1.5倍,日常生活中亚裔家庭花费在保健和美容产品的平均开支明显超过美国消费者的总体水平,亚裔家庭买化妆品讲究名牌,品牌忠诚度不高。

(4)地理亚文化群。由于地理位置差异形成了不同文化和生活习惯的人群。人们的很多习俗、习惯受到地理环境的影响,比如,我国云南西双版纳地区地处热带,食品容易腐败,所以往往会进行一定的腌制,味道带酸,对于柠檬、橄榄等材料有一定的需求;而巴蜀地区气候多雨常年潮湿,当地居民为了祛湿气就选择了火辣的辣椒作为调料食用,所以口味偏辣。

此外,年龄、性别、职业、社区等也可以作为亚文化群的划分依据。

(三)社会阶层

社会阶层是社会学家根据职业、收入来源、教育水平、价值观等对人们进行的一种社会分类,是按层次排列的、具有同质性和持久性的社会群体。

(1)社会阶层的特点

①同一阶层的成员具有类似的价值观、兴趣和行为,在消费行为上相互影响并趋于一致。

②人们以自己所处的社会阶层来判断各自在社会中占有的高低地位。

③一个人的社会阶层归属不仅仅由某一变量决定,而是受到职业、收入、教育、价值观和居住区域等多种因素的影响。

④人们能够在一生中改变自己的社会阶层归属。

消费者均处于一定的社会阶层,同一阶层的消费者在价值观念、态度和行为等方面具有同质性,不同阶层的消费者在这些方面存在较大的差异。

(2)社会阶层与消费偏好

不同社会阶层的消费者,在消费偏好方面的差异体现在产品、价格、购物场所、购买数量、娱乐休闲方式、媒介选择、对广告的反应等很多方面。

比如在不同阶层之间,用于休闲的支出占家庭总支出的比重相差无几,但休闲活动的类型却差别颇大。高阶层的消费者从事更多的户外活动,他们多进行网球、高尔夫球、高山滑雪、海滨游泳、登山等活动。而低阶层的消费者较少有开展户外活动的需要。此外,高阶层的消费者较少看电视,他们喜欢各种音乐演唱会、时装表演、歌剧等时尚活动,而低阶层消费者则把电视、电影、通俗小说作为消磨闲暇时光的主要方式。

在媒介选择方面,越是高层的消费者,看电视的时间越少,因此电视媒体对他们的影响相对较小。相反,高层消费者订阅的报纸、杂志远多于低层消费者,所以,印刷媒体信息更容易到达高层消费者。而在语言习惯方面,越是上层消费者,使用的语言越抽象;越是下层消费者,使用的语言越具体,而且更多地伴有俚语和街头用语。很多高档车广告,因为主要面向上层社会,因此使用的语句稍长,语言较抽象,画面或材料充满想象力。相反,那些面向中、下阶层的汽车广告,则更多的是宣传其功能属性,强调图画而不是文字的运用,语言上更加通俗和大众化。

在购物方式上,上层消费者购物时比较自信,喜欢单独购物,他们虽然对服务有很高的要求,但对于销售人员过于热情的讲解、介绍反而感到不自在。通常,他们特别青睐那些购物环境优雅、品质和服务上乘的商店,而且乐于接受新的购物方式。中层消费者比较谨慎,对购物环境有较高的要求,但他们也经常在折扣店购物。对这一阶层的很多消费者而言,购物本身就是一种消遣。低层消费者受资源限制,对价格特别敏感,多在中、低档商店购物,而且喜欢成群结队逛商店。

在购买数量上,低阶层的消费者许多时候喜欢大批量地购买某些商品,一则因为买得多可以获得一定的价格优惠,二来可以减少因某些商品涨价所带来的损失,三是可减少采购次数、降低交易费用。一般而言,大量购买的习惯较少反映在高阶层的消费者身上。这是因为他们更强调生活质量,比起冰箱里的速冻食品,他们更愿意消费鲜活产品。他们能承担起让人送货上门的附加服务费,而且他们也无须为了获得那一点儿价格折扣,而让自己的房间变成仓库。

二、社会因素

消费者的购买行为也受到群体、家庭以及社会角色与地位等一系列社会因素的影响。

(一)相关群体

相关群体可以理解为对消费者的态度、信念、偏好和行为有影响的各种社会关系。其中,消费者所属的群体称为成员群体。成员群体又可具体分为主要群体和次要群体。主要群体对消费者的购买行为发生直接和经常的影响,如家庭成员、亲朋好友和同窗同事等。次要群体对消费者购买行为发生间接的非经常性的影响,如工会、宗教组织、专业协会等社会团体和组织。

除了成员群体,消费者的行为还受到其他相关群体的影响,比如崇拜性群体和隔离性群体(也叫厌恶群体)。前者对消费者产生正面的影响,是消费者模仿的对象;后者则产生负面的影响,消费者与其保持距离。在不同的社会文化环境中,人们的崇拜性群体会有所不同,比如,在西方国家,人们往往崇拜体育明星,体育明星选择或推荐的产品或生活方式容易被接受和模仿;而在国内,影视明星和歌星容易成为崇拜性群体。隔离性群体是消费者排斥的对象,他们的选择或生活方式被认为是怪异的、另类的。

相关群体中最重要的人物是意见带头人,意见带头人是凭借特殊技能、学识、个性或其他特征,对他人的态度和行为产生较大影响的人。意见带头人对特定产品或产品类别进行非正式的传播,提供信息和表达意见,群体中的其他成员则成为意见追随者。营销人员的一项重要工作就是识别意见带头人,了解与意见带头人相关的统计数据(年龄、职业、个体特征)以及他们的兴趣、爱好、思想,确定他们接触较多的媒体,通过这些媒体向意见带头人施加影响。

相关群体在三个方面影响消费者:信息性影响、规范性影响和价值表达影响。

①信息性影响。当人们缺乏做出决策所必需的信息时,就可能会将参照群体成员的行为和观点,当作潜在的参考信息。影响力的大小取决于被影响者与群体成员的相似度,以及群体成员在所影响领域的专长。如刚入学的大学一年级新生,可能会从高年级同学的穿着打扮上获取服装及外观的信息。

②规范性影响。规范性影响又叫功利性影响,指一个人为了获得赞赏或避免惩罚而迎合群体的期望。比如消费者因为害怕朋友的嘲笑而不敢穿新潮衣服。

③价值表达影响。相关群体能影响人的自我认同感,个体会自觉遵循参照群体所具有的信念和价值观,从而在行为上与之保持一致。一位年轻的公司职员经过长期观察发现成

功的同事们穿着保守,他相信保守的形象适合于成功人士,于是他为自己添置了一套保守的服装。

相关群体对消费者购买行为的影响力往往与产品、品牌、产品的生命周期等因素有关。一般而言,影响他人评价的商品,如汽车、服装、香烟等,以及一些经验性商品,如彩电、饮料等,容易受相关群体的影响;而那些在家里使用的,别人无法注意到的东西,如洗衣液、卫生用品、食品等,群体的影响力就比较小。在产品不同的生命周期,群体的影响也不一样:在产品导入期,消费者在产品类别方面容易受相关群体的影响,而在品牌选择方面受影响较小;在产品的成长与成熟期,群体对产品和品牌选择的影响都比较大;在产品衰退期,群体对产品和品牌选择的影响都比较小。

(二)家庭因素

家庭是最重要的消费者购买组织,同一家庭的成员往往有相同的行为规范。根据家庭成员的结构,家庭可以分为导向型和核心型两种类型。

导向型家庭是由夫妻与父母、子女组成的家庭。在这种家庭中,父母容易在宗教、价值观、生活习惯等方面影响消费。

核心型家庭是由夫妻与子女组成的家庭。按照家庭决策者的不同,可以分为丈夫支配型、妻子支配型、共同支配型和自主型。由于所购买商品的不同,决策类型也会有所差异,在传统上,购买耐用品如汽车、电视、保险等,一般属于丈夫支配型;购买洗衣机、地毯、家具、厨房用品,一般应该是妻子支配型;家庭成员共同参与决策的项目,包括度假、户外娱乐、住宅等;个人用品或小商品一般属于自主决策。

但随着经济社会的发展,男女的社会地位和社会角色也有相应的变化。比如,波士顿咨询公司2016年的消费者洞察数据显示,在中国,汽车购买决策有60%是由女性主导的,所以,汽车经销商在广告媒体和内容的选择方面,越来越重视女性的特点。

(三)角色与地位

一个人在一生中会从属于很多群体,如家庭、公司以及各种组织,个人在群体中的位置取决于个人的角色和地位。角色是在群体中人们被期望进行的活动内容,每个角色都具有一定的地位,反映着社会的综合评价。

人们通常选择适合自己角色与地位的产品。比如一位职业女性所扮演的角色:在公司里,她扮演品牌经理的角色;在家里,她扮演妻子和母亲的角色;在她喜欢的运动项目中,她扮演狂热的粉丝。作为品牌经理,她就要购买适合自己角色与地位的职业装,而作为妻子和母亲,或狂热的粉丝,她又会有其他的选择。

三、个人因素

消费者的购买行为还受到个人因素,特别是年龄与家庭生命周期阶段、职业、经济状况、生活方式、个性及自我观念的影响。

(一)年龄与生命周期阶段

人们在一生中购买的商品与服务是不断变化的。比如食品,在幼儿时期,人们吃奶粉、米粉;在成熟时期,吃普通食品;在老年时期,吃保健食品。年龄还影响人们的消费观念和消费习惯,比如,年轻人容易接受新事物,也容易受广告宣传或产品独特外观等因素影响,往往冲动型购物比较多,而老年人购物观念相对保守,不太容易被广告宣传打动,对价格敏感。

家庭生命周期的不同阶段也影响着消费。家庭生命周期是指家庭随着成员个人的成长和时间流逝所经历的不同状态。一个典型的家庭生命周期可以划分为单身阶段、新婚阶段、满巢阶段、空巢阶段、退休养老阶段等。不同阶段消费的形式、内容和特征都有所不同。比如,在单身阶段,消费者几乎没有经济负担,是新观念的带头人或追随者,属于娱乐导向,购买一般厨房用品和家具、汽车、游戏设备,喜欢度假;在新婚阶段(特点是年轻、无子女),经济条件比上一阶段要好,购买力最强,购买汽车、冰箱、耐用家具,也热衷于旅游;而在满巢阶段、空巢阶段、退休养老阶段,随着家庭人口等因素的变化,消费者的购买行为也会相应变化。

(二)职业

个人的职业通过收入、着装要求、群体观念等影响其消费模式。蓝领工人会购买工作服、工作鞋、午餐盒,而公司管理人员则可能购买贵重的西服、游艇。

(三)经济状况

个人经济状况对产品选择的影响很大。当公司经营与收入水平密切相关的产品时,应关注个人收入、储蓄和利率的变化趋势。一些公司选择高收入人群作为目标顾客,索要相匹配的价格。

(四)生活方式

生活方式是个人生活的模式,可以通过其消费心态表现出来,包括消费者的活动(工作、爱好、购物、运动和社会活动)、兴趣(食物、时尚、家庭、娱乐)和意见(有关自我、社会问题、商业、产品的看法)。消费者不只购买商品,还购买这些商品体现的价值和生活方式。

选择"保守"生活方式的消费者,将大部分时间消磨在家里,喜欢看书、看电视,对这些商品以及配套的灯具、座椅、空调等的需求量较大。追求新鲜刺激,喜欢与人交往和展现自我的消费者,则对娱乐、服装、酒类、鞋的需求更多。

(五)个性及自我观念

个性是一个人独特的比较稳定的心理倾向与心理特征,它会导致一个人对其所处环境做出相对一致和持续不断的反应。人们通常用自信、支配、自主、交际、保守和适应等来描述个性。具有相同或相似个性的消费者往往会选择同一类商品,某汽车经销商发现,可能成为其顾客的人,大多有以下个性特征:自信心、控制欲和自主意识很强。这就要求经销商的促销手段,特别是广告设计方面突出这些特点。咖啡制造商发现爱喝浓咖啡的人交际能力很强,因此,星巴克及其他咖啡屋致力于营造一种轻松的气氛,人们品尝着冒热气的咖啡进行交谈和放松。

有一种观点认为,品牌也有个性,消费者愿意选择与自己个性相符的品牌。

与个性相关的另一个因素是自我观念,或者叫自我评价。比如某消费者的自我评价是一位成功人士,在选择汽车时,他就会关注汽车的品牌,而不是实用性或是否省油。

四、心理因素

消费者特性要受动机、知觉、学习、信念和态度等心理因素的影响。

(一)动机

需要是购买行为的最基本动因,大部分需要在一定时间内都不会发展到激发人们采取行动的程度,只有当需要升华到足够强度时,这种需要才会变为动机。动机也是一种需要,它能够产生足够的压力去驱使人行动。心理学家提出的动机理论,最流行的有三种:

(1)弗洛伊德动机理论

弗洛伊德认为,形成人们行为的真正心理因素大多是无意识的。人在成长和社会化的过程中,有很多欲望受到社会和环境的压制,这些欲望既无法消除又无法完善地加以控制,它会藏在人们的潜意识中,时常在梦境或者脱口而出的谈话中表现出来。人的很多行为是在受到多种因素刺激后,唤起了潜意识的结果。行为的表面动机与实际动机不一定相同,比如,动机研究者发现,很多消费者不喜欢话梅,并非因为口味,而是它皱褶的外表使人联想起老年人的状况;有人喜欢抽烟,实际上只是幼年吸吮手指的成人化表现。

按照弗洛伊德的理论,人的购物活动也可能是受到某些因素刺激后,潜意识的表现,购买商品的表面动机与实际动机也不完全一致。比如,某人购买笔记本电脑,表面动机是爱好或工作需要,而实际动机则是为了显示自己的老练与精明。

所以厂商进行产品开发和宣传时,应该注意分析人们的潜意识,研究产品的形状、大小、重量、材料、颜色和品牌名称等方面对消费者视觉、听觉、触觉和情绪的影响,以及消费者可能引起的联想,努力消除负面的东西。

(2)马斯洛的需求层次理论

美国著名心理学家马斯洛认为,人是有欲望的动物,需要什么取决于已经有了什么,只有还未被满足的需要才影响人的行为,对于已经满足的需要将不再是一种动因。人的需要是有层次的,按照重要程度的大小,由较低层次向较高层次顺序排列,依次为生理需要(维持自身生存的最基本的需求)、安全需要(避免各种损害等方面的需求)、社会需要(希望成为全体中的一员,希望得到相互的关心和照顾)、尊重需要(希望有稳定的社会地位,要求个人的能力和成就得到社会的承认)和自我实现需要(实现个人理想、抱负,发挥个人的能力到最大限度,完成与自己的能力相称的一切事情的需要),成金字塔形状,如图5-2所示。

在前一层次的需要得到部分满足后,后一层的需要才变为迫切的主导需要。比如,一名饿着肚子的人(生理需要未被满足)决不会对艺术界的新鲜事情感兴趣(自我实现需要),也不会注意别人对他的看法或是否尊重他(社会需要、尊重需要),他甚至对自己周围的空气纯净与否也无所谓(安全需要)。

根据马斯洛的需求层次理论,掌握消费者的购买动机就是了解他们已经满足的需要和分析他们想要满足的需要,根据消费者的需要制定相应的营销策略。

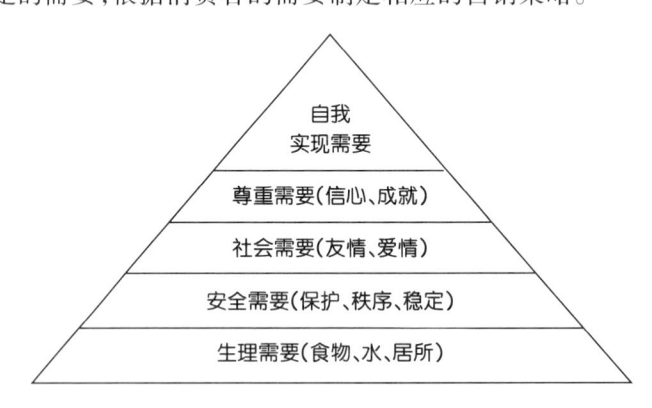

图5-2 马斯洛的需求层次理论示意图

企业在设计营销方案时,还应该清楚,同一件产品,可能满足消费者不同层次的需要。以微波炉的促销为例:可以展示微波炉能快速烹调出美味的食品(满足生理需要);强调不会发生烧伤、烫伤(满足安全需要);宣传它可以作为礼品(满足社会需要);暗示现代、时尚的家庭都拥有一台微波炉(满足自尊需要);还可以赠送微波烹调书籍,展示微波烹调的各种菜肴

（唤起自我实现的需要）。

（3）赫茨伯格的动机理论

赫茨伯格的动机理论也叫双因素理论，该理论认为，人的行为受到两种因素的影响，一种是"保健因素"，另一种叫"激励因素"。保健因素是指没有能得到满足，人就会产生"不满意"情绪的因素。激励因素，是指如果得到了满足，人们就会"满意"的因素。保健因素如果没有得到满足，人们就会产生意见和消极行为，满足这些因素，能消除不满情绪，但不能激励人们更积极的行为。激励因素如果得到满足，可以激发人们的积极性，若得不到满足，也不会像保健因素那样产生不满情绪。

在消费者的购买活动中，保健因素是消费者购买的必要条件，比如产品的质量性能，如果产品质量无法保证，消费者就会抵制企业的各种营销活动；如果产品质量有保障，消费者也不会马上做出购买的决定。激励因素则是购买的魅力条件，假设企业对质量合格的产品提供更多服务或刺激（促销）措施，比如，免费送货、价格折扣、送赠品等，很可能会马上促成消费者的购买行为。这些额外的服务和刺激措施就是激励因素。企业首先要满足影响消费者购买行为的保健因素，以免对企业和产品形象产生负面影响，导致消费者的对抗行为；同时，需要灵活运用激励因素，尽快促成消费者的购买行为。

（二）知觉

动机会激励人们的行动。然而，如何行动则受人们对客观事物的知觉程度的影响。两个人在处于相同的激励状态和实现目标的情况下，其行为却可能大不一样，这是由于他们对客观事物的知觉各异。

知觉指个人选择、组织并解释信息的投入，以便创造一个有意义的外界事物图像的过程。不同的人对同一刺激物会产生不同的知觉，是因为人们对刺激物的理解是透过感觉进行的，也就是说，信息是通过人的五种感官，即视觉、听觉、嗅觉、触觉和味觉进入大脑的。但是，每个人吸取、组织和解释这种感觉信息的方式不尽相同。在接收和处理信息时，人们会经历三种知觉过程：

（1）选择性注意

人们在日常生活中会面对众多刺激物。仅以商业广告刺激物为例，现代平均每人每天要接触到150个以上的广告。一个人不可能对所有的刺激物都加以注意，其中多半被筛选掉，对于人们会注意哪些刺激物的问题，一般认为：

①人们会更多地注意那些与当前需要有关的刺激物。比如，在夏天天气很热的时候，王

先生想买一台空调,于是关于空调价格、空调性能、空调使用常识,甚至与空调有关的新闻,他都可能关注,而彩电、冰箱的广告宣传就无法引起王先生的兴趣。

②人们会更多地注意他们期待的刺激物。王先生特别重视价格,比较空调价格的宣传品或销售员对空调价格的分析,很容易引起王先生的注意,相对而言,他对产品的外观、性能就不是特别在意。

③人们会更多地注意跟刺激物的正常大小相比有较大差别的刺激物。在产品功能、质量差不多的情况下,王先生会更多地注意价格便宜或折扣大的空调,比如降价1000元的空调,就比降价100元的更让王先生感兴趣。

选择性注意意味着企业的营销方案必须竭尽全力吸引消费者的注意。企业在提供产品信息时,应当选择适当的媒体(容易引起消费者注意的)、适当的内容(消费者感兴趣的)、适当的刺激(反差大的,比如黑白文字中精美的彩色宣传广告),以吸引消费者的注意。

(2)选择性扭曲

即使是消费者注意的刺激物,也不一定会与提供者预期的方式相吻合。每个人总想使得到的信息适合于自己现有的思想形式。选择性扭曲就是指人们将信息加以扭曲,使之合乎自己意识的倾向。王先生经常看到各种空调的宣传广告,也听到各品牌空调的销售员介绍自己的产品,都证明自己的空调最好。但是,如果王先生偏爱格力空调,他就极可能扭曲其他空调品牌提供的信息,认为它们是在自我吹嘘,而坚定认为格力空调才是最好的。

由于人们对新事物的认识是建立在已有知识或经验的基础上,原有的知识或经验容易让人"先入为主",对于自己倾心的东西,他们往往忽视它的缺点,而对它的优点人为夸大。选择性扭曲既可能是企业的机会,也可能是企业营销活动的障碍,企业通过宣传和公共关系活动,在消费者心目中建立起良好的形象,当消费者需要类似产品的时候,就可以利用"先入为主"的优势,让消费者只注意企业和产品的优点,而忽略其不足。反之,企业就需要花大力气,纠正人们对企业和产品的曲解。

(3)选择性保留

人们会忘记他们所知道的许多信息,他们倾向于保留那些能够支持其态度和信念,而且容易记忆的信息。由于存在选择性保留,王先生可能只记住了格力空调的优点,而忘记了其他空调的优点。因为王先生在购买和使用空调时,心里反复描述格力空调的优点,不断强化。

营销人员在传递信息的过程中,也需要不断重复提供同样的信息,以冲淡消费者对其他信息的记忆。

(三)学习

学习是指由于知识和经验积累而引起的个人行为改变的过程。人类行为大都来源于学习。一个人的学习是通过驱使力、刺激物、诱因、反应和强化的相互影响而进行的。学习的模式如图5-3所示：

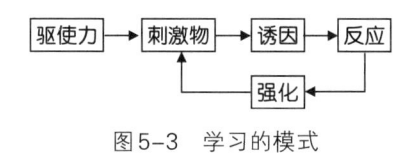

驱使力 → 刺激物 → 诱因 → 反应
         ↑_____强化_____|

图5-3　学习的模式

学习首先需要一个驱动力，驱使力是促成行动的一种强烈的内在刺激。比如，在炎热的天气，王先生希望得到凉爽舒适。驱动力可能被简化为某种刺激对象，如空调。这时，驱动力就变成了动机。有了这个动机，王先生就会去收集空调的各种信息，并进行比较，最后选择了格力空调。王先生购买格力空调的反应是受其周围各种诱因的影响。所谓诱因，是指那些决定一个人何时、何地以及如何做出反应的次要刺激物，比如朋友的推荐、格力空调的电视广告、商场的促销等。

王先生购买格力空调以后，在使用过程中，觉得这款空调确实不错，于是反应得到了强化。这种强化的反应可能变为推广，比如，王先生认为，格力生产的其他电器产品应该也很优秀。

与推广相对应的是辨别，即消费者通过使用其他品牌的产品来比较和选择，从而调整自己的反应。

对营销人员来说，学习模式的价值在于，可以通过把学习与强烈驱动力联系起来，运用刺激性暗示（比如将空调与春天的舒适感受联系起来）和提供强化（品质保障和良好的售后服务）等手段来建立对产品的需求。在取得消费者认可以后，积极进行品牌的拓展。

对于新的市场竞争者而言，要争取顾客，可以考虑提供新的驱动力。比如，凉爽舒适是空调的基本驱动力，如果强调环保、静音、省电这些基本驱动力以外的东西，有可能吸引到在其他方面有需要的消费者。

(四)信念和态度

通过学习和积累经验，人们获得了自己的信念和态度，它们又转过来影响人们的消费行为。

信念是一个人对某些事物所持有的描绘性思想，没有价值判断，或好坏之分。比如"日立空调省电"或"美的空调耐用"。

信念也许基于其知识、看法和信仰,它们也可能带有某种感情因素。制造商非常关注人们在头脑中对其产品和服务所持有的信念,因为这些信念树立起了产品和品牌的形象。人们根据自己的信念做出行动。如果一些信念是偏见并阻碍了购买行为,制造商就要发动一场促销活动去纠正这些错误的信念。

对全球营销者来说,客户很重要的一个信念是产品品牌或原产地国家。每个国家都有一定的代表性商品,如日本的汽车和消费电子产品,美国的软饮料、香烟、牛仔裤,法国的酒、香水和奢侈品等。对原产地的信念可能随着时间的推移而改变,比如日本的产品过去是廉价和粗糙的代名词,而现在却给人精良与创新的印象。当一个公司的产品有竞争性的价格,但由于原产地而被消费者拒绝时,可以选择下列方法:①公司可以与有美誉的外国公司合作生产,比如韩国把制作精良服装的最后一道工序放到意大利完成;②使本地的行业获得世界一流质量的美誉,国内的很多家电企业在这方面已经取得了很大的成功;③公司可以邀请当地人认可的名人为产品做宣传。

态度是一个人对某些事物或观念长期持有的好与坏的认识上的评价、情感上的感受和行动倾向。人们几乎对所有事物都持有态度。例如宗教、政治、衣着、音乐、食物等等。态度导致人们对某一事物产生或好或坏、或亲近或疏远的感情。

态度能够使人对相似的事物产生相当一致的行为,比如讨厌摇滚乐的人,无论谁表演,无论在什么场合表演,他都会排斥,因为人们通常不愿对每一事物都建立新的态度或做出新的解释和反应,按照已有态度对所接触到的事物做出反应和解释,能够节省时间和精力。所以,态度是难以变更的。

与信念不同,态度是人们对事物的价值判断。一个人的态度呈现为稳定一致的模式,要改变一种态度就需要在其他态度方面做重大调整。企业最好使其产品与消费者既有的态度相一致,而不要去试图改变人们的态度。当然,如果付出一定的代价能够改变人们的态度,其市场前景也是非常可观的。本田公司进入美国摩托车市场时面临着一项重大决策,即究竟是把摩托车卖给已对摩托车有兴趣的少数人,还是设法增加对其摩托车感兴趣的人数?后者需要投入的成本较多,因为许多人对摩托车持否定态度,他们将摩托车与黑色夹克衫、弹簧刀、犯罪等联系起来,本田公司选择了后者,开展了大量的以"骑上你的本田摩托车,迎接最亲近的人"为主题的促销活动。实施了这一促销活动之后,许多人对本田摩托车有了新的态度。

通过以上内容,我们已经了解了作用于消费者购买行为的众多因素。一个人的选择是文化、社会、个人和心理因素之间复杂影响和作用的结果。其中很多因素是营销人员所无法改变的。但是了解这些因素对于识别那些对产品有兴趣的购买者十分有益,营销人员可以通过产品开发、定价、分销和促销等活动,引发消费者的积极反应。

文化、社会、个人和心理因素等影响着消费者对营销刺激的反应,但具体的购买行动取决于消费者的购买决策过程。

第三节　消费者购买决策过程

消费者的购买决策过程是消费者购买动机转化为购买行动的过程。了解消费者的购买决策过程对于企业确定营销目标,制定营销计划起着关键作用。分析这一过程的几个要点是决策者、购买行为的类型,以及购买决策的步骤。

一、购买角色

有些产品由于使用对象较为单一,识别购买者很容易,比如剃须刀、连衣裙等,但有些产品的购买者比较难于识别,比如,传统观念认为房屋装修是男性的事,但英国的涂料公司发现,房间涂料品牌的决定者有60%是妇女,于是决定将广告对象改为女性。还有一些产品的购买过程比较复杂,往往有很多人参与决策,这时,有必要辨别不同参与者在决策过程中所扮演的角色。

①发起者。即首先提出或有意向购买某一产品或服务的人。发起者受一定的购买动机支配,这可能是由内在的生理活动引起的,也可能是受到外界的某种刺激引起的。比如,某家庭希望为孩子买一台钢琴,原因是孩子的父母听了同事的小孩演奏钢琴,非常欣赏,也非常羡慕,于是孩子的父母成为购买钢琴的发起者。

②影响者。即其看法或建议对最终决策具有一定影响的人。影响者可能是家庭的其他成员、邻居、同事、朋友或小孩的同学。他们与决策者的关系越密切,影响力越大。在前面的例子中,这些影响者的看法可能强化或改变孩子父母的购买决定,还会影响购买的品牌、地点、型号等。

③决策者。即对于是否购买,为谁买,如何买,在哪里买等方面有决定权的人。显然,在购买钢琴的例子中,孩子的父母是决策者。

④购买者。即具体实施购买行为的人。在购买钢琴时,孩子的父母很可能也是购买者。

⑤使用者:即实际消费或使用产品或服务的人,比如前面例子中的小孩。他们的使用感受会影响决策者今后的购买决定。

在购买过程中,最重要的角色当然是决策者,但其他角色也对购买决定和具体的购买行为产生影响,比如发起人,没有他们的提议就不会有后面的购买活动。企业首先需要唤起发起人的兴趣,然后要研究决策者和影响者的特征与偏好,争取吸引购买者的注意,当然也要考虑使用者的需求。

二、购买行为的类型

消费者的购买决策根据所购买商品类型的不同而变化。在购买牙膏、电视机、个人电脑和新汽车之间,就存在着很大的不同。较为复杂的、花钱多的决策往往需要购买者的反复权衡,而且还包含许多购买决策的参与者。根据参与者的介入程度和品牌间的差异程度,可将消费者购买行为分为四种类型,如图5-4所示:

	参与者的介入程度	
品牌差异	高	低
大	复杂的购买行为	寻求多样化的购买行为
小	减少不协调的购买行为	习惯性的购买行为

图5-4 购买行为的四种类型

(一)复杂的购买行为

当消费者购买一件贵重的、不常买的、有风险而且又非常有意义的产品时,由于产品品牌差异大,消费者对产品缺乏了解,因而需要有一个学习过程,广泛了解产品性能、特点,从而逐步建立他对产品的信念,然后转变为态度和偏好,最后谨慎地做出购买的决定。比如,购买个人电脑的消费者可能对电脑的属性都全然不知。他对许多产品的特性,诸如"内存""磁盘存储器""屏幕分辨率"等一窍不通,更不了解各电脑品牌的差异。他需要花大量时间收集信息,进行比较、鉴别和挑选。营销人员必须懂得收集高度介入的消费者的信息并评估其行为,有必要运用一些营销策略,以便协助购买者学习有关产品的属性、各属性之间的关系,以及自己的品牌在重要属性方面的声望等。为强调其品牌的特征,营销人员可以利用主要的印刷媒体,通过较长的广告文稿来描述本产品的优点。同时,谋求商店销售人员和购买者的相关群体的支持,以影响购买者最后的品牌选择。

(二)减少不协调的购买行为

消费者对于看起来没有什么差别的各种品牌,在购买时也可能持慎重态度,尤其是花钱很多的产品,偶尔购买的产品和风险产品,比如彩色电视机,消费者会觉得在同一价格区间内的长虹、海尔、创维等电视都一样。购买者也会到处选择商品,以了解可以买到的,而且能很快买到的品牌。这时,消费者往往会受到与产品质量和功能无关的因素的影响,比如他可能对一个合适的价格,或购买方便的某一时间或地点做出反应。

产品购买以后,消费者有时会产生一种不协调的感觉,因为他注意到了所购买电视的一些使他感到烦恼的缺点,比如,反应不如想象得快,画质不如想象得好等,或是听了别人夸赞其他电视的一些优点。于是,他开始学习更多东西,收集各品牌电视机的信息,以证明自己决策的正确性,减少不协调的感觉。在这种情况下,消费者首先做出选择,然后通过学习形成新的信念与态度,这些信念与态度会影响他今后的选择。

对于这种类型的购买行为,营销人员一方面应通过合理的定价、方便购买的店址和有效的推销吸引消费者做出选择,另一方面进行积极的营销沟通,提供足够证据,证明本产品有独到之处,以增强消费者的信念,使购买者在购买之后对自己选择的品牌有一种满意的感觉。

(三)习惯性的购买行为

许多产品的购买是在消费者低度介入,品牌间无多大差别的情况下完成的。购买牙膏就是个好的例证。消费者对这类产品几乎不存在介入情况。如果他们长期保持购买同一个品牌的牙膏,那只是出于习惯,而非品牌忠诚。消费者对大多数价格低廉、经常购买的产品介入程度很低。

在低度介入的产品中,消费者的购买行为并没有经过完整的信念、态度、学习、行为等一系列过程。他们没有对品牌信息进行广泛研究,也很少对品牌特点进行评价,对决定购买什么品牌也不重视。相反,他们只是在看电视或阅读印刷品广告时被动地接收信息。广告的重复,会产生品牌熟悉,而不是品牌信念。消费者不会真正形成对某一品牌的态度,他之所以选择这一品牌,不是出于偏爱,仅仅是因为对它熟悉。产品购买之后,由于消费者对这类产品无所谓,也就不会对它进行购后评价。

因此,这种类型的购买行为就是通过被动的学习而形成品牌习惯,随后产生购买行为,消费者对购买行为有可能做出评价,或不做评价。大多数日常用品的购买,如牙膏、食盐、肥皂等,都属于习惯性的购买行为。对于这类商品的销售,运用价格和广告等促销手段是十分有效的,因为购买者并不强调品牌。

在对低度介入产品进行广告促销时,需要注意:广告文稿应该强调少数几个重点,视觉标志和形象化构思非常重要,因为这样便于消费者记忆,并跟品牌联系起来;同时,提供简短有力的广告信息并且不断地重复;电视广告往往比印刷品广告更为有效,因为电视是一种低度介入的宣传媒介,它适合于被动的学习。

营销人员也可以通过四种方法使低度介入产品转变为高度介入产品。第一,可以通过将该产品和有关的问题建立联系来完成,比如将自己的牙膏跟保持清新口气联系在一起。第二,产品也可以与某些具体情景相联系,如清晨消费者正在寻找东西来消除睡意的时候,通过广告宣传咖啡品牌。第三,营销人员可以通过广告活动来吸引顾客,因为这一活动可以触发一个人的价值观念和强烈情感。第四,在一般产品上增加一种重要特色,例如,在某种普通的饮料中增加维生素。营销人员应该认识到,这些战略最多能把消费者从低度介入提高到一种适度的介入水平,而无法将他们推入复杂购买行为的行列。

营销人员还应该清楚,有些低度介入产品能逐渐转变为高度介入的产品,如前面提到的牙膏、饮料等,而另一些产品则很难,如一次性打火机、一次性杯子等。原因有两个:①消费者选择品牌实际上是为了选择质量,一般而言,如果质量很容易识别,则品牌的作用就小一些。比如打火机一眼就可看出质量,一试也可以试出质量好坏,一次性杯子同样如此;而洗衣粉、洗发精、牙膏的作用功效、质量无法一目了然。②卖点的选择与强化。卖点即某种消费品对消费者的重要属性。比如,清新口气和补充维生素对于很多消费者而言,是重要的功能,而一次性打火机或一次性杯子缺乏这样的卖点。

(四)寻求多样化的购买行为

某些购买行为具有消费者低度介入但品牌差异很大的特点。在这种情况下,消费者会经常改变品牌的选择,这种改变并非消费者对原有品牌不满意,而是想尝试更多品牌。以馅饼为例,消费者会根据已有的某些信念,不先做充分评价,就挑选某一品牌的馅饼,待到入口时,再对它进行评价。但在下一次购买时,消费者也许想尝新,或想体验一下别的口味而转向另外一种品牌。

所以企业应努力增加自己产品的花色品种,以增加自己产品的营销机会,同时也减少消费者光顾其竞争者产品的可能性。当然,不同市场地位的企业有不同的营销策略:一方面,市场领导者对这类产品通常会通过摆满商品货架,避免脱销以及经常做提醒广告来鼓励习惯性的购买行为;另一方面,一些挑战企业采用压低价格,提供各种优惠、赠券、免费样品以及以宣传试用新产品为特色的广告活动来刺激顾客进行产品品种选择。

三、购买决策过程的各个阶段

消费者在产生需要之后并非马上采取购买行为,而是经历了一个较为复杂的决策过程。

我们分析这个过程的目的就在于了解每一个阶段中的消费者行为,以及哪些因素在起作用。一般认为,消费者购买产品的决策过程大体上可以分为五个阶段:问题识别,收集信息,评价方案,购买决策和购后行为。这个模式强调了购买过程在实际购买发生之前就开始了,并且购买之后还会有持续影响。

按照这个模式,似乎消费者的每次购买都要经历五个阶段,但实际上并非完全如此。不同介入程度的产品,以及不同类型的消费者购买过程并不完全相同,这一模式主要适用于"复杂的购买行为",而对于其他类型的购买行为,消费者会跳过或省略其中的某些阶段。比如,一位购买固定品牌牙膏的妇女会越过信息收集和方案评估阶段,直接从对牙膏的需要进入购买决策。

(一)问题识别

购买过程从消费者对某一问题或需要的认识开始,内在的原因和外部的刺激因素都可能引起这种需要。

内在的原因可能是人的感受,比如炎热的感觉达到某一界限,使人们认识到这一问题时,它就会成为人们行动的驱动力,人们根据以往的经验或知识学会了如何解决这一问题,驱动力激励人们去购买解决这一问题的产品。外部的刺激因素也是产生需要的原因,比如在朋友家里享受了空调带来的清凉,使消费者认识了这一问题和需要,产生了购买空调的欲望。

营销人员应该去识别引起消费者某种需要和兴趣的环境,同时还应该研究消费者不同需要或问题的类型,这些需要或问题是怎样造成的,它们是怎样引导到特定产品的。在此基础上,运用营销手段,强化刺激因素与某种需要的联系。

(二)信息收集

一位被唤起需求的消费者可能会去积极寻求更多的信息,如果驱使消费者购买的力量很强,而且可供满足的产品就在近处,那么他就很可能会购买该产品。相反,消费者会把这种需要保留在记忆之中,只在接触相关信息时加强注意;或进一步去主动收集有关信息,这都与需求的强烈程度以及已有信息的数量、质量和满意程度等直接相关。

对于消费者的信息收集行为,营销人员首先应该了解他们的信息来源。一般而言,消费者的信息主要来自四个方面:

①个人来源,即通过家庭、朋友、同事、熟人等收集信息。这类信息可信度高,但信息量较少。

②商业来源,即通过广告、推销员、经销商、产品包装、展览会等收集信息。这类信息可信度低,但信息量很大。

③公共来源,即通过报纸、杂志等大众传播媒体的报道和消费者团体的评论收集信息。其可信度高于商业来源,但信息量少于商业来源。

④经验来源,即通过消费者自己处理、检查和使用产品的经验来收集信息。这类信息可信度高,消费者最信任,但信息量相当有限,尤其是在复杂的购买中。

这些信息来源相互影响,并随着产品类别和消费者特征的不同而变化,一般而言,消费者接触最多的信息来源是商业来源,这也是营销人员能够控制的来源。另一方面,最有影响力的信息来自个人,特别是初次购买的产品。对于重复购买的产品,经验来源往往影响力最大。营销人员应该对消费者使用的信息来源仔细加以识别,并评价它们的重要性。各种信息来源对购买决策会起到不同的作用,商业来源一般起到通知的作用,告知消费者商品的存在,指引消费者去注意这些商品,非商业来源则起着评价的作用,决定消费者的购买行为。

通过收集信息,消费者对某种产品的品牌和特征都有了一定的了解,会逐步缩小商品品牌选择的范围。以购买空调的决策为例,如果消费者打算购买一台家用空调,市场上所有的品牌构成全部品牌组,但消费者通过收集信息只知道其中的部分品牌,即知晓品牌组。在这组品牌中,消费者对那些没有好感或缺乏了解的品牌将不予考虑,其余符合消费者最初购买标准的品牌被列入考虑品牌组。通过进一步收集信息,以及征询别人的意见,消费者将部分考虑品牌列入准备进行购买评价的选择品牌组。最后,消费者从选择品牌组中挑选出最满意的品牌,做出购买决定。整个过程如图5-5所示:

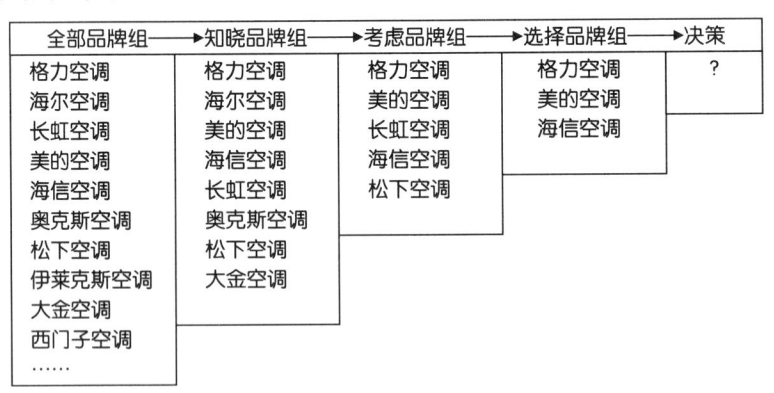

全部品牌组 →	知晓品牌组 →	考虑品牌组 →	选择品牌组 →	决策
格力空调	格力空调	格力空调	格力空调	?
海尔空调	海尔空调	美的空调	美的空调	
长虹空调	美的空调	长虹空调	海信空调	
美的空调	海信空调	海信空调		
海信空调	长虹空调	松下空调		
奥克斯空调	奥克斯空调			
松下空调	松下空调			
伊莱克斯空调	大金空调			
大金空调				
西门子空调				
……				

图5-5 消费者品牌选择过程示意图

消费者品牌选择过程表明,企业必须制定信息传播战略使它的品牌能进入潜在顾客的知晓品牌组。在消费者熟知的情况下,对产品各方面的特点给予全面介绍,以适应消费者的不同需要,满足不同消费者的最初购买标准,从而进入他们的考虑品牌组。然后,通过强调产品某方面的特色,力求成为消费者的选择品牌。企业还应该深入研究有哪些竞争品牌留在消费者的选择组中,以便制定具有针对性和吸引力的计划。最后,企业可以通过展示各种评价资料和借助公共媒体突出产品的优势,促成消费者最终的购买行为。

营销人员还应该了解消费者是如何知晓某一品牌的,他们最初听到有关品牌信息时的感觉,以后又如何收集信息,以及各种不同信息来源的相互作用等。这些答案将会帮助企业为目标市场准备有效的传播计划。

(三)评价方案

消费者怎样在选择品牌组内众多可供选择的品牌中进行选择?至今还没有一种可以适用于所有消费者的,简明单一的信息评价程序。消费者评价过程最流行的模式是认识导向,即营销人员认为消费者对产品的判断大多是建立在自觉的和理性的基础之上的,消费者会根据能否寻求到特定利益,能否满足某种需要而对产品属性集进行评价。一些基本概念有助于我们了解消费者的评价过程。

(1)产品属性

产品属性是指产品能够满足消费者某种需要或利益的功能或性能。消费者一般都将产品看成是能提供实际利益的各种属性组合,对不同的产品消费者感兴趣的属性是不同的。比如,对个人电脑,消费者关注储存能力、图像处理能力、软件的适用性和价格等;对照相机,消费者关注成像清晰度、摄影速度、体积大小、价格等;对旅馆,消费者关心的是位置、清洁卫生、周边环境以及费用等。

消费者对各种产品属性的关心程度和重视程度是不同的。消费者十分注意那些与当前需要相关的属性。企业往往根据消费者重视的属性来细分市场。

(2)重要性权数

每种产品由许多属性组成,从产品满足需要的角度出发,消费者不会将各属性看成是同等重要的,也就是说,不同的属性,具有不同的重要性权数。当然,消费者感兴趣的属性不一定是最重要的属性,因为消费者掌握的信息有限,有些消费者不重视的属性也很重要,企业可以提醒消费者关注这些属性。比如,创维就通过宣传自己"不闪的"电视而逐渐为消费者熟知。

(3)品牌信念

消费者会根据产品的属性,形成不同的品牌信念,即消费者对品牌某一属性的评价。消费者对某一品牌所具有的一组信念称为品牌形象,而消费者由于受个人经验和选择性注意、选择性扭曲及选择性保留的影响，其品牌信念有可能与产品的真实属性并不一致。

(4) 效用函数

效用函数用来描述消费者所期望的产品满足感是如何随着产品属性的不同而发生变化的。它与品牌信念的联系是，品牌信念指消费者对品牌某一属性已达到何种水平的评价，而效用函数则表明消费者要求该属性达到何种水平他才会接受。消费者购买产品是期望从产品中得到满足。消费者购买一台空调得到的满足会随其制冷速度、制冷效果、静音节能效果的提升而增加，随着空调价格的增加而减少。消费者最理想的空调属性是制冷速度快、制冷效果好、静音、节能而且便宜。如果产品的每种属性都完全满足了消费者的要求，则这个品牌的产品就是"理想品牌"，但是现实品牌往往很难达到消费者"理想品牌"的要求，所以只能考虑购买最接近"理想品牌"的产品。

有了以上的基本概念，消费者就可以对可选方案进行评价，并由此形成态度和偏好。那么消费者是如何进行评价和决策的？这里以消费者购买空调为例进行说明。假设消费者想购买一台空调，选择品牌组里有三种品牌，消费者感兴趣的属性是制冷速度、制冷效果、静音效果和价格。消费者对每种属性的信念用一定分值来表示，如果一种属性的满分为100分，该属性就是最理想的。假设某品牌所有的属性都是100分，那么这个品牌就是最理想的品牌。事实上，这样的品牌是不存在的，因为，如果某品牌大多数属性都是100分，它的价格也将是最贵的。所以，消费者只能选择最接近"理想品牌"的产品。假设消费者给选择品牌组里的空调品牌各属性的重要性权数和分值如表5-1所示：

表5-1 消费者对空调品牌的评价表

分值		产品属性				
		制冷速度 (0.3)	制冷效果 (0.4)	静音效果 (0.2)	价格 (0.1)	整体分值 (期望值)
品牌	A	90	95	90	10	84
	B	100	90	70	30	83
	C	90	70	70	90	78

如果某品牌的各种属性都优于其他品牌，毫无疑问消费者会购买这一品牌的空调。如果消费者只重视某一属性，他也很容易做出选择，比如他只关注制冷效果，就会选择A；只关注价格，就会选择C。但大部分消费者都会综合考虑各方面的属性，并赋予各属性不同权重，根据对品牌的整体评价做出选择。

经过计算,消费者得到了不同品牌的期望值,然后根据期望值的大小,选择了品牌 A 的空调。

对于没有被消费者选择的空调品牌,如品牌 B,可以采用的营销策略主要有:

①改进现有的产品。即对产品进行重新设计,以适应消费者期望的产品属性要求。这种策略被称为实际再定位,比如品牌 B 应该努力改进制冷效果,同时为了保持价格优势,可以在制冷速度方面降低一些标准。

②改变品牌信念。即改变品牌在一些重要属性方面的购买者信念,一般用于消费者低估了品牌属性的时候,这被称为心理再定位策略。如品牌 B 可以宣传自己的制冷效果也非常优秀。

③改变对竞争对手品牌的信念。企业可以设法改变消费者对竞争对手品牌在不同属性上的信念,特别是在消费者误认为竞争者品牌某项属性的性能高于其实际性能时,这被称为竞争性反定位策略。品牌 B 可以用数据证明品牌 A 的制冷效果并没有消费者认为的那样出色。

④改变重要性权数。即说服消费者把他们所重视的属性更多地放在本品牌具有优势的属性上,强调这一属性才是消费者最应注重的品牌属性。品牌 B 如果能够说服消费者将"制冷速度"放在比"制冷效果"更重要的位置,则能够使自己的品牌获得比品牌 A 更好的评价。

⑤唤起消费者对被忽视属性的注意。企业可以设法引导消费者重视某些被忽视的属性,而这些属性也正是本品牌具有的优势所在。比如品牌 B 可以通过计算电费支出告诉消费者,空调的节电性能也是非常重要的,而该品牌的空调恰恰在这方面有较大优势。

⑥改变购买者的理想品牌。设法说服消费者改变其对一种或多种属性上的理想标准。比如,品牌 B 如果向消费者说明,评价空调的静音效果时,室外机的静音效果也非常重要,甚至比室内机的更重要,就可能让自己的品牌获得更多的期望值,因为品牌 B 在这方面有技术优势。

(四)购买决策

经过选择评价,消费者就形成了购买意图和偏爱的品牌。但是,在购买意图和购买决策之间,有两种因素会相互作用:一是别人的态度,二是偶然因素,如图 5-6 所示。也就是说,尽管偏好和购买意图对购买行为有直接影响,但是二者并不总是导致实际购买。

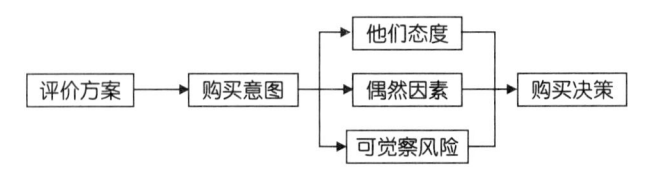

图 5-6　购买意图向购买决策转化过程示意图

其他人的态度会影响消费者的选择,比如消费者的家人强烈要求他购买便宜的空调,以节约开支。结果该消费者购买品牌A的可能性就会减少。他人态度对购买决策的影响程度主要取决于两个因素:①他人对购买者所喜好品牌的否定态度的强烈程度;②购买者遵从他人愿望的动机。他人的否定态度越强烈,与购买者的关系越密切,购买者就越有可能修正自己的购买意图。

购买决策还受到一些偶然因素的影响,比如,当消费者准备购买品牌A时,媒体报道了品牌A的质量问题,从而使他的购买意图发生改变。

此外,消费者的决策还会受到可觉察风险的影响,当消费者无法确定购买结果的时候,就会形成可觉察风险的感觉。可觉察风险的大小随着这一风险所支付的货币数量、不确定属性的比例以及消费者的自信程度而变化。避免风险的办法包括:推迟购买,决定从朋友处收集信息,选择全国性品牌和有保证的产品等。因此,营销人员必须了解引起消费者风险感的那些因素,进而通过提供信息和支持来减少消费者的可觉察风险。

决定实施某项购买意图的消费者,会做出五项购买子决策:①品牌决策;②卖主决策;③数量决策;④时间决策;⑤支付方式决策。

(五)购后行为

消费者购买产品以后的使用体验,会影响到他们对品牌的忠诚度和重复购买行为,他们的宣传还会影响其他人对品牌的态度。所以,营销者必须关注消费者的购后满意度、购后行为及购后的使用与处置。

(1)购后满意度

消费者购买产品后是否感到满意,取决于消费者购买前的预期绩效与产品购买后的可见绩效之间的差异。如果产品符合消费者期望,消费者就会感到满意;如果产品可见绩效超过了预期绩效,顾客会感到非常满意;如果可见绩效低于预期绩效,顾客就不满意。

消费者根据自己从企业、朋友以及其他来源获取的信息来形成对产品的期望。如果企业或者推介者夸大其产品的优点,消费者将会感受到不能证实的期望,这种不能证实的期望会导致消费者的不满意感。预期绩效与可见绩效之间的差距越大,消费者的不满意感也就越强烈。所以,企业应使其产品真正体现出被宣传的绩效,使消费者在购买后感到名副其实,才能使消费者对企业及其产品感到满意。

当然,很多产品(特别是非日用品)在购买以后,消费者都会有不协调的感觉,尤其是在可供选择的产品很多的情况下,因为每个人掌握的知识是有限的,在选择产品时,往往关注产品对自己有利的方面,但购买以后,才注意到一些不足的地方,从而产生不协调的感觉。但是,消费者会想办法去减少这种不协调感,作为厂商应该积极配合消费者的这种行为,比如提供信息证明自己产品的优点,以及这种优点的重要性。

(2) 购后行为

消费者对产品的满意或不满意会影响到购买以后的行为。一个满意的消费者可能会在以后重复购买,并且向其他人推荐产品,所以,"满意的顾客是企业最好的广告"。

不满意的消费者可能的反应有:退货,以减少不协调的感觉;向企业投诉。这两种行为影响范围相对有限,企业可以通过积极的退换货及赔偿,尽可能减少顾客对企业及企业其他产品的抵触。消费者还可能选择向消费者协会投诉或告诫自己的朋友,这种情况对企业的损害比较大,因为它失去的可能不仅是一个顾客。

(3) 购后的使用与处置

消费者购买产品后的使用与处置情况,也反映了消费者对产品的态度。比如,购买后搁置一边几乎不使用,很可能这是一件令人不满意的产品。

如果发现产品有新的用途,这对企业就是一个积极有用的信息,企业可以进行广泛的宣传。有消费者发现,雅芳公司的沐浴露和保湿液有驱虫的效果,他们将它打开后放进背包或室内,用来驱蚊。经过雅芳公司的宣传,其销量大增。

在消费者使用完商品以后,营销人员还应该了解消费者如何处理剩余的部分。由于环境保护意识的增强和经济方面的考虑,消费者经常抱怨将精美的容器(比如香水瓶)扔掉太可惜,法国一家香水制造商就引进了一条香水重灌生产线,帮助消费者重新利用空的香水瓶,很多香水生产厂商也纷纷效仿。

了解消费者的需要和购买过程是企业营销市场成功的关键。通过了解消费者的购买行为及其影响因素,企业可以制定更有效的营销计划。

复习思考题

1. 消费者需求的基本特点有哪些?如何影响企业的营销决策?
2. 企业应怎样根据消费者的购买行为模式制定营销策略?

3.影响消费者购买行为的主要因素有哪些?

4.消费者购买行为有哪几种主要类型?应如何制定有针对性的营销策略?

5.消费者购买决策过程的各个阶段分别适用哪些营销策略?

案例分析

维他柠檬茶的生意经

2018年的证券研报显示,维他柠檬茶已然开始逐渐取代一众凉茶品牌的市场,并且增势空间远未触顶。维他柠檬茶之所以能在饮料行业的红海中杀出重围,得益于饮料行业近年来的一些变化。以前,以可口可乐、雪碧、康师傅绿茶为代表的饮料品牌奉行大众路线,薄利多销。而随着消费升级的热潮,消费年轻化的趋势,近年来饮料品牌如小茗同学、茶派等如雨后春笋般拔地而起。凭借互联网基因和高消费目标群体,这些饮品新贵普遍定价较高,着眼5~7元价格带。维他集团把维他柠檬茶的售价定为5~6元/瓶,迎合了当下消费趋势的大环境。还有一点,不管是高价饮品品牌,还是低价饮品品牌,柠檬口味仿佛是一种无法撼动的存在。但真正让其成为市场关注焦点的,还是维他柠檬茶的另辟蹊径,将好喝和涩画上了等号。改变了消费者"好喝就是甜"的现有认知。针对年轻人率真、不造作的态度调整口号(Slogan),并在电视、网络上发布一条新广告"够真才出涩"。给消费者灌输了这样的理念:有涩味的柠檬茶才够真、够正宗。茶味本涩,人尽皆知,维他柠檬茶围绕涩味做文章,就在暗示市面上大多数口感发甜的茶饮,用的都不是真茶。维他柠檬茶的另一件武器就是标签和圈层。产品通过打造圈层吸引同标签的消费者,而源源不断的同标签消费者又扩充了圈层,继而成为产品的背书。看似跟风购买的背后,实际上是维他柠檬茶对于圈层文化的打造。

资料来源:栗一:《维他柠檬茶:年逾不惑的返老还童》,销售与市场(管理版),2020年第5期

案例思考

1. 维他柠檬茶的营销策略考虑了哪些影响消费者购买行为的因素?

2. 饮料的购买行为属于哪种类型,公司可以考虑哪些营销策略?

第六章
目标市场营销战略

每个企业的资源都是有限的,在通常情况下,企业不可能为某个市场的全体顾客服务,或者说企业的服务不可能让某个市场的所有顾客都满意。市场营销活动是以顾客的需要为基础的,由于顾客数量众多而且他们对产品或服务的期望和要求又各不相同,为了应对无处不在的竞争者,公司需要确定它能提供最有效服务的顾客群体。即企业需要把顾客按一定的属性进行分类,从中选择能提供有效服务的顾客群体作为目标市场,并为每个目标市场制定产品开发和营销方案。

这一营销思想被称为"目标市场营销"。它分为三个基本步骤:①市场细分(Segmentation),即根据顾客对产品或服务的不同需要,将市场划分为不同的顾客群体,并勾勒出细分市场的轮廓(如追求品质的消费者、追求廉价、方便的顾客等)。②选择目标市场(Targeting),即根据企业自身条件和细分市场的大小以及竞争程度,选择准备进入的一个或多个细分市场。③市场定位(Positioning),即确定满足目标市场的产品或服务的特征,或希望在目标市场顾客群中形成的一个印象。如图6-1所示:

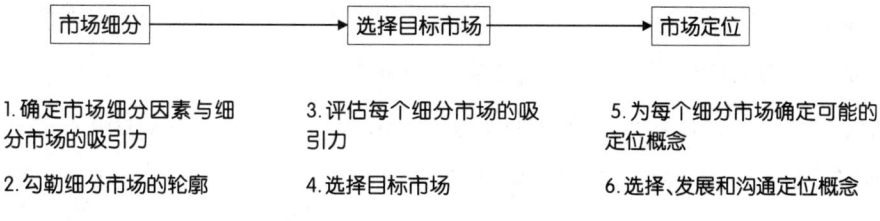

市场细分	→	选择目标市场	→	市场定位
1.确定市场细分因素与细分市场的吸引力		3.评估每个细分市场的吸引力		5.为每个细分市场确定可能的定位概念
2.勾勒细分市场的轮廓		4.选择目标市场		6.选择、发展和沟通定位概念

图6-1 目标市场营销步骤示意图

第一节　市场细分

顾客需求的多样性和复杂性与企业资源的有限性之间存在矛盾,使企业无法充分全面地满足顾客的需求,而满足顾客的需求是企业营销活动的核心,关系到企业的生存与发展,这一矛盾决定了企业营销活动面临的首要问题是明确满足谁的需求,即企业在不能满足全部市场需求的情况下,必须首先弄清楚应该满足哪一部分市场的需求,这部分市场就是所谓的目标市场,它是按照消费者需求的差异性与相似性对整体市场进行细分,在评估各细分市场的基础上,选择最合适的部分作为企业经营与服务的对象。

一、市场细分的概念与作用

(一)概念界定

市场细分(Market Segmentation)是指营销者通过市场调研,依据消费者的需要和欲望、购买行为和购买习惯等方面的差异,把某一产品的市场整体划分为若干消费者群的市场分类过程。每一个消费者群就是一个细分市场,每一个细分市场都是具有类似需求倾向的消费者构成的群体。而不同细分市场则在需求方面存在较大差异。

(二)市场细分的客观基础

市场细分的基础在于以下三个方面:

(1)消费者需求的差异性。差异性需求是指由于消费者所处的地理位置、社会环境、自身的心理和购买动机不同,造成他们对产品的价格、质量、款式上需求的差异性。这种需求的差异性决定了市场可以被细分。

(2)消费者需求的相似性。在同一地理条件、社会环境和文化背景下的人们形成有相对类似的人生观、价值观的亚文化群,他们的需求特点和消费习惯大致相同。正是因为消费需求在某些方面的相对同质,市场上绝对差异的消费者才能按一定标准聚合成不同的群体。消费需求的相对同质性使市场细分有了实现的可能性。

(3)企业资源与营销能力的有限性。现代企业由于受到自身实力的限制,不可能向市场提供能够满足一切需求的产品和服务。为了有效地进行竞争,企业必须进行市场细分,选择最有利可图的目标细分市场,集中企业的资源,制定有效的竞争策略,以取得和增加竞争优势。这使市场细分具有必要性。

由于市场细分的基础是消费者需求的差异性与相似性,所以市场细分是对消费者而不是产品进行分类。市场细分的首要工作是研究消费者需求的差异与相似之处,然后根据需求的差异与共性来设计产品与服务应该具有的特征。

(三)市场细分的作用

(1)有利于选择目标市场和制定市场营销策略。细分后的子市场比较具体,比较容易了解消费者的需求,企业可以根据自己经营思想、方针及生产技术和营销力量,确定自己的服务对象,即目标市场。针对较小的目标市场,便于制定特殊的营销策略。同时,在细分的市场上,信息容易了解和反馈,一旦消费者的需求发生变化,企业可迅速改变营销策略,提高企业的应变能力和竞争力。

(2)有利于企业发掘新的市场机会。企业经过市场调查和市场细分后,可以掌握细分市场的需求特征、满足程度和竞争情况,可以发现某些尚未得到满足或未得到充分满足的细分市场。例如,日本铃木公司在进入美国市场时,通过市场细分,发现美国市场上缺少为18~30岁年轻人设计的省油、适用的敞篷汽车,因此推出了相应的小型轿车。

(3)有利于企业合理配置和使用资源,提高竞争能力。企业根据市场细分,确定目标市场特点,将有限的人力、物力、财力集中于少数的几个细分市场上,去争取局部市场上的优势,然后再占领自己的目标市场。

(4)有利于企业提高经济效益。前面三个方面的作用都有助于企业提高经济效益。除此之外,企业通过市场细分后,可以面对自己的目标市场,生产出适销对路的产品,既能满足市场需要,又可增加企业的收入;产品适销对路可以加速商品流转,加大生产批量,降低企业的生产销售成本,提高生产工人的劳动熟练程度,提高产品质量,从而全面提高企业的经济效益。

二、市场细分的层次

按照市场细分的程度,可以将市场细分的层次分为五类:

(一)大众化营销(完全无细分)

企业向所有顾客提供完全相同的产品。如亨利·福特只生产黑色的T型汽车,可口可乐也曾经只卖一种包装的可乐。大众化营销的优点是不需要大量的营销调研投入,可以大批量生产和集中促销,从而降低成本,用很低的价格出售给消费者,在人们收入较低以及竞争者较少的情况下,这是一种有效的策略。但在市场日益多元化的时代,大众化营销已经不合时宜。

(二)细分营销(群级式细分)

企业按购买欲望、购买能力、地理位置、购买态度和购买习惯等把消费者细分成若干个子市场,然后寻找其中最能体现企业优势的子市场,作为公司的目标市场来开展营销活动。比如某汽车制造商确定了四大细分市场:寻求基本运输的消费者;寻求高性能的消费者;寻求豪华汽车的消费者;寻求安全驾驶的消费者。

(三)补缺营销

企业对细分市场进行再细分,发现一些没有被服务好的重要市场,作为公司的目标市场,进行补缺服务。比如,美国克利夫兰的汽车保险商进步公司,专门为有汽车事故记录和喝酒的司机提供"非标准"汽车保险,收取高额保费。上海的保姆市场可以细分为钟点工和常时工,后来发现有些外国人需要懂外语的保姆,于是出现了专门提供会外语的保姆的服务公司。补缺市场的容量较小,只对少数厂商有吸引力,因而竞争通常并不激烈,由于产品针对性较强,消费者愿意出更高的价格,利润率一般高于普通的细分市场。

(四)本地化营销

本质上属于群级式细分的一种,细分依据为地理区域。企业将营销方案设计成符合本地顾客群需要的计划。比如,花旗银行要求其分支机构为各邻近区域提供不同的银行服务组合。本地化营销的支持者认为,全国性的广告是一种浪费,因为它不能对目标顾客群产生影响。而反对者则认为,本地化营销减少了规模经济而增加了制造成本和营销成本,如果各地的产品和信息传播不同,品牌整体形象会被削弱。

(五)个别化营销(完全市场细分)

企业将市场细分到个人,又称为定制营销、一对一营销。每个人都有自己独特的兴趣和需要。在多个世纪以前生产者曾经为每位顾客定制产品,比如裁缝会为每个顾客丈量身材,然后进行裁剪缝制。后来,工业革命开创了新纪元,在大众化营销的低价面前,这种定制营销难以与之竞争。现在,信息技术又让越来越多的企业开始定制他们的产品。浙江宁波的"拇指衣橱"利用互联网和柔性制造系统让每一个消费者都成为自己服装的设计师,从材料、风格、领口款式、袖口样式,甚至每一个扣子的图样,都可以自己选择,真正实现了服装的"私人定制"。

市场细分是对消费者需求进行分类的过程,其中有两个问题非常重要,一是正确选择分类的标准或依据,即细分因素,它关系到市场细分的正确性;二是把握科学分类的基本原则,它关系到市场细分的有效性。

三、消费品市场细分的标准

消费者的需求受到年龄、性别、收入、家庭人口、居住地区、生活习惯等各种因素的影响,各影响因素的差异形成了消费群体需求的差异,而受到相同因素影响的消费者,需求往往也具有相似性。所以研究这些因素及其对消费者行为的影响,是进行市场细分的基础。一般将影响消费者需求的因素分为四大类:地理因素、人口因素、心理因素和行为因素。

(一)地理因素

企业首先可以按照消费者所在的地理位置和地形、气候等自然环境特征来进行市场细分。人们的需求是在长期适应自然环境的过程中形成的,地理环境不同,人们适应自然环境的方式就不一样,从而需求就会有所不同。地理因素所包含的变量主要有:行政区域、城市与乡村、地形与气候、交通位置等。

(1)行政区域

消费者所处地理位置或经济区域不同,需求会有很大差异。比如在食品消费方面,不同地区消费者有不同的口味,所谓"东甜西酸南辣北咸";南方以大米为主食,北方居民则习惯面食。

(2)城市与农村

城市与农村在收入水平、基础设施建设、人口密度等很多方面存在差异,相应的市场容量、产品用途、使用条件也不一样。比如,对于自行车,城市居民喜欢式样新颖的轻便车,而农村的居民可能关注坚固耐用的重型车。即使是城市,如果规模不同,人口数量、经济发展水平、基础设施建设、交通通信条件等也不一样,人们的收入、受教育水平、价值观念等同样存在差异。所以,企业还需要将城市细分为大、中、小城市,根据其特点确定目标市场和制定营销策略。

(3)地形与气候

按照地形可以将地理区域分为山区、平原、丘陵等;按气候特征可以分为热带、亚热带、温带、寒带等。不同的地形与气候特点会形成不同的需求,比如,同样是收音机,山区要求灵敏度高,平原要求选择性好。湿度大的地区,要求洗衣机具有脱水烘干的功能,干燥的地区就没有这样的要求;反之,干燥的地区需要加湿器,而湿度大的地区则不需要。空调、电暖器等电器,以及服装、鞋类、床上用品等往往都需要按照地形与气候特点进行市场细分。

(4)交通位置

不同的地理位置有不同的交通运输条件,对于运输时间和运输成本都会产生影响。对企业营销的影响主要是两个方面:一是产品的选择,对有时间性和保质期要求的产品,如鲜活产品等,应该选择有航空或快速运输通道的地方;二是对价格和利润有影响,如果没有中间商的合作,在交通不便的地方,由于成本因素,企业产品与当地企业生产的产品相比,可能就缺乏价格优势,在这种情况下,企业应选择在当地建厂或放弃这一市场。

(二)人口统计因素

各种人口统计数据如年龄、性别、收入、受教育程度、家庭结构等,也可以成为市场细分的依据。人口变量从生理需要、对事物的看法、购买力等方面影响消费者的偏好。相对于其他细分因素,人口统计数据更容易获取和衡量,因而成为企业市场细分的重要依据。

(1)年龄

处在不同年龄阶段的消费者在生理、心理、兴趣、爱好、收入等方面会有所不同,对消费品的需求往往存在很大的差异。因此,可按年龄将市场划分为许多各具特色的消费者群,如儿童市场、青年市场、中年市场、老年市场等等。从事服装、食品、书刊等商品生产和经营的企业,经常采用年龄来细分市场。但年龄是很复杂的变量,美国福特公司生产的"野马"汽车原来是为年轻人设计的,但事实上许多老年人也购买这种汽车,这说明影响需求的年龄因素,在更多时候是人们的心理年龄,而非生理年龄。

同一年龄阶段的消费者在生理、心理、经济条件、家庭情况等方面并不完全一样,而这些因素也会影响需求,所以单凭年龄来划分市场是不全面的。

(2)性别

由于男女在生理特别是心理方面的差异,使性别成为服装、化妆品还有杂志等领域常用的细分标准。

在考虑性别因素时需要注意两个方面的问题:一是男女需求的趋同性,过去认为只有男性或女性需要的产品,现在成为男女都需要的东西。如化妆品,传统观念认为这是女性的专用品,而现在男性也有需要;香烟、酒类是传统的男性用品,现在也有很多女性消费者。以前针对女性的杂志,其实很多男性也感兴趣,他们希望通过这些读物了解女性的想法。这种趋同性使企业在产品设计、广告宣传和分销渠道等方面需要有所创新。二是过去认为男女都需要的产品,比如汽车,也可以考虑男女的差异,他们的审美观念、性能要求等方面都可能不一样,这为汽车制造商创造差异化提供了机会。

(3)家庭结构

对于家庭的共用品如炊具、电冰箱、洗衣机、衣柜、沙发等,在设计的时候必须考虑不同的家庭结构,特别是规格、容量、功能等方面的设计,这在前面第三章宏观营销环境的部分已经进行过相应的分析。

(4)收入

按收入进行市场细分是一种传统的做法,收入决定了购买的能力,只有收入达到一定水平,才可能形成对产品的需求。同一类产品会因为购买者收入的不同而划分为不同档次的市场。电视机可以分为中低端产品和高端产品,汽车也有经济型、豪华型等不同的层次,分别针对不同收入的群体。企业在选择分销渠道和确定广告宣传内容时,应该针对不同收入群体的需求特点进行选择。

但在有些时候,单纯依据收入变量来判断买主未必可靠,比如低收入者也可能为了提升自身形象而购买昂贵的产品,企业还需要考虑这些心理方面的因素。

(5)生活习惯

生活习惯由民族、宗教、收入、地理环境等人口变量综合决定,这些变量影响到人对事物的评判,使人们有不同的禁忌或喜好。对于衣食住行用等所有的行业,几乎都需要考虑按消费者的生活习惯来细分市场。

(6)受教育程度

收入决定了消费需求的品质,受教育程度则影响消费需求的品位。教育通过影响人们的价值观,进而影响人们的审美观。受教育程度不同的人对商品的需求、生活方式、接收营销信息的方式与能力等方面都存在差异,从而影响他们所购买商品的种类、购买行为与购买习惯。

(三)心理因素

人们的心理特征也可以成为市场细分的依据,特别是社会阶层、个性、生活方式等心理变量。

(1)社会阶层

这也是一个复合变量,有些研究将其归入人口统计因素,因为人们往往根据收入、受教育程度、职业等人口统计因素来划分社会阶层。不同社会阶层的人有不同的审美观和品味,在需要的产品类型、接收信息的方式与能力、购买习惯等方面存在差异。汽车、服装、家庭用品、娱乐、阅读等领域都可以按照社会阶层来细分市场。

(2)个性

消费不仅是为满足人们的生理需要,也是为了满足心理需要,人们通过消费的差异向外界展示自己的个性。通常,个性会通过自信、自主、支配、顺从、保守等性格特征表现出来。因此,可以按这些个性特征进行分类,从而为企业细分市场提供依据。在西方国家,有些企业以个性特征为基础进行市场细分并取得了成功。20世纪50年代末,福特汽车和雪佛兰汽车在促销方面极其强调其个性的差异:福特车的购买者被认为有独立性、易冲动、有男子汉气概和自信心;而雪佛兰汽车的购买者却被认为保守、节俭、恪守中庸之道。

(3)生活方式

生活方式是人们对消费、工作、娱乐的特定习惯和倾向性。生活方式影响人们对不同商品的兴趣,而不同的需求偏好可以形成不同的细分市场。有些汽车制造商为"遵纪守法"的消费者设计和生产经济、安全、污染少的汽车,为"玩车者"设计和生产华丽的、操纵灵敏度高的汽车;有些服装制造商分别为"朴素的妇女""时髦妇女""有男子气的妇女"设计和生产不同款式和花色的服装。对于生活方式不同的消费者群,不仅产品的设计有所不同,而且产品价格、经销商店、广告宣传等也不一样。许多公司都从生活方式细分中发现了有吸引力的市场机会。化妆品、服装、酒类饮料、家具等行业都可以根据生活方式来细分市场。

(四)行为因素

根据消费者对产品的了解程度、态度、使用情况以及对企业营销组合的反应等,可以进行消费者行为细分。行为变量主要有购买时机、追求的利益、使用状况、使用频率、忠诚度等。

(1)购买时机

企业可以根据消费者产生需要、购买和使用产品的不同时机,将他们划分成不同的群体。比如,城市公共汽车运输公司根据上班高峰期和非高峰时期乘客的需求特点划分不同的细分市场并制定不同的营销策略。生产饮料的企业,根据消费者在一年四季对饮料口味的偏好,将市场消费者划分为不同的子市场。开学之初,电信公司、文具公司、运动服装公司等与学生市场有关的企业都会利用机会开展营销活动。节假日期间,礼品行业、旅游行业、传媒业和运输业也都可以捕捉到各种商机。

(2)追求的利益

消费者购买某种产品是为了解决某类问题,满足某种需要。然而,产品提供的利益往往并不是单一的,而是多方面的。消费者对这些利益的追求会有所侧重,对产品组合的要求就有差异。如购买手表,有的追求经济实惠、价格低廉,有的追求耐用可靠和使用维修的方便,还有的偏向于显示出社会地位等,企业可以根据不同的利益追求设计相应的营销组合。

(3)使用者情况

根据对特定产品的使用情况可以将消费者分为：非使用者、首次使用者、经常使用者、潜在使用者、曾经使用者。对不同的使用者可以采用不同的营销手段。实力雄厚的大企业应着重吸引潜在使用者，以扩大市场阵地。而中小企业力量薄弱，应注意吸引经常使用者或让首次使用者成为经常使用者，以巩固市场，同时，也要根据自己的实力去争取潜在使用者。

(4)使用频率

按照使用频率可以将市场细分为少量使用者、中度使用者和大量使用者群体。大多数公司都会把目标定在大量使用者身上，并有针对性地开展各种广告宣传。这些大量使用者在职业、年龄、心理特征、媒体使用习惯等方面往往具有相似性，营销人员可以据此确定产品的档次、拟定价格、设计广告和选择广告媒介。

(5)忠诚度

根据消费者对产品的忠诚度可以将消费者分为四类：①坚定忠诚者：即始终不渝地购买一种品牌的消费者。②多核心忠诚者：即只使用两种或三种品牌的消费者，但在选择品牌时没有规律。③转移型忠诚者：即从偏爱一种品牌转换到偏爱另一种品牌的消费者。过去一直用某一品牌，而现在又持续使用另一品牌。④随机型：即对任何一种品牌都不忠诚的消费者。

在牙膏、啤酒等市场，往往坚定型忠诚者比较集中，他们一旦确认某品牌适合自己，就会坚持使用，在这样的市场，提高市场份额会有较大难度，可以鼓励忠诚者增加使用频率。对于多核心的忠诚者，企业可以分析竞争者的特点与优势，采取有针对性的营销手段，或改进自己产品的地位。企业在市场分析中如果发现转移品牌忠诚者，应立即改变市场营销的薄弱环节，找出消费者忠诚度转移的原因，采取产品改良、降低价格、加强服务、加大广告宣传投入等措施，吸引消费者重新建立其品牌信念。在随机型消费者比重大的市场，新品牌、新企业容易进入，随机型消费者往往是新产品的促销目标。

(6)对产品的态度

消费者对产品的态度可以分为热情、肯定、不关心、否定、敌视等，企业需要根据消费者对产品的态度选择不同的营销策略。对热情支持的消费者，企业应表示感谢和提醒他们经常光顾；对持肯定态度的消费者，企业应与他们积极沟通，并提供信息让他们感觉自己选择的正确性；对不关心自己产品的消费者，企业应积极争取他们，运用广告、价格、分销等手段，使他们成为自己的顾客；而对于否定或敌视企业的消费者，在资源有限的情况下，企业一般不需要积极争取，但应弄清楚他们持否定态度的原因，向公众进行解释说明，防止他们影响其他公众。

此外，企业还可以根据消费者所处的购前阶段实施不同的营销策略：对于不知道企业产品的消费者，企业可以通过广告告诉消费者产品的存在，以及它的主要性能特点；对已经知道产品的消费者，企业沟通的重点是劝购，宣传使用产品的好处和不使用的弊端；对决定购买的消费者，企业需要告知购买的地点，并进一步宣传产品的优点，促成消费者的购买行为。

影响消费者购买行为的因素很多，不同因素的组合可能形成一个细分市场。除了消费品市场需要进行细分外，组织市场特别是产业市场细分也同样重要。

四、产业市场细分的标准

产业市场的需求和购买行为具有不同于消费品市场的特点，对产业市场进行细分的依据也有所不同，产业市场细分的标准主要有最终用户细分、经营细分、购买方式细分、购买形势细分、购买者个性细分。

（一）最终用户细分

最终用户细分是指根据最终用户所处的行业、地理位置、用户规模大小等因素进行细分，以决定企业的产品市场重点放在哪些行业、多大规模用户以及哪个地理区域。最终用户所处的行业不同，对产品需求有明显的差异性。比如，飞机制造商采购的轮胎在质量、安全标准方面远远高于汽车轮胎。而使用者所处地理位置不同，气候条件不同，对产品热胀冷缩标准的要求也不同。

用户规模不同，企业营销策略也应有所差异，对于最终用户集中的地区和大用户，企业往往设立专门机构为之服务，对最终用户比较分散的地区和中小用户，一般是通过经销商或代理商为之服务。

（二）经营细分

即根据使用者的技术条件、使用者情况、用户能力等进行细分。用户使用的技术影响企业的产品设计，因为产品必须与使用者的技术相匹配。企业还需要根据使用者情况，对经常使用者、较少使用者、首次使用者或潜在使用者制定不同的营销方案。用户能力则决定了企业需要提供的服务，有些需要大量服务，有些只需要少量服务。

（三）购买方式细分

购买方式细分是指根据采购职能组织类型、权力结构、与用户关系、采购政策、购买标准等因素对用户购买决策方式进行细分。

采购职能组织类型决定用户的采购决策是集中做出还是分散决定的。

权力结构决定用户的购买决策是技术人员主导、财务人员主导还是营销人员主导,他们关注的重点不同,企业的营销重点也不一样。

在与用户的关系方面,已建立牢固关系的用户或追求最理想条件的用户,要求企业付出不同的营销努力和制定不同的营销方案。

用户的采购政策和购买标准决定企业营销重点是产品质量、服务还是价格。

(四)情境细分

情境细分也叫购买形势细分,是根据购买的紧迫性、特殊用途、订货量大小等因素对购买者购买产品时所处的形势进行细分。紧迫性决定了用户是追求快速交货还是需要服务。特别用途即用户关注产品的某些用途还是产品的各种用途。订货量决定用户是大订单用户还是小订单用户。企业应根据自身的特点、优势和营销目标选择服务对象。

(五)购买者个性细分

购买者个性细分是根据购买者个人的偏好、价值观、风险倾向性、权利、态度进行细分。

五、有效市场细分的原则

市场细分的依据和方法有很多,但并非所有的市场细分都是有效的。比如,对于食盐的购买者按年龄进行的市场细分就毫无意义。要使细分出的市场对企业有用,还必须把握以下几个基本原则:

(一)可衡量性

这一方面是指顾客应该具有不同的偏好,对企业所提供的产品、价格、广告宣传等具有不同的反应,才值得对市场进行细分。另一方面,购买者的特征信息应易于获取和衡量,否则也难以细分。在实践中,有许多顾客的特征是不易衡量的,这些特征不适宜做细分市场的标准。比如,在彩电市场,有多少人注重价格,有多少人注重色彩清晰度,有多少人注重用电量,这些问题通过科学的市场调查都可以获得较为满意的答案。但有的细分因素是难以被测量的,比如,保险公司就很难找出同一年龄组有多少投保者是"追求生活质量的人"。相对而言,人口、地理、社会文化因素等是比较容易衡量的。

(二)可进入性

可进入性是指企业有能力进入所选定的细分市场。也就是说所选定的目标必须是根据企业目前的人力、物力、财力和技术等资源条件,以及市场营销组合足以占领,并在此有所作为的市场。

（三）可营利性

可营利性是指企业所选定的细分市场规模足以使企业有利可图。如果市场规模狭小，企业进入之后没有获利机会，这样的细分市场对企业是没有吸引力的。

（四）可区分性

可区分性是指不同细分市场的需求特征可以清楚地加以描述。如电冰箱市场，根据购买者不同可以划分为不同容量的冰箱：如家庭用的小容量冰箱，商店用的中等容量的冰箱，大饭店用的大容量冰箱等。

六、市场细分的基本程序

企业需要按照科学的程序进行市场细分。细分市场一般有以下的基本步骤：

(1)选定产品市场范围。当企业确定市场细分的原则之后，必须确定进入什么行业，生产什么产品，为哪些人服务。产品市场范围应以顾客的需求，而不是产品的本身特性来确定。例如，某一房地产公司打算在乡间建造一幢简朴的住宅，若只考虑产品特征，该公司可能认为这幢住宅的出租对象是低收入顾客，但从市场需求角度看，高收入者也可能是这幢住宅的潜在顾客。因为高收入者在住腻了高楼大厦之后，恰恰可能向往乡间的清静。

(2)列举潜在顾客的基本需求。比如，公司可以通过调查，了解潜在消费者对前述住宅的基本需求。这些需求可能包括：遮风避雨，安全、方便、宁静，设计合理，室内陈设完备，工程质量好，能停放车辆等。

(3)了解不同潜在用户的不同要求。对于列举出来的基本需求，不同顾客强调的侧重点可能会存在差异。比如，经济、安全、遮风避雨是所有顾客共同强调的，但有的用户可能特别重视生活的方便，如学生要求交通方便，距离学校近；另外一类用户，如老年人，对环境的安静、良好的管理等有很高的要求，而新婚夫妇则需要不受干扰，有大的卧室与厨房。通过这种差异比较，不同的顾客群体即可初步识别出来。

(4)抽掉潜在顾客的共同要求，而以特殊需求作为细分标准。上述购房者的共同要求固然重要，但不能作为市场细分的基础。如遮风避雨、安全，是每位用户的一般要求，但不能作为细分市场的标准。

(5)根据潜在顾客基本需求上的差异，将其划分为不同的群体或子市场。比如，房地产公司常把购房的顾客分为好动者、老成者、新婚者、度假者等多个子市场，并进一步分析每一细分市场的需求与购买行为特点及原因，以便在此基础上决定是否进行细分市场合并，或做进一步细分。比如前面所提到的老年人与新婚夫妇的需求看起来有一些差异，但可以作为一个市场,因为一个设计与装修良好、不受干扰、管理良好的住宅既可以满足老年人的需要,也能满足新婚夫妇的需求。当然,在促销手段和分销渠道方面应根据老年人与新婚夫妇的不同特点,采用不同的营销策略。

(6)估计每一细分市场的规模。即在调查基础上,估计每一细分市场的顾客数量、购买频率、平均每次的购买数量等,并对细分市场上产品竞争状况及发展趋势做出分析。

在对市场进行合理细分的基础上,企业需要选择计划服务的对象,即目标市场。

第二节 目标市场与营销策略选择

市场细分为企业提供了可以进入的多种市场选择,但由于企业资源与营销能力的有限性,企业必须选择最有利的细分市场作为自己的服务对象,并根据目标市场的特点设计相应的营销策略。

一、目标市场的选择

(一)目标市场的概念

目标市场(Market Targeting)是企业期望并有能力占领和开拓,能为企业带来最好营销机会与最大经济效益的,具有相近需求,企业决定以相应产品和服务去满足其需求的消费者群体。

简而言之,目标市场就是营销者准备用产品或服务以及相应的一套营销组合为之服务的一个特定市场。确定目标市场是企业营销战略的重要组成部分,也是制定营销组合策略的主要依据。

目标市场的选择是企业在市场细分的基础上,通过对市场本身的特点,以及企业自身实力的分析,选择最符合企业长远目标的消费者群体的过程。企业分析的过程需要借助于一些统计数据或估计值,来判断每个细分市场的规模、增长率以及增长潜力,并对每个细分市场的开拓成本(研发费用、广告费用、分销费用等)进行估算,最后选择最有吸引力的细分市场。

企业在选择目标市场的过程中,一项重要的工作是进行目标市场评估。

(二)目标市场评估

企业需要对各个细分市场进行评估,才能决定哪些细分市场值得去开拓。评估的依据主要有以下三个方面：

(1)细分市场的规模与前景

企业需要分析,在消费者愿意支付的价格下,充分考虑竞争者因素,通过企业的营销努力,产品在细分市场所能达到的销售规模。这是决定市场可营利性的关键。评估细分市场的规模,不仅要考虑现实的消费需求,也要考虑潜在的消费需求,以及从竞争者市场吸引过来的消费需求。

(2)市场吸引力

细分市场的吸引力取决于五种力量,分别为:行业内现有竞争者的竞争能力、潜在竞争者进入的能力、替代品的替代能力、供应商的议价能力、购买者的议价能力。第七章将具体分析这五种力量。

(3)企业目标与资源条件

企业目标决定了细分市场的取舍,只有符合企业长远目标的细分市场,企业才有必要去进入。比如,树立品牌形象是企业目标,企业就不应该考虑低端市场。资源条件则决定了企业开拓某一细分市场和形成某方面的优势的可能性。

(三)选择目标市场的模式

在对细分市场进行评估的基础上,选择哪些细分市场作为目标市场,通常有以下一些模式,如图6-2所示:

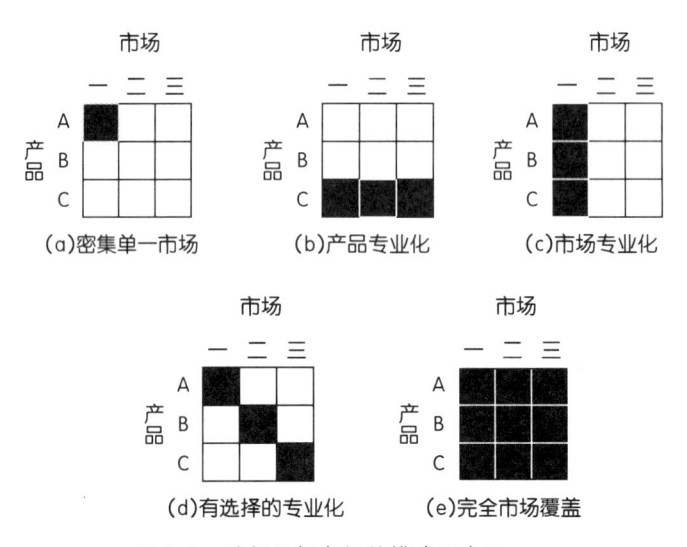

图6-2 选择目标市场的模式示意图

(1)密集单一市场

企业选择一个细分市场,集中力量为之服务。较小的企业一般用这种方法填补市场的某一部分。集中营销使企业可以深刻了解该细分市场的需求特点,采用更有针对性的产品、价格、渠道和促销策略,从而获得强有力的市场地位和良好的声誉,但同时有较大的经营风险。

(2)产品专业化

企业集中生产一种产品,并向不同顾客群销售这种产品。例如服装厂商向青年、中年和老年消费者销售高档服装,企业为不同的顾客提供不同种类的高档服装产品,而不生产消费者需要的其他档次的服装。这样,企业可以在高档服装产品方面树立很高的声誉,但一旦出现其他品牌的替代品或消费者流行的偏好转移,企业将面临巨大的威胁。

(3)市场专业化

企业专门服务于某一特定顾客群,尽力满足他们的各种需求。例如企业专门为老年消费者提供各种档次的服装。企业专门为这个顾客群服务,能建立比较稳定的信任与长期合作关系。但一旦这个顾客群的需求潜量和特点发生突然变化,企业要承担较大风险。

(4)有选择的专业化

企业选择几个细分市场,每一细分市场对企业的目标和资源利用都有一定的吸引力。但各细分市场之间很少或根本没有任何联系。这种策略能分散企业经营风险,即使其中某个细分市场失去了吸引力,企业还能在其他细分市场盈利。

(5)完全市场覆盖

企业力图用各种产品满足各种顾客群体的需求,即以所有的细分市场作为目标市场,例如服装厂商为不同年龄层次的顾客提供各种档次的服装。一般只有实力强大的大企业才能采用这种策略。例如IBM公司在计算机市场、美的公司在家电市场开发众多的产品,满足各种消费需求。

二、目标市场策略

在企业所确定的目标市场上,有三种营销策略可供企业选择:

(一)无差异营销

企业着眼于顾客需求的共性,向所有细分市场提供一种标准化的产品,采取单一的营销组合,通过广泛的销售渠道和强有力的促销吸引尽可能多的购买者,这样不仅可以增强消费者对产品的印象,也会使管理工作变得简单而有效率。可口可乐是无差异营销的典型例子,它以单一口味的品种、统一的价格和瓶装、同一广告主题将产品面向所有顾客,保证了可口可乐的品质、口感始终如一,使之成为一个全球的超级品牌。

无差异营销的最大优点在于它的低成本：单一产品线可减少生产、存货和运输成本；无差异的广告计划能使企业因为大量使用而获得媒体的价格折扣；不必进行市场细分化所需的营销研究与规划，可降低营销研究的成本与管理费用。

无差异营销特别适合对价格敏感的消费群体，对于功能、性能单一的产品可以通过树立某种超越产品的形象来实现无差异营销。同质性商品本身差异性较小，如石油、大米、食盐、钢铁等，也比较适合无差异营销。

这种营销策略的缺点是不能满足不同消费者的需求和爱好。用一种产品、一种市场营销策略去吸引和满足所有顾客几乎是不可能的，由于产品和营销组合缺乏针对性，容易受到竞争者的冲击，当企业采取无差异营销策略时，竞争者会从这一整体市场的细微差别入手，参与竞争，争夺市场份额。此外，当同行中有许多企业都采用这种营销策略时，可能发生大的细分市场内竞争激烈，而小细分市场却无人问津的情况。

(二) 差异营销

企业根据各个细分市场的需要而刻意设计适合他们的产品和服务，并在渠道、促销和定价等方面进行相应的调整，以适应各个细分市场的需要。爱迪生兄弟公司是美国最大的妇女鞋类零售公司，该公司把所经营的九百家鞋子商店分成四类不同的连锁商店，以此来迎合不同的细分市场。查达勒连锁店出售高价的鞋子，贝克连锁店出售中等价格的鞋子，伯特连锁店出售廉价的鞋子，佩尔连锁店着重面向需要时髦式样的顾客。这四类连锁商店可以出现在同一街道，一方面增强了产品的适应性，另一方面留给竞争者的位置就少了。

差异营销能较好地满足不同消费者的需求，因此可以争取更多的顾客，从而扩大销售量获得更大的利润。企业可以通过多种营销组合来增强企业的竞争力，有时还会因在某个细分市场上取得优势，树立品牌形象，而带动其他子市场的发展，形成连带优势。同时，由于企业面对多个细分市场，即使某一细分市场发生剧变也不会使企业全盘陷入困境，从而大大减少了经营风险。但差异营销也会增加经营的成本，比如产品设计的费用，生产成本、营销管理成本、存货成本等。此外，还可能使企业的资源配置不能有效集中，顾此失彼，甚至在企业内部出现彼此争夺资源的现象，使拳头产品难以形成优势。

(三) 集中营销

实行差异性营销策略和无差异营销策略，企业都是以整体市场作为营销目标，试图满足所有消费者在某一方面的需要。集中性营销策略则是集中力量进入一个或少数几个细分市场，实行专业化生产和销售。实行这一策略，企业不是追求在一个大市场角逐，而是力求在一个或几个子市场占有较大份额。例如,生产空调器的企业不是生产各种型号和款式、面向不同顾客和用户的空调机,而是专门生产安装在汽车内的空调机。

集中营销策略的指导思想是:与其四处出击,不如突破一点儿取得成功。这一策略特别适合于资源力量有限的中小企业。中小企业由于受财力、技术等方面因素制约,在整体市场可能无力与大企业抗衡,但如果集中资源优势,在大企业尚未顾及或尚未建立绝对优势的某个或某几个细分市场进行竞争,成功的可能性更大。

集中营销策略的优势在于:由于市场集中,便于企业深入挖掘消费者的需求,能及时得到反馈意见,使企业能制定正确的营销策略;生产专业化程度高,企业可有针对性地采取营销组合,节约成本;目标市场较小,可以使企业的特点和市场特征尽可能达成一致,从而有利于充分发挥企业自身优势;在细分市场上占据一定优势后,可以积聚力量与竞争者抗衡;能有效地树立品牌形象。

集中营销策略的局限性体现在两个方面:一是市场区域相对较小,企业发展受到限制。二是潜伏着较大的经营风险,一旦目标市场突然发生变化,如消费者兴趣发生转移,或强大竞争对手的进入,或新的更有吸引力的替代品的出现,都可能使企业因没有回旋余地而陷入困境。

三、选择目标市场策略的依据

三种目标市场策略各有利弊,企业到底应采取哪一种策略,应综合考虑以下一些因素:

(一)企业资源

如果企业拥有大规模的单一流水线,广泛的分销渠道,产品标准化程度高,内在质量好,品牌商誉高,可以采用无差异市场策略。如果企业具有相当的规模、资源丰富,技术设计能力强,管理素质较高,可实施差异性市场策略。反之,如果企业资源有限、实力较弱、难以开拓整个市场,则最好实行集中营销策略。

(二)产品同质性

如果产品具有同质性,即消费者购买和使用时,对此类产品特征感觉相似,其需求弹性较小,如食盐、石油等,尽管每种产品因产地和生产企业的不同会有些品质差别,但是消费者可能并不十分看重,可采取无差异市场策略。如果产品具有异质性,消费者对这类产品特征感觉有较大差异,如服装、家具、化妆品等,其需求弹性较大,可采取差异性或集中营销策略。

(三)市场同质性

如果消费者的需求和爱好相似,购买行为相似,对市场营销刺激的反应基本一致,企业可以采取无差异策略。消费者需求偏好、态度、购买行为差异很大,则宜采取差异性策略或集中营销策略。

(四)产品生命周期

在产品生命周期的不同阶段,企业要采取相应的目标市场策略。处在导入期的产品宜采取无差异市场策略,以树立统一的品牌形象。因为一方面,消费者初步接触新产品,对其不甚了解,消费需求还停留在初浅层次,另一方面,企业由于种种原因也难以一下子推出多种品种。在成长、成熟期宜采取差异性策略。这是由于企业生产已定型,消费已成熟,需求向深层次、多样化发展,竞争也日趋激烈,通过采取差异性策略可以开辟新市场。当产品步入衰退期,为保持市场地位,延长产品生命周期,全力对付竞争者,可考虑采用集中性营销策略。

(五)竞争对手策略

企业采取什么目标市场策略,通常还要分析竞争对手的策略。如果竞争对手采取无差异营销策略,企业应考虑差异性市场策略提高竞争能力。如果竞争对手采取差异性策略,则企业应进一步细分市场,实行更有效的差异营销或集中营销,使自己产品与竞争对手有所不同。如果竞争对手实力较弱,企业也可以采用无差异营销策略。

对于目标市场,企业除了要选择适当的营销策略,还应该考虑进入的顺序与时机。企业一般一次性地进入一个细分市场,如果有多个细分市场可以进入,企业应该制定进入细分市场的顺序和时间安排。百事可乐公司通过全盘计划向可口可乐公司发起进攻:首先向可口可乐公司的食品杂货市场进攻,接着向可口可乐公司的自动售货机市场进攻,然后再向可口可乐公司的快餐市场进攻。日本公司也注重目标市场的拓展顺序。它们先在市场上找到立足点,比如丰田公司先将一种小汽车推向市场,然后再推出各种型号的小轿车,接着再增加大型汽车,最后进入豪华型汽车市场,步步为营,通过不断提升品牌形象,赢得市场。

第三节　　产品定位策略

企业一旦选定了目标市场,就需要研究市场定位的问题,即应该着重满足消费者的哪些需要,应该在消费者心目中树立怎样的形象。

一、产品定位的概念

(一)市场定位

市场定位(Market Positioning)是为适应消费者(或用户)心目中的某一特定需求,而设计企业产品和规划营销组合的企业行为过程。市场定位的实质是使本企业与其他企业严格区分开来,并使顾客明显感觉和认知这种差别,从而在顾客心目中留下特殊的印象。根据定位对象的不同,可以分为企业定位、产品定位和服务定位。

(二)产品定位

产品定位(Product Positioning)是企业通过塑造和传播产品的差异性,树立产品在市场上某种形象的过程。在竞争激烈的国内航空市场上,春秋航空公司的产品(服务)定位是低价的航空服务,它机型单一(空客A320),可以减少维修成本难度,节约培训成本,而且只有经济舱以提升利用率,公司机票只在少数平台进行销售,这可以节省很大一部分的电商代理费,同时,减少非必要服务,有偿供应饮料和餐食,从而实现低成本和低价格。春秋航空平均上座率达到95.4%,是国内民航最高的客座率,在2018年成为国内最赚钱的航空公司,其利润率达到11.46%[①]。"经济实惠"是春秋航空公司的产品定位,也是它的产品形象。

二、产品定位的依据

一般而言,企业可以从以下方面考虑产品的定位:

(一)产品属性

消费者可以从产品中得到哪些利益是产品定位的主要依据。比如,可靠性、稳定性、美观、耐用等。企业通过选择竞争产品没有的属性,或竞争对手忽视的消费者利益进行产品开发和宣传,往往是新产品进入市场的一种策略。创维通过"不闪的"电视进军竞争激烈的彩电市场就是典型的例子。

(二)产品价格

价格是影响需求的重要因素,几乎每个市场都有一些对价格敏感的消费者,通过价格差异吸引不同的消费者是多数行业的做法。对于追求品质和身份的消费者,产品应使用高价策略,如劳斯莱斯;面向追求经济实惠的消费者,应采用低价策略,特别是很多使用量大的日常用品。

---

① 春秋航空股份有限公司2018年年报。

(三)产品用途

同一产品往往有多方面的用途,通过强调产品某些方面的用途,可以争取到有某方面需要的消费者。蓝罐曲奇广告,起初以茶楼为背景,让女侍者推着点心车叫卖,说明当时的产品定位是日常食品。后来委托精英广告公司策划新的广告,根据香港人探望亲友习惯于带点礼物(手信)这一风俗,将蓝罐曲奇由日常食品这一品牌概念转变为礼品概念,从而使其销量大增。企业还可以调整产品的成分,让消费者相信自己的产品某方面的功能比同类产品更强,比如,"红牛"饮料。

(四)产品使用者

企业根据人文因素、生活方式或使用频率,可以将市场细分为不同的使用者类型,企业可以采用集中营销策略,专攻某一细分市场,吸引某些特殊使用者,实现自己的品牌定位,例如香飘飘奶茶定位于年轻女性消费者,采用低热量高纤维的椰肉,从而满足女性想喝奶茶却又怕影响身材的需求。

(五)产品竞争地位

企业将产品与竞争产品的差异作为定位的依据。比如,"七喜"汽水的定位是"非可乐",强调它是不含咖啡因的饮料,与可乐类饮料不同。国内方便面企业五谷道场也通过"非油炸,更健康",来显示其与其他方便面的差异,迎合人们追求健康的需要。

三、产品定位的程序

企业在进行产品定位时,一方面要了解竞争对手的产品特色和定位,另一方面要研究消费者对该产品的各种属性的重视程度,并结合消费者的消费心理和购买习惯,选定本企业产品的特色和独特形象进行市场定位。定位的程序一般分为四个步骤:

(一)画出目标市场结构图

任何一种产品都具有多重属性和特征,如价格的高低、质量的优劣、规格的大小、功能的多少等等,根据这些属性在消费者心目中的重要性,选择其中两个变量就可以建立一个市场结构图。以某方便面企业为例,通过市场调查,企业了解到消费者最重视的产品属性是营养程度和使用条件,企业据此绘制目标市场结构图。如图6-3所示。

图中,横坐标代表营养程度,纵坐标代表使用条件,各个点代表各种品牌或偏好,各点之间的距离反映产品在消费者心目中的差异或相似程度,各点到坐标的距离则表示消费者对某一品牌产品营养程度和使用条件方便性的评价。

(二)标出竞争对手的位置

分析同类产品的特点,按营养程度和使用条件,将这些产品在坐标图中标出。假设有四种同类产品,如图6-3中A、B、C、D所示。

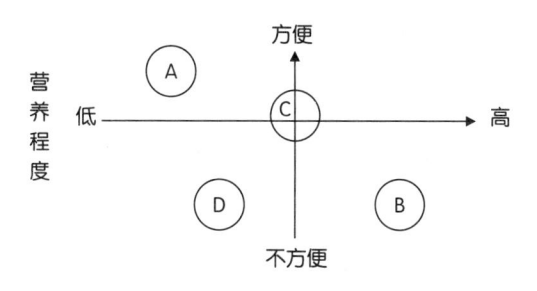

图6-3 目标市场结构图

(三)初步市场定位

企业根据竞争对手的定位情况,分析市场竞争趋势,结合企业整体战略发展、产品组合要求、当前资源状况以及营销策略实施可能带来的市场变化等具体情况,采取相应对策对本企业产品进行初步定位。

(四)正式定位

在初步定位后,企业还应做一些市场调查和试销工作,及时找到偏差并立即纠正。即使初步定位正确,也应视情况变化随时对产品定位进行修正和再定位。

四、产品定位策略

企业在进行产品定位时,一方面要了解竞争对手的产品具有何种特色,即竞争者在市场上的位置;另一方面要研究顾客对该产品各种属性的重视程度,然后确定本企业的产品特色和形象。可供企业选择的产品定位策略主要有:

(一)错位定位策略

也叫避让定位,即把自己产品定位在当前目标市场的空白地带。这一定位可以避开竞争,获得进入市场的先机,先入为主地建立对自己有利的市场地位。在图6-3中,营养程度高,使用方便的方便面无人提供,企业就可以作为自己的产品定位。

使用错位定位策略时,企业需要明确:①市场容量是否足够大,如果收益无法弥补成本或弥补成本后只有微利,就不宜使用这种策略。②企业是否有足够的技术力量去开发产品,是否有一定的质量保证体系和售后服务体系,否则只能造成资源的浪费。

(二)插入定位策略

企业将自己的产品定位于竞争者市场产品的附近,或者插入竞争者已占据的市场位置,与竞争对手争夺同一目标市场。采取这一策略的好处是,企业无须开发新产品,仿制现有产品即可。如果现有产品已经畅销,企业不必承担市场拓展的风险与成本。

实施插入定位必须有四个前提条件:①企业想要进入的目标市场还有未被满足的需求。②企业的产品应有不同于竞争者的特色。③没有法律上的侵权问题。④企业具有足够的生产经营实力。

(三)取代定位策略

取代定位是将竞争对手赶出原来的位置或者兼并竞争对手,取而代之。企业采用这一定位策略的原因,可能是没有其他市场位置可以实现企业的营销目标,也可能是企业实力较雄厚,有能力击败竞争对手,扩大自己的市场份额。

企业采用取代定位策略应具备以下条件:①企业推出的产品在质量、功能或者其他方面有明显优于现有产品的特点。②企业能借助自己强有力的营销能力使目标市场认同这些优势。

复习思考题

1. 消费品市场细分的标准主要有哪些?
2. 有效市场细分需要把握哪几个基本原则?
3. 选择目标市场的模式主要有哪些?
4. 产品定位的依据主要有哪些?
5. 有哪些可供企业选择的产品定位策略?

案例分析

江小白的市场定位

我国白酒市场上品牌众多,茅台、泸州老窖、五粮液等品牌或以历史文化,或以酿造工艺作为诉求点,极力打造高端、大气、尊贵、显赫的"传统白酒"的形象。从近年市场反应来看,传统白酒在老一辈消费群体中确实备受青睐。但高端白酒市场上竞争激烈,新生企业想要求得一席之地面临着相当大的阻碍。而调查数据显示,现在的年轻一代消费群体认为传统白酒烧喉、上头、度数过高,喝醉后易头疼,对传统白酒的消费需求并不旺盛。这群年轻人具有时尚、青春、追求自由生活、享受与朋友相聚的乐趣等特点。这一空白市场区域很快被江小白发现并识别,因为对白酒行业来说较少有人关注的80后、90后年轻一代群体,却恰恰是市场的主流力量,未来各个行业的发展都要靠他们来支撑。选定目标市场后,江小白对年轻人的消费思想进行了深入分析,发现年轻人消费时追求时尚与个性,以此为依据江小白进行了创新性的尝试。在江小白这里,白酒不再代表一种烦冗的酒桌文化,而是一种真实情感的宣泄。江小白代表着青春而简单的个性,这正符合现在年轻人的生活形态。选择了年轻人作为目标市场的江小白,研发出低度、利口的清香型白酒;产品包装方面则选择了萌、酷的80后小年轻的常见形象,同时利用文艺气息十足的广告文案吸引年轻人眼球,这些广告文案来源于青年人流行语录,比如"小孩子把不开心写在脸上,大人把不开心藏进酒杯"、"我把所有的人都喝趴下,就是为了和你说句悄悄话"等;江小白的单瓶价格在15~20元间,既不昂贵又不失档次,容易被年轻人接受;在宣传方面,充分利用了互联网,主要通过微博、论坛、社区等年轻人经常关注的渠道与消费者互动。

(资料来源:龙娟,《从江小白的"青春小酒"看品牌定位》,现代经济信息,2019年第9期)

案例思考

1. 江小白开发年轻人市场体现了有效市场细分的哪些原则?
2. 江小白的目标市场策略是什么?
3. 江小白的产品定位策略是什么?

第七章 市场竞争战略

竞争者与顾客都是构成企业微观营销环境的重要因素,但顾客更多的代表机会,而竞争者更多的意味着威胁。企业在决定是否进入某个市场,以及制定相应的营销战略时,必须考虑竞争者因素。

迈克尔·波特(Michael Porter)认为有五种力量决定一个市场是否有吸引力:同行业内现有竞争者、潜在竞争者、替代品、供应商、购买者。这五种力量的威胁分别是:①行业内现有竞争者的竞争能力。如果细分市场内竞争者太多,或市场饱和,那么随之而来的广告战、价格战将使市场缺乏吸引力。②潜在竞争者进入的能力。如果行业进入障碍较低而退出障碍较高,市场必然竞争比较激烈,这样的行业也缺乏吸引力。③替代品的替代能力。替代品限制现有企业产品售价以及获利潜力。④供应商的讨价还价能力。如果供应商的数量少,企业投入要素缺乏替代品,或供应商实施前向一体化战略,则供方对于买主的潜在讨价还价力量就大大增强,从而影响企业的生产成本。⑤购买者的讨价还价能力。如果购买者组织能力强,掌握的信息多,转换成本低,他们的讨价还价能力就强,从而限制企业产品的价格。

这五种力量构成了企业的竞争环境,决定市场的竞争规模和程度,影响着产业的吸引力以及企业的竞争战略决策。波特五力模型提到的前三种力量显然属于企业的竞争者。企业制定市场竞争战略的首要工作,是对竞争者进行分析。

第一节 竞争者分析

竞争者分析的第一步工作是找到竞争者,并对竞争形势进行分析。

一、识别竞争者

企业的直接竞争者比较容易辨别,比如长虹彩电的竞争者主要有海尔、TCL、海信、索尼等。但潜在的竞争者识别需要花一点儿功夫,比如,康师傅的直接竞争者是统一、今麦郎,但真正的威胁来自美团等外卖企业,在消费升级的背景下,它们可以更好满足人们对方便食品的需要。同样,工商银行需要关注的不仅是建设银行或中信银行,还有支付宝和微信,它们能更好地提供在线支付服务。

企业的竞争者大体有四种类型:品牌竞争者、行业竞争者、类别竞争者、欲望竞争者。这在第三章市场营销环境部分已经进行过详细分析。

为了让识别竞争者的工作更具体化,可以从行业或市场角度来分析竞争状况与竞争模式。

(一)行业竞争观念

行业是一组提供一种或一类相互密切替代产品的企业。所谓密切替代产品是指具有高度需求交叉弹性的产品。

行业竞争状况与竞争模式主要取决于以下一些因素:

(1)行业类型。按照厂商数量、市场份额以及产品差异化的程度,可以将行业分为四种类型:完全垄断、寡头垄断、垄断竞争与完全竞争。不同类型行业的竞争状况与竞争模式存在显著差异。

(2)进入与流动障碍。这一因素影响行业竞争的激烈程度。进入障碍反映当该行业有吸引人的利润时,阻碍新企业进入的因素,主要包括:对资本要求高;规模经济;专利和许可证限制;场地、原料或分销商限制;信誉条件等。企业进入了一个行业之后,当它要进入更具吸引力的细分市场时,还可能会面临流动障碍,比如,原来生产中低档轿车的企业想进军高档轿车市场,就面临技术、品牌认知度等方面的障碍。一个行业如果进入与流动障碍少,则竞争激烈。

(3)退出与收缩障碍。当某行业利润减少时,就会有企业选择退出,这时,它们可能面临退出障碍。退出障碍包括:对顾客、债权人或雇员的法律和道义上的义务;由过分专业化或设备技术陈旧引起的资产利用价值低;缺少可供选择的机会;高度的纵向一体化;情感障碍等。当行业存在较多的退出障碍时,可能会出现两种情况:一是其他企业不敢进入该行业,从而减少了潜在的竞争者;二是行业内的企业难以退出,即使利润率低,也继续生产,从而使行业竞争更激烈。

(4)成本结构。每个行业在成本结构方面都存在一定的差异。比如,轧钢厂需要高的制造和原材料成本,而玩具制造商在分销和推销方面的成本较高。企业在制定竞争战略时,应该将重点放在成本较高的部分,并努力地降低这些成本,从而提高产品的竞争力。比如,钢铁企业发现有廉价的铁矿企业出售,就会积极地做出反应。

(5)纵向一体化的程度。在某些行业,后向或前向一体化有利于增强企业的竞争力。比如,在石油行业,主要的石油生产者将石油勘探、钻井、提炼(前向一体化),或化工生产(后向一体化),都作为业务的一部分,从而增强企业适应环境的能力。

(6)国际化程度。某些行业的地方性非常强(如草坪保养),另一些行业则是全球性的行业(如汽车、日用品、照相机)。全球性行业的企业如果想要实现规模经济和赶上最先进的技术,就需要开展以全球为基础的竞争。

(二)市场竞争观念

除了从产品的角度(行业角度)分析竞争者以外,企业也可以从顾客及顾客需要的角度进行分析。文字处理软件商通常把其他文字处理软件商看作竞争对手。但从顾客需要的角度看,顾客真正需要的是文字处理的"书写能力"。这种需要可由铅笔、钢笔、计算机等予以满足。市场竞争观念的视野更广阔,往往将类别竞争者也纳入分析的范围,重视潜在的竞争对手。

企业在识别竞争者时,可以将行业竞争观念与市场竞争观念结合起来,通过绘制产品/市场竞争形势图来分析竞争状况,如图7-1所示:

	市场细分			
产品细分	婴儿	幼儿	少儿	成人
金属玩具	A、B	A、B	A、B	C
塑料玩具	A、B	A、B	A、B	
木竹玩具	A、B、C	A、B、C	A、B、C	C
布绒玩具	D	D	E	
纸玩具		E	E	
电子玩具	A、B	A、B		C

图7-1 玩具产品/市场竞争形势图

通过产品/市场竞争形势图,企业可以了解自己在市场竞争中的位置。比如,A公司与B公司进入了十一个细分市场,E公司进入了三个细分市场,如果E公司想进入其他细分市场,就需要估计每个细分市场的规模、竞争者拥有的市场份额,以及竞争者的能力、目标和战略等。

找到竞争者只是企业制定市场竞争战略的第一步,企业还需要进一步对竞争者进行分析。

二、分析竞争者的一般步骤

(一)识别竞争者的战略

企业最直接的竞争者是那些为相同的目标市场推行相同战略的企业。首先,企业需要确定行业内的战略群体,即行业内执行同样或类似战略,并具有类似战略特征的一组企业。

比如某公司想进入电冰箱行业,并认为这一行业最重要的战略维度是质量和纵向一体化的程度。于是公司将行业内企业归纳为四个战略群体:战略群体A(产品线狭窄、生产成本较低、服务质量高、价格高),战略群体B(产品线全面、生产成本低、服务良好、价格中等),战略群体C(产品线中等、生产成本中等、服务质量中等、价格中等),战略群体D(产品线广泛、生产成本中等、服务质量低、价格低)。各个战略群体的进入障碍存在很大差异,相对而言,战略群体D最容易进入,战略群体A和B最困难。想进入某一战略群体,企业必须具有某些战略优势,比如品牌形象好,或资金雄厚,或技术先进。

战略群体内的竞争者通常是最直接的,但战略群体之间也存在竞争。一是因为产品的可替代性,顾客群有交叉;二是顾客的辨别能力有限,难以区分产品间的差异;三是企业为扩大市场,进入其他群体。

划分行业战略群体时,需要综合考虑竞争者的财务状况、技术水平、人力资源战略、产品质量特色和组合、顾客服务能力、定价、分销覆盖面、销售员战略,以及广告和促销手段等。

企业需要不断跟踪竞争者的战略,并据此调整自己的战略。在汽车市场,福特是早期的赢家,因为它成功实现了低成本生产。通用汽车超过了福特,因为它响应了市场上对汽车多样化的需要。后来日本公司取得了领先地位,因为它们生产的汽车更省油。显然,企业必须关注顾客需求的变化和竞争者的战略变化以满足这些新的需要。

(二)判断竞争者的目标

竞争者的目标决定它们的行动,以及对各种竞争性攻击的反应方式。每个竞争者都可能有一个目标组合:利润最大化、市场份额最大化,或提升知名度。了解竞争对手的目标组合对制定营销战略至关重要,追求低成本的竞争者对企业技术突破的反应往往比企业增加广告预算的反应更强烈。

企业追求的目标很多时候与经济环境有关,比如美国企业与日本企业的目标就不一样。大多数美国公司以追求短期利润最大化作为首要目标,因为美国企业主要依靠股市和债券市场融资,投资者的反应直接影响企业的融资能力,所以它们非常关注股东的反应,而大多数股东分析财务数据的能力有限,往往只注重短期收益。而日本的情况则不一样,它的利率很低,通过银行贷款是企业融资的主要方式,企业不看重短期的盈利,以扩大市场份额为首要目标,因而经常使用低价策略,同时,对开发新产品有大量投资。一般而言,竞争者的目标往往取决于很多因素,包括规模、历史、经营状况、融资渠道等。

(三)评估竞争者的优势与劣势

竞争者能否实现其目标取决于它们的资源和能力。企业需要收集每个竞争者业务方面最近的关键数据,包括:销量、市场份额、毛利、投资报酬率、现金流量、新投资、设备能力利用。企业也可以通过第二手资料和向顾客、供应商和中间商进行营销调研进行收集信息,比如让他们对竞争者的顾客知晓度、产品质量、产品使用率、技术服务等进行评价。在评估竞争者的基础上,选择进攻的对象和方向。

对于竞争对手的弱点可以作为企业进攻的主要方向,而对竞争对手的有优势的领域则可以实施定点超越战略,即模仿其他公司最好的部分并改进它。

(四)评估竞争者的反应模式

对竞争者反应模式的分析有助于企业选择行动的方式和时机。竞争者常见的反应模式有四种:①从容型:一个竞争者对某一特定竞争者的行动没有迅速反应或反应不强烈,反应不强烈的原因可能是对顾客忠诚度比较自信,或对其他企业的行为缺少关注,或缺乏足够资金做出强烈反应。②选择型:竞争者可能只对某些类型的攻击做出反应而对其他类型的攻击则无动于衷,比如某些企业对竞争者的降价非常敏感,当竞争者调整价格或有促销活动时会迅速做出反应,而对它们的广告投放或产品创新不闻不问。③强烈型:这类公司对所在领域的任何进攻都会做出迅速而强烈的反应,这类企业通常是市场领先者,比如宝洁公司在洗发水市场。④随机型:有些竞争者并不表露可预知的反应模式,这往往是一些小公司,它们发现自己有某些优势时就会做出反应。

企业在对付竞争者时可以采取三条准则,以减少对抗,避免两败俱伤:①使竞争对手充分了解合作的利益与不合作的代价;②避免采取可能激发竞争者情绪的行动;③力争让竞争者确信企业目标市场的稳固性。

(五)设计竞争情报系统

收集竞争信息并非是个随机偶得的过程。相反,每个企业应仔细地设计它的竞争情报系统以便使其有效运作。企业的每个成员不仅要了解所服务的顾客并使他们满意,而且也要鼓励他们收集竞争信息并把它转到相关的部门中去。为了达到这个目标,有时要建立跨部门小组来专门处理这件事。在设计一个竞争情报系统时,一般有四个主要步骤:①建立系统。第一步要求明确哪些信息最为重要,识别这方面信息的主要来源,委派专人管理这个系统及其业务。②收集资料。这些资料或数据可能来自实地调研(推销人员、销售渠道、供应商、市场调研公司、行业协会),也可能来自竞争者的合作伙伴,或从观察竞争者或分析实物产品来获得信息,公开资料(政府报告、报刊文章)以及互联网也是重要的信息来源。③评估与分析。这一步是检查资料的有效性与可靠性,给予解释并进行适当分类组织和存储。④传播与反应。关键的信息要送到有关决策者手上,并解答他们有关竞争者问题的询问。借助这个精心设计的系统,公司经理将及时收到有关竞争者的各种形式的信息。经理还可通过与该部门接触,以了解竞争者突然行动的原因,或了解竞争者的劣势和优势,或竞争者对公司的行动会产生的反应。

(六)选择竞争者以便进攻和回避

在了解竞争者基本信息的基础上,决策者将制定其竞争战略。他们首先需要决定与谁进行有效的竞争。一般来说,经理可以通过顾客价值分析来揭示本企业与各种竞争者的相对优势和劣势。

顾客价值分析的目的,就是确定顾客在目标细分市场中所要得到的利益,以及他们对相互竞争的供应商所提供商品价值的感知。

顾客价值分析的主要步骤:①识别顾客重视的主要属性。可以询问顾客本人在选择产品和供应商时,希望得到什么和何种服务。②评价不同属性重要性的权重。由顾客对各种不同属性按其重要性的大小进行评定和排列顺序。如果顾客在他们的评价中分歧甚大,就应该把他们分成不同的顾客细分市场。③对企业和竞争者在不同属性上的表现进行评估。理想的情况是,企业应该在顾客最重视的属性方面表现最好。④与特定的主要竞争对手比较。如果企业所提供的商品在所有重要的属性方面都超过了竞争者,企业便可索取较高的价格,以获得更大的利润,也可定相同价格而获得较大的市场份额。⑤监测不断变化中的顾客特性。尽管顾客的评价在短期内是比较稳定的,但是当技术发生变化以及顾客面对不同的经济环境时,他们有可能起变化。该企业如果想在战略上取得成功,它必须对顾客价值和竞争者地位做出重新研究。

在企业进行顾客价值分析以后,它可以在下列竞争者中挑选一个进行集中攻击:强竞争者与弱竞争者,近竞争者与远竞争者,"好"竞争者与"坏"竞争者。

(1)强竞争者与弱竞争者

大多数企业喜欢把目标瞄准较弱的竞争者。这样取得市场份额所需的资金和时间较少,但在这个过程中,企业也许在能力方面毫无进展。企业还应与强有力的竞争者竞争,因为通过与他们竞争,公司不得不努力赶超目前的工艺水平。再者,即使强有力的竞争者也存在某些劣势。

(2)近竞争者与远竞争者

大多数企业会与那些与其极度类似的竞争者竞争。因此,雪佛兰汽车要与福特汽车而不是与美洲豹汽车竞争。但同时,企业应避免"摧毁"邻近的竞争者。否则,企业虽然损害了最近的对手并取得了成功,但是却引来了更难对付的竞争者。

(3)"好"竞争者与"坏"竞争者。

明智的企业选择支持"好"的竞争者,攻击"坏"的竞争者。"好"竞争者有一些共同特点:它们遵守行业规则;它们对行业的增长潜力所提出的设想切合实际;它们依照与成本的合理关系来定价;它们喜爱健全的行业;它们把自己限制在行业的某一部分或细分市场里;它们通过差异化而非低价倾销赢得市场;它们接受为它们的市场份额和利润所规定的大致界限。"坏"竞争者则违反规则:它们企图花钱购买而不是靠自己努力去赢得市场份额;它们敢于冒大风险;它们的生产能力过剩但仍继续投资。

"好"竞争者的存在会推动市场发展,它们通过新产品刺激新的需求,将其他市场的消费者吸引过来,从而增强对抗行业竞争者和类别竞争者的能力。所以对于"好"的竞争者,企业应给予支持与合作。

在分析竞争者的基础上,企业需要制定相应的竞争战略,以应对竞争者和适应竞争环境。市场竞争的一般战略,主要有波特提出的成本领先战略、差别化战略和集中化战略。这在第二章的业务战略计划部分已经进行过分析,不再详细阐述。根据在目标市场的竞争地位,企业需要制定更为具体的竞争战略。

第二节　市场领先者战略

市场份额最大（通常大于40%）的企业被称为市场领先者，比如国内互联网行业的腾讯、百度、淘宝等。市场领先者的目标是保持市场份额第一，以及争取更多的销售额。为了实现这些目标，市场领先者可以从几个方面努力：扩大市场需求；保持现有份额；在市场总规模不变的情况下，扩大市场份额。

一、扩大市场需求

扩大市场需求不仅对市场领先者自己有利，同时也对整个行业有利。扩大市场需求的方法主要有：

（一）吸引新用户

每类产品都有吸引消费者的地方，潜在的消费者没有购买该产品的原因，可能是不了解该产品（信息沟通缺陷），或价格不合理，或缺少某些性能（产品不完善），或者是购买不方便（分销不完善）。通过改进这些不足的地方，企业就可以争取到更多的顾客。

企业还可以通过三个途径寻找新用户：①说服现有目标市场的潜在用户购买（市场渗透战略）。比如，强生公司可以通过广告提醒还未购买婴儿沐浴露的母亲为自己的孩子购买该产品。②说服现有目标市场以外的用户购买（新市场战略）。比如，强生公司以"宝宝用好，您用也好"的宣传主题，说服母亲也购买品质温和的婴儿沐浴露自己使用。③设法让其他地方的用户购买（地理扩展战略）。比如，功能型手机的国内市场越来越小，但传音科技却利用它的价格优势拓展了非洲市场。需要注意的是，如果销售区域的变化导致分销费用增加，企业必须从其他方面降低成本，否则，较高的价格会影响企业的竞争力。

（二）寻找新用途

企业通过发现产品的新用法或新用途也能增加销售。比如，食品生产商经常在产品包装上提供多种食用或烹制方法，有冷食、热食、浸泡等，从而增加该食品被食用的机会。杜邦公司通过不断开发尼龙的新用途而实现市场的扩张，尼龙首先用于制作降落伞的合成纤维，接着作为制作女袜的主要原料，后来又作为制作服装的原料，再后来又成为汽车轮胎、沙发椅套、地毯的原料。

产品的许多新用途往往是顾客在使用中发现的，企业应及时了解和推广这些发现。生产小苏打的阿哈默公司，偶然发现有些家庭使用小苏打作为冰箱的除臭剂。于是，公司向公众开展了一场大规模的广告和宣传活动，专向大众介绍这一新用途，阿哈默公司的努力使得全美有一半的家庭将装有小苏打的开口盒子放进了冰箱。后来,阿哈默公司发现一些家庭用小苏打来消除厨房里的油脂火种,经公司的大力宣传,又使这一用途广为人知,小苏打的销量也直线上升。

(三)增加使用量

企业可以用多种手段来增加产品的使用量。

(1)提高使用频率。企业应设法让顾客更频繁地使用产品。比如,飘柔可以宣传勤洗头发的好处,冷酸灵可以说服消费者每天刷牙三次。

(2)增加每次用量。比如,宝洁公司劝告消费者在使用海飞丝香波洗发时,每次将使用量增加一倍效果更好;有的调味品制造商将调味品瓶盖上的小孔略微扩大,销售量就明显增加。

(3)增加使用场合与机会。电视机生产企业可以宣传在卧室和客厅等不同房间分别摆放电视机的好处,如观看方便、避免家庭成员选择频道的冲突等,强调这是美好生活的需要,使有条件的家庭购买多台电视机。通过关联商品的开发也能增加产品的使用机会,法国米其林轮胎公司向法国人宣传,最好的旅馆和旅游地在法国南部,促使越来越多法国人驱车去南部旅行。这样一来,汽车的行驶里程增加了,轮胎的置换率也随之上升。米其林轮胎公司甚至还出版了一些带有地图和沿线风景的导游书,以进一步推动旅游。

(4)有计划废弃。企业在顾客购买产品后追踪其使用情况,在产品到期时,提醒顾客重购。

二、保护现有份额

企业在努力扩大市场总规模的同时,还必须保护现有市场份额不受侵犯。事实上,处于领先地位的企业必须时刻防备竞争者的挑战,保卫自己的市场阵地。企业为保护现有市场份额的常用战略有:

(一)阵地防御

阵地防御就是在现有产品和业务周围建立防线。这是一种静态的防御,是防御的基本形式。这在许多情况下是有效的、必要的,但不能作为唯一的形式。亨利·福特对他的T型车的坚守就造成了严重的后果,使得年赢利几亿美元的福特公司险些破产。相反,海尔集团没有局限于最初的冰箱市场,而是积极从事多元化经营,开发了空调、彩电、洗衣机、电脑、微波炉和干衣机等一系列产品,成为我国电器行业著名品牌。

(二)侧翼防御

侧翼防御是指企业在自己主要业务的侧翼建立辅助阵地,以保卫自己的薄弱部分,作为缓冲,并在必要时作为反攻基地。这些侧翼阵地是与优势主业非常接近的业务。比如,企业可以增加产品的花色品种,将竞争者的注意力吸引开,从而保护主业。美国饼干公司是饼干市场的领导者,它率先引进低脂肪的饼干线,创立了"斯奈克威尔"品牌,由于美国风行低脂肪,其销售额在两年内上升到四亿美元。当竞争者也推出无脂肪饼干线时,美国饼干公司扩大了斯奈克威尔的侧翼,将业务拓展到新的领域,如冰淇淋、冷冻食品以及烤饼等,以保护主业。

(三)以攻为守

这是一种"先发制人"式的防御,在竞争对手尚未构成严重威胁或在向本企业采取进攻行动前,抢先发起的攻击,以削弱或挫败竞争对手。国内微波炉市场的领先者格兰仕在美的刚刚进入微波炉行业时,主动地大幅度降低价格,希望通过此举吓退竞争者。日本精工集团把它的多个款式的手表分销到世界各地,给竞争对手造成全方位的威胁,使它们疲于奔命而难以对自己发起进攻。

(四)反击防御

领先者对竞争者的攻击,可以迅速反击,也可以延迟反击。如果竞争者的攻击行动并未造成本公司市场份额迅速下降,可采取延迟反击,先弄清竞争者发动攻击的意图、战略、效果和薄弱环节后再实施反击,不打无把握之仗。当市场领导者在它的本土遭到攻击时,一种很有效的方法是进攻对方的主要领地,这叫作"围魏救赵"。当美的进入格兰仕的传统优势领域微波炉行业时,格兰仕也进入空调市场,以牵制美的对微波炉业务的支持。

(五)运动防御

这种战略的目的是不仅要固守现有的产品和业务,还要扩展到一些有潜力的市场阵地,以作为将来防御和进攻的中心。市场扩展可通过两种方式实现:一是市场扩大化,即企业将注意力从产品上转到基本需要上,并全面研究与开发满足该项需要的技术。比如把"石油"公司变成"能源"公司就意味着市场范围扩大了,不限于一种能源——石油,而是要覆盖整个能源市场;二是市场多元化,即向无关的其他市场扩展,实行多元化经营。如红塔集团由于社会对吸烟的限制日益增加,而大力发展房地产、酒店、食品等其他产业。

(六)收缩防御

企业可以主动从实力较弱的领域撤出,将力量集中于较强的领域。企业在所有市场阵地上全面防御有时会得不偿失,在这种情况下,最好是实行战略收缩。例如,美国西屋电器公司将其电冰箱的品种由四十个减少到三十个,结果竞争力反而增强了。而五十铃公司则放弃了轿车市场,转而集中力量生产占优势的卡车。

三、扩大市场份额

市场领先者还可以设法扩大市场份额,这也是增加收益、保持领先地位的一个重要途径。一般而言,如果单位产品价格不降低且经营成本不增加,企业利润会随着市场份额的扩大而提高。

企业可以通过产品创新、降低价格、增加促销和分销投入,以及进行品牌并购等方式提高市场占有率。

但是,切不可认为市场份额的提高就会自动增加利润,这还要取决于为扩大市场份额所采取的市场营销策略是什么。因为扩大市场份额所付出的代价,有时会大于它所获得的收益。因此,企业扩大市场份额时应考虑以下三个因素:

①反垄断法。许多国家有反垄断法,当企业的市场份额超过一定限度时,就要强行地分解为若干个相互竞争的小公司。

②经营成本。许多产品往往有这种现象:当市场份额超出某一限度仍然继续增加时,经营成本的增加速度就大于利润的增加速度,企业利润会随着市场份额的提高而降低,主要原因是用于提高市场份额的费用大幅增加。美国的一项研究表明,企业的最理想市场占有率是50%。因此,有时为了保持市场领导地位,企业甚至要在较疲软的市场上主动放弃一些份额。

③营销组合。有些市场营销组合对扩大市场份额很有效,却不一定会增加收益。只有在两种情况下市场份额同收益率成正比:一是单位成本随市场份额的提高而下降,如20世纪20年代初的福特公司T型车;二是在提供优质产品时,销售价格的提高大大超过为提高质量所投入的成本。

第三节 市场挑战者战略

市场挑战者(Market Challenger)是指在行业中占据第二位及以后次位,有能力对市场领先者和其他竞争者采取攻击行动,希望夺取市场领导者地位的公司。

一、确定战略目标和挑战对象

大多数市场挑战者的战略目标是增加自己的市场份额与利润,降低竞争者的市场份额。但具体的目标与选择的挑战对象有关。

(一)攻击市场领先者

这种进攻风险很大,然而吸引力也很大。当市场领先者在其目标市场的服务效果较差而令顾客不满,或对某个较大的细分市场未给予足够关注的时候,采用这一战略带来的利益更为显著。因此,挑战者需仔细调查研究并找到领先企业的弱点和失误,方可作为自己进攻的目标。例如,施乐公司开发出更好的复印技术(用干式复印代替湿式复印),于是从3M公司手中夺走了复印机市场。

(二)攻击与自己实力相当者

挑战者对那些与自己势均力敌的企业,可选择其中经营不善、发生亏损者,或资金不足者作为进攻对象,设法夺取它们的市场份额。

(三)攻击地方性小企业

当一些地方性企业由于规模较小,又遇上经营不善、资金缺乏的时候,可夺取它们的顾客,甚至这些企业本身。这种情况在我国也比较普遍,许多实力雄厚、管理有方的外国独资和合资企业一进入市场,就击败当地资金不足、管理混乱的弱小企业。海尔也是通过兼并,以及利用其海尔文化激活大量被它称为"休克鱼"的企业,使自己发展成为中国家电行业的龙头。

二、选择挑战战略

在确定了攻击的目标以后,企业可以从五种攻击方案中进行选择:

(一)正面进攻

正面进攻就是向对手的强项发起进攻。比如,以更好的产品、更低的价格及更大规模的广告攻击对手的拳头产品。正面进攻的胜负取决于双方力量的对比,降低价格是一种有效的正面进攻战略,如果让顾客相信进攻者的产品同竞争对手的质量相同而价格更低,这种进攻就会取得成功。企业可通过技术更新,或通过规模经济以实现更低的生产成本,从而用降低价格的手段向对手发动进攻。但如果对方具有某些防守优势,如较高的市场声誉、广泛的销售网络以及牢固的顾客关系等,则进攻者必须具有绝对优势,才适宜选择这种策略。

(二)侧翼进攻

侧翼进攻就是寻找和攻击对手的弱点。有时可采取"声东击西"的战略,佯攻正面,实则攻击侧面或背面。寻找对手弱点的主要方法是分析对手在各类产品和各个细分市场上的实力和绩效,把对手实力薄弱或绩效不理想,或尚未覆盖而又有潜力的产品和市场作为攻击点和突破口。

侧翼进攻有两种具体做法:一种是地理性的侧翼进攻,即在全国或全世界寻找对手力量薄弱的地区,在这些地区发动进攻。比如,一些大公司易于忽略中小城市和乡村,进攻者可在那里发展业务。另一种是细分性侧翼进攻,即寻找领先企业尚未为之服务的子市场,在这些小市场上迅速填补空缺。吉利汽车在竞争激烈的汽车市场上,最早定位于低价的微型车,通过减少汽车非必要的功能和更紧凑的空间降低成本,这对当时收入水平较低又有用车需要的消费者具有相当吸引力,而这些消费者是大公司不屑一顾的,从而在汽车市场获得了立足之地。

侧翼进攻是一种最有效和最经济的战略形式,比正面进攻有更多的成功机会,它避免了攻守双方为争夺同一市场而造成的两败俱伤的局面。该策略特别适合资源较少的挑战者。

(三)包围进攻

包围进攻是在多个领域同时发动进攻以夺取对手的市场。如果挑战者拥有优于对手的资源,因而可以向市场提供竞争对手所能提供的一切产品和服务,并且更加质优价廉,就可以考虑配合大规模商业促销活动,以夺取对手的市场份额。其适用条件是:①通过市场细分,未能发现对手忽视或尚未覆盖的细分市场,补缺空档不存在,无法采用侧翼进攻。②与对手相比拥有绝对的资源优势,制定了周密可行的作战方案,相信包围进攻能够摧毁对手的防线和抵抗意志。

(四)迂回进攻

这是一种最间接的进攻战略,完全避开对手的现有业务领域和市场,进攻对手尚未涉足的领域和市场,以逐渐壮大自己的实力。实现这种战略主要有三种方法:①多元化地经营与竞争对手现有业务无关联的产品;②用现有产品进入新的地区市场;③用竞争对手尚未涉足的高新技术制造产品。在高新技术领域,许多企业着眼于新一代技术,一旦成功就可以在新的市场取得领先地位,从而避免单纯地模仿竞争者的产品和正面进攻造成的重大损失。

(五)游击进攻

这是适用于规模较小、力量较弱的企业的一种战略。游击进攻通过向对手的有关领域发动小规模的、断断续续的进攻，逐渐削弱对手，使自己最终夺取永久性的市场领域。主要方法是在某一局部市场上有选择地降价、开展短促的密集促销，以及向对方采取相应的法律行动等。游击进攻能够有效地骚扰对手、牵制对手、误导对手、瓦解对手的士气，打乱对手的战略部署而己方不冒太大的风险。适用条件是对方的损耗将不成比例地大于己方。应该注意的是，不能认为游击战一定适合于财力不足的小企业，持续不断的游击进攻，也是需要大量投资的。而且，如果要想打倒对手，光靠游击战不可能达到目的，还需发动更强大的攻势。

三、进攻手段

在具体的进攻手段方面，市场挑战者可以考虑以下的营销策略：

（一）价格折扣策略

市场挑战者以低于市场领导者的价格销售竞争产品。但要使价格折扣策略有效果，需要三个条件：第一，挑战者必须说服购买者相信自己的产品和服务与市场领导者相媲美；第二，购买者必须是对价格差异敏感的，愿意因为低价转换供应商；第三，市场领导者必须不顾竞争对手的攻击而拒绝降价。

（二）廉价品策略

挑战者用低得多的价格向市场提供一般质量或低质量产品。这种策略在细分市场上有足够数量的且对价格的降低感兴趣的购买者时，才是有效的。但是，这可能会受到价格更低的廉价品企业的攻击。因此，前者必须努力逐渐地提高产品的质量，才可能在长时间内向领先者挑战。

（三）声望产品策略

市场挑战者可以推出较高质量的产品，并且标定比领导者更高的价格。一些生产声望商品的企业后来会舍弃一些低价位产品，以充分发挥其制造高质量产品的优势。梅赛德斯-奔驰通过这种策略夺取了凯迪拉克在美国市场的份额。

（四）产品线扩展策略

市场挑战者可以通过推出大量的产品品类，给购买者以更多的选择来同领先者竞争。

（五）产品创新策略

市场挑战者可以凭借创新的产品来攻击领先者。

(六)改进服务策略

市场挑战者可以向顾客提供新的或更好的服务向市场领导者挑战。在产品的性能和价格很接近的情况下,消费者往往根据服务水平进行选择。高新技术产品、家电产品、零售行业如果提供送货上门、免费安装、免费维修等服务通常能吸引到更多顾客,这些服务让顾客体会到厂商对他们利益的重视。

(七)分销创新策略

市场挑战者可以发现或发展一个新的分销渠道来提升市场占有率。雅芳成功的主要原因是完善它的上门推销业务,而不是在传统商店与其他化妆品竞争。美国的天美时手表通过大众化销售渠道而不是珠宝店销售它的低价位手表也取得了成功。

(八)降低制造成本策略

市场挑战者可以靠高效率的采购、较低成本的人工和更先进的技术和生产设备,来获得比市场领先者更低的制造成本。用较低的成本,企业可以做出更具进攻性的价格以抢占市场。

(九)密集的广告促销策略

市场挑战者可以利用增加广告和促销费用向市场领导者发动进攻。然而,巨额的广告、促销开支并非一定是明智有效的策略,除非市场挑战者的产品或广告有着能胜过竞争对手的优越之处。

市场挑战者不能只依靠一种策略来增加市场份额,它的成功取决于各种策略的组合。

第四节　市场追随者与市场补缺者战略

一、市场追随者战略

位居行业第二位以后的大多数企业喜欢追随,而不是挑战市场领导者。因为如果挑战者以较低的价格、改进的服务或产品作为挑战手段,领导者也会很快地迎头赶上并瓦解这一攻击,而且往往具备更好的持久力。因此,除非挑战者有重大的产品创新或分销突破等出奇制胜的绝招,否则最好追随市场领导者。

市场追随者在产品、技术、价格、渠道和促销等大多数营销战略方面模仿或跟随市场领先者。无论模仿还是创新都能够带来利润,市场领先者往往是创新者,比如索尼公司,它需要承担新产品开发、发展分销商、宣传产品、教育消费者等大笔支出和风险,目的是成为市场领先者,而松下公司则很少创新,它们仿制索尼产品,然后用低价销售,也获得相当的利润,甚至利润比索尼还多,因为它不用承担创新与消费者教育的费用。

市场追随者虽然没有增加市场份额的野心,但也需要选择适当的战略来维护现有的市场份额与客户,它们还需要提防市场挑战者的进攻。在追随市场领先者方面,具体的战略有:

(一)紧密追随战略

追随者在各个细分市场和市场营销组合各个方面,如产品名称、外观、分销渠道、广告等,尽可能仿效领先者,这种方法经常会混淆消费者的认识,使他们以为该产品与市场领先者有某种联系,从而取得一定的市场份额。这种追随者有时好像是挑战者,但它没有从根本上侵犯到领先者的地位,在刺激市场方面保持"低调",不会与领先者发生直接冲突。

(二)距离追随战略

这种追随战略下的追随者在如目标市场、产品创新、价格水平和分销渠道等主要方面追随领先者,但在包装、广告、定价等方面与之保持一定的差异。市场领导者并不注意有限模仿者,后者也不会进攻领导者,甚至可以帮助前者避开独占市场的指控。这种追随者可通过兼并小企业而使自己发展壮大。

(三)选择追随战略

奉行这种战略的追随者在某些方面紧跟领先者,而在另一些方面又自行其道。也就是说,它不是盲目追随,而是择优追随,在追随的同时还要发挥自己的独创性,不搞直接竞争。它们对领先者的产品进行学习和改进,选择不同的市场进行销售,以避免与领先者发生正面冲突。在这些追随者中,有些可能成为挑战者。

二、市场补缺者战略

市场补缺者(Market Niche)是专门选择规模较小或大企业不感兴趣的细分市场提供产品与服务的企业。补缺者的目的就是要避免与大企业的竞争,目标是小市场或大企业不感兴趣的市场,并凭借专业化来提供有效的产品和服务。补缺者在传统上是小企业,但大企业也会参与和推行补缺策略。例如,耐克公司是一家运动鞋制造商,它为各种不同的运动员设计特殊的鞋来完成补缺任务,如登高鞋、跑步鞋、汽车鞋、啦啦队用鞋、气垫鞋等等。当耐克为一种特殊用途创造一个市场后,就为这种补缺的品种拓展设计不同的类型和品牌。这些鞋往往大同小异,平时也完全可以通用,但耐克让人们感到它的专业化,从而带来了市场的扩大。

由于这些企业集中力量服务于被大企业忽略的某些细分市场,在这些小市场上专业化经营,因而获取了最大限度的收益。这些可以为中小企业带来利润的有利市场位置称为"利基(Niche)",因而市场补缺者又被称为市场利基者。市场补缺者的作用是拾遗补阙,虽然在整体市场上仅占有很少的份额,但是他们比其他公司更充分地了解和满足某一细分市场的需求,能够通过提供高附加值而得到高利润和快速成长。

(一)理想补缺市场的特点

(1)有足够的市场潜力和购买力。这种市场应该拥有众多的人口,他们具有很强的需求,而且拥有满足这种需求的极强的购买能力。只有三者结合起来才能决定市场的规模和容量,才能组成有潜力的大市场。如果补缺基点具备了这些条件,剩下的就是企业生产足以引起人们购买欲望的产品,使潜在市场转变为现实的市场。

(2)具有持续发展的潜力。一是要保证企业进入市场以后,能够建立起强大的壁垒,使其他企业无法轻易模仿或替代,或是可以通过有针对性的技术研发和专利,引导目标顾客的需求方向,引领市场潮流,以延长企业在市场上的领导地位;二是这个市场的目标顾客将有持续增多的趋势,补缺市场可以进一步细分,企业便有可能在这个市场上持续发展。

(3)对主要竞争者不具有吸引力。企业应该建立竞争情报系统,从产业、市场两个方面识别自己的竞争者,确定竞争对象;判定竞争者的战略、战术与目标;评估竞争者的实力与反应,从而推断出自己选定的补缺基点是否对竞争者具有吸引力,以此预测这个补缺基点对企业的理想程度。

(4)补缺者能有效地服务于市场。企业应该具备占有理想补缺基点所需的资源、能力和足以对抗竞争者的信誉。企业发掘补缺基点时,需要考虑自身的突出特征;周围环境的发展变化及可能给企业带来的威胁或机会;企业的资源情况和特有能力、信誉。只有掌握资源,企业才能确定以市场为导向,寻找切实可行、具体明确的理想的补缺基点。

(二)市场补缺者的战略选择

市场补缺者的战略原则主要有:①避实击虚。即不与大企业/强者展开硬碰硬的直接竞争,而是选择其忽视、不愿做或不会全力去做的业务范围为"战场"。②局部优势。即集中全力于某个狭窄的业务范围内,在这个局部形成相对于竞争者的优势,努力成为第一。③集中原则。分散是补缺战略的大忌,补缺战略要求集中于补缺业务,集中于战略目标,集中于建造壁垒。④根据地原则。即在某地域市场获取第一并巩固之后,再向其他地域市场扩展,集中全力成为第一之后再扩展,如此持续下去,最终将各地的根据地组成一个大的根据地。

市场补缺者生存与发展的关键是专业化,主要途径有:

(1)最终用户专家。企业专门为某一类型的最终用户提供产品和服务。例如,一家咨询公司可以选择在战略管理、营销管理、人力资源管理或财务管理等市场中的一个实施专业化。北大方正通过专门为日本新闻媒体客户服务的排版系统成功进入日本市场。

(2)垂直专业化。企业可以专门为处于生产与分销循环周期的某些垂直层次提供服务。例如,铜制品企业可以集中生产原铜、铜制零件或铜制成品。

(3)小顾客专业化。企业专门服务于那些被大企业所忽略的小客户。如海尔率先打入美国市场的小容量冰箱正好满足了美国大学生的需求。

(4)特殊顾客专业化。企业专门向一个或几个大客户销售产品。如湖南某外贸公司整合国内柠檬酸生产基地,按照高标准的品质要求重点保障宝洁美国总部对柠檬酸原料的需求,在外贸企业中一枝独秀。这种稳定的合作关系有助于降低交易成本。

(5)地理区域专家。企业的销售只在其他企业忽视的某个地方、地区或范围内展开。

(6)产品或产品特色专业化。企业只经营某一种被其他企业忽视的产品或某一类有特色产品。例如一些服装专卖店只售儿童服装,某书店只销售文学类书籍。某汽车出租公司就只出租"破旧"汽车。

(7)定制专业化。这类企业只为订购客户生产特制产品。

(8)品质价格专家。企业选择在市场的两端(即高端市场或低端市场)经营。例如,高档服饰店定位在高质高价,而服装批发市场则定位在低质低价。

(9)服务专业化。企业向大众提供一种或数种其他企业所没有的服务。例如,一家银行可以独辟蹊径,接受客户用电话申请贷款,并将现金交予客户。

(10)分销渠道专业化。企业只为一类分销渠道提供服务。比如,企业专门提供用于网上销售的服装。再如某家软饮料公司决定只生产大容器包装的软饮料,并且只在加油站出售。

(三)市场补缺者的主要任务

市场补缺者往往是弱小的,它们面临竞争者入侵和目标市场的消费习惯变化带来的威胁。所以,市场补缺者的主要任务是创造补缺机会、扩大补缺份额、保护补缺市场。

(1)创造补缺机会。市场补缺者可以通过两种方法创造补缺机会:一是捕捉消费者的烦恼。营销的关键在于确定目标顾客的需要和欲望,并且比竞争对手更有效、更方便地传送目标顾客所期望的产品或服务,消费者的烦恼就是企业的商机。二是瞄准竞争对手的弱点。丰田雇用美国的调查公司对大众汽车的用户进行了详尽的调查,充分掌握了对手的优劣:暖气设备不好、后座空间小、内部装饰差。对手的缺点就是自己的机会和目标。在市场调研的基础上,丰田公司设计出满足美国顾客需求的花冠车,以其外形小巧、经济实惠、舒适平稳、维修方便的优势终于敲开了美国市场的大门,步入成功之路。

(2)扩大补缺份额。企业一旦成功地进入某个补缺市场,即找到了市场立足点,就要开始致力于扩大市场份额。让消费者成为自己的忠诚顾客,让老顾客带来新顾客。伊莱克斯强调把客户满意度转化为利润:客户满意带来好口碑,可以实现重复销售,自己的系列产品就能在品牌的重复销售中赚取利润。伊莱克斯新上市的空调销售中,有30%的消费者是伊莱克斯其他产品的使用者。

(3)保护补缺市场。为实现这一目标,补缺者首先需要树立差异化优势。通过专业化,构造竞争堡垒的基础。企业所选择的差别一定是有竞争价值、且有资源能力来实现的,同时,尽可能通过技术创新构筑竞争壁垒,在顾客最重视的方面寻找产品改进的突破口。

补缺者如果坚持单一的补缺市场会有比较大的风险,需要不断创造多样化的补缺市场,从而增加生存与发展的机会。

企业在密切注意竞争者的同时,也不应忽视对顾客的关注。以竞争者为中心的企业,会密切关注竞争者的行为并迅速做出反应,这种战略的优点是使营销者保持警惕,注意竞争者的动向;缺点是缺乏长远规划、明确目标,容易被竞争者牵着走。以顾客为中心的企业根据顾客需要制定营销战略,其优点是可以更好地辨别市场机会,确定目标市场长远规划;而缺点是可能忽视竞争者动向和对竞争者的分析。企业营销战略的制定既要注意竞争者,也要重视顾客,实现顾客导向与竞争者导向的平衡。此外,为谋求长期发展,企业不仅需要制定和运用竞争战略与策略,而且有必要与竞争对手进行合作。

复习思考题

1. 怎样从行业与市场角度来分析竞争状况与竞争模式?
2. 市场领先者的目标与实现这些目标的营销战略主要有哪些?
3. 市场挑战者可以选择的战略和进攻手段主要有哪些?
4. 市场追随者的战略主要有哪些?

5.理想补缺市场有哪些基本特点?

案例分析

蒙牛的挑战者之路

蒙牛成立之初,以一个"追随者"形象进入乳制品市场,喊出"当内蒙古第二品牌""为民族工业争气,向伊利学习"的口号,借伊利之名进行推广。蒙牛并不盲目追随伊利的发展道路,在2000年便自主建立了具有国际先进水平的冰淇淋、液体无菌奶生产流水线,发展同类产品中的低端产品、谨慎地进入市场领导者并不十分强势的领域,涉足伊利力量不是很强的二、三线城市。2002年,在被确定为"中国航天员专用牛奶"后,借政府和热点事件的力量建立品牌名声。同时,抓住机遇,赞助《超级女声》这一现象级节目,完美利用了事件营销,推出红极一时的蒙牛酸酸乳,迎合了青少年的口味和追求,取得了巨大成功。这时,蒙牛的价格已大幅提高,转攻高端市场,开创特仑苏品牌,也获得成功。营销重心向"优质"倾斜。2007年,蒙牛已然成为业界霸主,成为中国首个年营收超过两百亿的乳品企业,又相继推出纯甄、真果粒、优益C系列,抢占市场,巩固自身多产品领域的优势地位。蒙牛还不断向公众灌输喝牛奶有益健康理念,积极开拓新市场,重视保护和扩大市场份额。

(资料来源:胡家慧:《蒙牛乳业的市场角色及其营销战略探析》,商讯,2019年第9期)

案例思考

1.蒙牛成立之初选择的追随者战略是什么?

2.作为市场挑战者的蒙牛运用了哪些战略和策略?

3.成为市场领导者以后,蒙牛又采用了哪些战略?

第八章 产品策略

在营销组合的四要素中,产品位于首位。营销目标必须通过符合消费者需要的产品和服务来实现,其他营销组合是否有效最终取决于企业提供的产品和服务。

第一节 产品的概念

市场营销学所说的产品(Product),是指能提供给市场,用于满足人们某种欲望和需要的任何事物,包括实物(如汽车)、服务(如音乐会)、地点(如旅游景点)、组织(如俱乐部)、思想(如书籍)、创意(如营销策划)等。

一、产品整体概念

企业向市场提供产品或服务前,必须考虑到产品所具有的五个层次:

(一)核心产品

核心产品是指消费者购买某种产品时所追求的利益,这是顾客真正需要的东西,也是产品整体概念中最基础的部分。如旅馆对于旅客的核心利益是"休息与睡眠",化妆品的核心利益是"希望与欣赏",产品的设计与宣传必须首先考虑产品的核心利益。

(二)基础产品

基础产品是指核心产品的载体,即企业向市场提供的实体和服务的可识别的形象表现。主要由五个特征构成:品质、式样、特征、商标及包装。即使是纯粹的服务,也具有相应的形式上的特点。

(三)期望产品

是指顾客在购买产品时期望得到的，与产品密切相关的一整套属性和条件。例如，旅客期望干净的床、新的毛巾、工作台灯和相对安静的环境。期望产品不会让消费者产生特别的偏好，但如果没有这些属性和条件，消费者就不可能购买。如果旅馆只能满足这些最低的期望，旅客就会选择最方便和最便宜的。

(四)附加产品

附加产品是指顾客购买有形产品时所获得的全部附加服务和利益，包括提供信贷、免费送货、保证、安装、售后服务等。它能将企业产品与竞争者相区分，满足不同偏好消费者的需求。

(五)潜在产品

潜在产品是指现有产品包括所有附加品在内的，可能发展成为未来最终产品的潜在状态产品，即现有产品的可能演变趋势和前景。如彩色电视机可发展为电脑终端机等。

产品的五个层次是不可分割并紧密相连的，它们构成了产品的整体概念。其中，核心产品是基础，核心产品必须转变为基础产品才能得到实现，在提供基础产品的同时还要提供更广泛的服务和附加利益，形成附加产品。这五个层次中的任何一个都可以成为竞争的焦点。

二、产品分类

对产品进行科学的分类有助于企业寻找合适的营销组合。

(一)按产品的耐用性和有形性划分

(1)非耐用品

一般是指价值较低、使用时间较短的产品，如饮料、食盐、肥皂、牙膏、电池等。这类产品消费速度快，经过一次或几次使用就被消费掉，购买频率高。营销者要广设网点，使消费者能随时随地方便购买，价格方面要薄利多销，同时要加强广告宣传以吸引消费者试用并形成品牌偏好。

(2)耐用品

一般是指价值较高、使用时间较长的有形产品，如冰箱、电视机、住房、汽车、高档家具等等。这类产品重复购买频率低，营销者要提供优质的产品和更多的服务。

(3)服务

是指一方能向另一方提供的基本上无形的活动或利益，而且这种活动或利益不导致任何所有权的产生。比如,美发、培训、咨询和教育等。企业的营销者应加强服务管理,注重信誉,提供多样化的服务来满足需求。

(二)按消费者的购买习惯划分

按购买习惯可将消费品分为便利品、选购品、特殊品和非渴求品。

(1)便利品

是指消费者频繁购买或随时购买的单价较低的产品,包括日用品、冲动品和应急品。日用品是指经常购买的产品,如油盐酱醋、香皂、牙膏、洗衣粉、报纸等。冲动品是指事先没有购买计划而临时决定购买的产品。

消费者在购买便利品时,主要有购买频率高、习惯性购买和就近购买特点。营销者应将销售网点设在居民区,延长营业时间,以方便消费者购买。

(2)选购品

是指价格较高,使用时间较长的产品,比如服装、家具、家用电器等。选购品的耐用程度较高,不需要经常购买,因此购买频率较低。选购品的价格较贵,挑选性强,消费者往往花较多的时间和精力去多家商店物色合适的产品,在对功能、质量、价格和式样等做认真比较后,慎重地做出购买决策。营销者要注重消费者的信息反馈,生产经营各种花色品种的产品,以满足不同消费者的需要。同时要加强对销售人员的培养和训练,为顾客提供信息和咨询服务。

(3)特殊品

是指能满足消费者某种特殊需要的产品,比如定制服装、专业摄影器材、供收藏的特殊邮票、钱币、古董、名画等。这些产品单价高,有珍藏价值,能满足某些心理需求。对于特殊品,消费者购买的频率低,在购买时往往愿意花费更多的时间和精力。营销者应更多地采用独家经销和专门委托经销的方法,控制好产品的销售渠道,并让消费者知道在哪里能购买这种产品。

(4)非渴求品

是指消费者不知道的或者虽然知道也没有兴趣购买的产品。例如,刚上市的新产品、百科全书、人寿保险等。对于非渴求品,营销者必须加强促销,同时做好各种售后服务。

第二节　产品组合策略

企业通常是从单一产品或项目的经营开始,逐渐拓展到其他产品或项目,形成由多个相互关联的产品线和不同产品项目构成的集合体。为了充分利用企业的资源,满足消费者多样化的需求,更好实现盈利的目标,企业需要进行产品组合决策。

一、产品组合的相关概念

(一)产品组合

所谓产品组合(Product Assortment),是指某一企业所生产或销售的全部产品,包括所有的产品线和产品项目。产品线(Product Line),又称产品大类,是指产品类别中具有密切关系(或经由同类商业网点销售,或同属于一个价格区间)的一组产品项目。产品项目(Product Item),又称产品品种,是指某一品牌或产品大类内由价格、外观及其他属性来区别的具体产品。衡量产品组合的指标主要有宽度、长度、深度和关联度等。

(二)产品组合的宽度、长度、深度和关联度

所谓产品组合的宽度,是指一个企业有多少产品大类。所谓产品组合的长度,是指一个企业的产品组合中所包含的产品项目的总数。所谓产品组合的深度,是指产品大类中每种产品项目有多少花色、品种、规格。所谓产品组合的关联度,是指一个企业的各个产品大类在最终使用、生产条件、分销渠道等方面的密切相关程度。

二、产品组合策略

企业在进行产品组合时,涉及三个层次的问题:①是否增加、修改或减少产品项目;②是否扩展、填充和删除产品线;③哪些产品线需要增设、加强、简化,以此来确定最优的产品组合。企业对这些问题做出的抉择就是产品组合策略。

(一)扩大产品组合策略

扩大产品组合策略包括延长产品组合的长度,拓展产品组合的宽度与深度。延长产品组合的长度是增添一条或几条产品线,扩展产品经营范围;拓展产品组合的宽度是在原有的产品线内增加新的产品项目;拓展产品组合的深度是在原有产品大类的一个或几个项目中增加新的规格、型号。具体方式有:①在维持原产品品质和价格的前提下,增加同一产品的规格、型号和款式;②增加不同品质和不同价格的同一种产品;③增加使用相同原料或技术的产品;④增加与原产品相关联的产品;⑤增加与原产品毫不相关的产品。

扩大产品组合的优点是：①满足不同的偏好的消费者多方面需求，提高产品的市场占有率；②充分利用企业信誉和商标知名度，完善产品系列，扩大经营规模；③充分利用企业资源和剩余生产能力，提高经济效益；④减小市场需求变动性的影响，分散市场风险，降低损失程度。

扩大产品组合策略的局限性在于，要求企业拥有更多生产线，需要更多销售渠道和促销方式，从而增加企业生产成本和销售费用。

(二)缩减产品组合策略

缩减产品组合策略是减少产品组合的宽度与深度，削减产品线或产品项目，特别是要取消那些获利小的产品，以便集中力量经营获利大的产品线和产品项目。如果市场不景气或原料、能源供应紧张，企业通常需要采用缩减产品组合策略。

缩减产品组合的主要方式有：①减少产品线数量，实现专业化生产经营；②保留原产品线削减产品项目，停止生产某类产品，或外购同类产品继续销售。

缩减产品组合的优点有：①集中资源改进保留产品的品质，提高产品的知名度；②生产经营专业化，实现规模经济，降低生产成本；③使促销与分销目标更集中，提高效率；④减少资金占用，加速资金周转。

(三)产品延伸策略

产品延伸策略是指全部或部分改变企业原有产品的市场定位。企业原来的生产线只是行业的一部分，有其特定的市场定位，比如，宝马汽车属于高档汽车，如果它又生产低档汽车，就属于一种产品延伸策略。产品延伸策略有三种选择：

(1)向下延伸

那些生产高档产品的企业，可能决定生产低档产品，也即将产品线向下扩展。企业向下延伸的理由可能有四种：①企业在高档产品市场上受到强大攻击，而以拓展低档产品市场来反戈一击；②企业发现高档产品市场增长迟缓而不得不去开拓低档产品市场；③企业最初进入高档产品市场是为了树立优质形象，目标达成后，向下扩展可以扩展产品市场范围；④企业为填补市场空缺而增加低档产品品种，以防竞争者乘虚而入。

企业采取向下扩展的策略，也会有一些风险：①企业新增的低档产品品种可能会危及企业的质量形象，所以企业最好对新增低档产品，使用新的品牌；②可能会刺激原来生产低档产品的企业转入高档产品市场而加剧竞争；③经销商可能因低档产品获利微薄及有损原有形象，而不愿意或没有能力经营低档产品，从而企业不得不另建分销网，增加许多销售费用。

(2)向上延伸

有些企业的产品线原来定位于低档产品,希望建立各档产品齐全的完全产品线,或者是受到高档产品较高的利润率和销售增长的吸引,企业会采取产品线向上延伸的策略,准备进入高档产品市场。向上延伸适合的情况:①高档产品有较高的销售增长率和毛利率;②为了追求高中低档齐备的完整的产品线;③以某些高档产品来提高整条产品线的档次。

向上扩展可能存在一些风险:①那些生产高档产品的竞争者会不惜一切坚守阵地,并可能会反戈一击,向下扩展进攻低档产品市场;②对于一直生产低档产品的企业,顾客往往会怀疑其高档产品的质量水平;③企业的营销人员和分销商若缺乏培训和能力的话,可能难以胜任为高档产品市场服务。

(3)双向延伸

生产中档产品的企业在市场上可能会同时向产品线的上下两个方向扩展。德州仪器公司在进入市场之前,该市场基本上被鲍玛公司低价低质的计算器和惠普公司的高价高质计算器所支配。德州仪器公司以中等价格和中等质量推出了第一批计算器;然后,它推出了比较好的计算器,但价格与鲍玛公司的一样,甚至更低,最终击败了鲍玛公司;它又设计了一种价格低于惠普公司,但质量上乘的计算器,夺走了惠普公司享有的高档市场上的份额。双向扩展战略致使德州仪器公司占据了袖珍计算器市场的领导地位。

采取该策略可能同时具有向上延伸及向下延伸决策所带来的风险,易造成品牌形象混淆,而且公司同时多方向发展,资源能力是否能支持是一个很值得考虑的问题。

第三节 品牌策略

品牌是产品整体概念中基础产品的重要组成部分,对于每一产品项目或产品线来说,品牌形象的确立是影响消费者选择的重要因素。

一、品牌与商标

品牌(Brand)是一个名称、名词、符号、图案、形状,或者是它们的组合,其目的是识别某个厂商的产品或劳务,并使之同竞争对手的产品和劳务区别开来。一般包括两个部分:品牌名称和品牌标志。品牌名称是品牌中可以用语言称呼的部分,例如,可口可乐、迪士尼、海尔等。品牌标志是品牌中可以被识别、易于记忆但不能用言语称谓的部分,包括符号、图案或明显的色彩或字体等。

商标(Trademark)是品牌的一部分,是受法律保护的品牌。

二、品牌的内涵

品牌传递给消费者关于产品质量与服务的信息,消费者根据品牌所代表的产品质量与其他属性选择购买某品牌的产品。一个品牌包含六个层次的含义:

(一)属性

品牌代表着产品的特定属性。例如,奔驰牌轿车意味着工艺精湛、制造优良、昂贵、耐用、信誉好、行驶速度快等等。这些属性是奔驰的生产者和经销商广为宣传的重要内容,多年来奔驰广告一直强调"全世界无可比拟的工艺精湛的汽车"。这为奔驰车的其他属性提供了一个定位平台。

(二)利益

顾客买的不是产品的属性,而是产品能给他们带来的利益。因此,属性必须转化为功能性和情感性利益。例如,属性"耐用"可以转化功能性利益:"我不必每隔几年就买一辆新车。"而"昂贵"属性可能转化为情感性利益:"车让我觉得自己重要并受人尊重。"

(三)价值

品牌还代表着购买者的某些价值。例如奔驰代表着高绩效、安全、声望等。品牌的价值感要求企业的营销人员必须分辨出对这些价值感兴趣的购买者。

(四)个性

品牌也反映一定的个性。动机研究人员有时会问,"如果这个品牌是一个人,那么他会是什么样的人?"消费者可能会想象一辆奔驰汽车的车主是一个严谨的中年业务主管。该品牌将吸引自我形象与品牌形象相符的消费者。所有这些都表明,品牌是一个复杂的象征。

(五)文化

品牌的文化含义也是众多企业所宣扬的,比如可口可乐代表的美国精神,奔驰蕴含的德国文化。

(六)使用者

由于品牌所具有的上述含义,它通常与特定的消费群体联系在一起,奔驰的使用者一般被认为是庄重和成功的。

如果一个品牌的六个层次的含义都很清楚,就可以被称为"深意品牌"。营销者应使品牌的六层含义都很明确,并让用户理解。宣传时只强调属性是错误的,因为消费者感兴趣的是产品的利益,属性只是实现利益的一种途径,而且容易被复制。一个品牌最持久的含义是价值、文化和个性,这是可口可乐多年未出新品仍然畅销的原因。如果企业的营销活动破坏了原有的这些含义,就可能给企业发展带来负面的影响,比如奔驰生产廉价的汽车。

要提升品牌的价值需要选择科学的品牌策略,包括品牌化策略、品牌使用者策略、品牌名称策略和品牌使用策略。

三、品牌化策略

品牌化策略是关于企业是否使用品牌的决策。最初,大多数商品是没有品牌的,中间商把供应商的产品直接摆出来销售。中世纪的行会经过努力,要求手工业者把商标标在他们的产品上,以保护他们自己并使消费者不受劣质产品的损害。如今,品牌的商业作用为企业所重视,品牌化迅猛发展,已经很少有产品不使用品牌了。像水果、蔬菜、大米和肉制品等过去不使用品牌的商品,现在也被放在有特色的包装袋内,冠以品牌出售,目的是为了获得品牌化的好处。

(一)品牌化的好处

(1)销售者容易进行订货管理。比如,饭店在订货时,可以明确要求"订购100箱燕京啤酒",而不是订购"100箱北京生产的味道很好的啤酒",而且在发生消费纠纷时,也很容易找到产品的提供者。

(2)保护产品的某些独特特征被竞争者模仿。

(3)为吸引忠诚顾客提供了机会。购买者只有将产品特色与品牌联系起来,才容易形成对企业和产品的忠诚。

(4)有助于细分市场。宝洁公司对它的洗发液配方略微修改,就形成了针对不同细分市场的品牌:飘柔、海飞丝、潘婷等。

(5)树立产品和企业形象。

以上是品牌带给企业的好处,而对于消费者,品牌最大的好处是提高购买效率,那些没有品牌的商品,消费者需要仔细辨别它的质量。

尽管品牌化是商品市场发展的大趋势,但是对于单个企业而言,是否要使用品牌还必须考虑产品的实际情况,因为建立、维持、保护品牌也要付出巨大成本,如设计费、包装费、广告费、标签费和法律保护费等。所以在欧美的一些超市中又出现了一种非品牌化的现象,如细条面、卫生纸等一些包装简单、价格低廉的基本生活用品,它使得企业可以降低在包装和广告上的开支,以取得价格优势。

(二)非品牌化的适用领域

(1)未经加工的原材料产品和标准化产品。如原油、矿石以及钢材、煤炭等,这些产品只要品种、规格相同,商品本身的性质和特点就基本相同,不需要通过品牌来识别。

(2)生活必需品。如大米、面粉、生鲜农产品等,这些产品在人们观念中差异不大,价值较低,生产技术也比较简单,消费者习惯按产品本身而非品牌来选择。

(3)临时生产和一次出售的产品。如旅游纪念品,通常也不用商标和品牌。

四、品牌使用者策略

这是关于使用谁的品牌的策略。企业主要有三种选择:制造商品牌、中间商品牌和许可使用品牌。

(一)制造商品牌(生产者品牌)

目前大部分企业都是使用制造商品牌,因为生产企业使用自己的品牌,可以为自己树立形象,建立长期的影响力,有利于企业的发展以及新产品的推广。现实市场上,我们可以找到很多的制造商品牌。如:格力、美的、海尔、方太、海信、科龙等。

(二)中间商品牌

在产品上使用批发商或零售商开发的品牌。中间商品牌的使用者基本上是实力雄厚的大型零售商,如沃尔玛、西尔斯等。在西方国家里,中间商品牌已成为生产者品牌的强有力的竞争对手,大有取而代之的趋势。目前,国内大多数的中间商品牌商品还局限在技术含量较低的日用小百货商品上。

中间商品牌的优势表现在:①消费者信任。在消费者看来,以中间商品牌出售的产品相对可靠,因为中间商要维护自己的品牌形象,会建立严格的质量检测系统对品质加以控制。②价格优势。使用自己品牌的中间商一般从生产成本低的小企业进货,价格相对较低,可以迎合许多对价格敏感的消费者。

(三)许可使用品牌

许可品牌指通过付费形式,使(租)用其他人(企业)许可使用的品牌作为自己产品的品牌。供特许使用的品牌常常见于由其他制造商创建的名称符号、知名人士的姓名、流行影片及书籍中的人物等。"迪士尼"就是一个著名的特许品牌。它通过特许经营发展起玩具消费者市场,这些消费品囊括了领衫、手表、书包、玩具、台灯、钥匙扣、蛋糕、冰淇淋等等领域,每年营销额超过10亿美元,利润超过1亿美元。

五、品牌名称策略

（一）对名称的要求

一个好的品牌名称有助于商品的销售,也给促销工作带来了方便。好的品牌名称通常具有以下一些特点:

(1)利益联想。即品牌名称可以让消费者联想到产品带来的利益,比如"金利来"领带、"雅芳"化妆品等。

(2)品质联想。即品牌名称可以让消费者联想到产品的质量。如"精工"手表、"奔腾"处理器等。

(3)便于记忆。品牌名称应简洁醒目、易读易记。不宜把过长和难以读诵的字符串作为品牌名称,也不宜将呆板、缺乏特色感的符号、颜色、图案用作品牌。中文名称一般三个字最好,还应注意让名称有某种意义,读起来抑扬顿挫、朗朗上口,符合人们的阅读习惯。

(4)避免禁忌。由于文化习俗不同,以及语言文字的差异,会造成对产品品牌理解的差异。索尼的最初英文商标是"SONNY",这一英文单词在欧美国家十分流行,是"SONNY BOY"的简称,意为"可爱的小家伙",但这个词的发音正好与日本的"损"字相同,令人不快。所以,公司决定在原词5个字母中去掉一个"N",成为"SONY"。

(5)引人注意。品牌名称要引人注意,需要分析消费者的特点和心理需求。对于女性商品,品牌名称一般应温柔典雅,如"妮维雅"护肤品;对男士用品,品牌名称强调刚柔并济、浑厚朴实,如:"吉列"剃须刀、"虎豹"衬衣;儿童用品的品牌名称则应活泼可爱,如"娃哈哈""旺旺"等。

（二）名称使用策略

企业需要确定自己的产品使用一个品牌,还是按品种、类别分别采用不同的品牌。企业有三种基本的策略:

(1)统一品牌。企业的所有产品都使用一个品牌,如美国的"GE"、日本的"松下"、我国的"长虹"等。这种策略的优点是:节省广告促销费用,加速新产品的推广,有利于扩大品牌影响和强化企业形象。缺点是:任何一种产品的失误都会影响其他产品甚至整个企业的声誉。

(2)个别品牌。即对企业的各种不同产品分别使用不同的品牌,如宝洁的洗发液有海飞丝、飘柔、潘婷、沙宣等不同品牌。这种策略的优点是:将个别产品的成败与其他产品和整体企业的声誉区分开来,还可以区分不同种类、不同档次的产品。缺点是:广告宣传费用大、成本高、力量分散,不利于创建名牌。

(3)分类品牌。即按产品类别或产品线分别使用不同的品牌。这种策略介于统一品牌和个别品牌之间,能将不同类别的产品明显地区分开来,主要适用于经营产品类别多、性能和质量有较大差异的企业。美国的史威夫特公司既生产火腿,又生产肥料,使用同一品牌显然不合适,于是两类商品就分别取名为"普利姆"和"肥克洛"。瑞士手表厂也采用了为不同档次的手表分别命名的策略。

除此以外,企业还可以对上述策略混合使用,比如,对不同的产品使用不同品牌的同时,在每个品牌上均冠以统一的品牌或企业名称。例如美国通用汽车公司生产的"凯迪拉克""别克""雪佛兰"等汽车前都加上有"GM"字样的总牌子。

六、品牌使用策略

企业在确定使用某品牌以后可以根据需要进行品牌延伸或变更,以更好利用品牌价值和适应市场环境。

(一)品牌延伸策略

品牌延伸策略就是企业利用成功品牌的声誉和潜在价值来推出新产品或产品系列,如"娃哈哈"从儿童专用营养液延伸到AD钙奶、纯净水等,四川长虹将产品从电视机拓展到空调和其他家用电器。品牌延伸的主要好处是:

(1)将原有品牌推广到新的产品线。对于强势品牌,可以使新产品更快被消费者识别和接受,而不需要再花很多力气去宣传和推广。

(2)成功的品牌延伸还能为现有的品牌或产品线带来活力,为消费者提供更完整的选择。在20世纪30年代至40年代,世界上每三部缝纫机中就有两部是"胜家"公司的产品。然而到了1986年,"胜家"宣布从此不再生产缝纫机。"胜家"为何如此惨败?原因很简单,"胜家"公司在初步成功后,过分依靠传统的产品,没有实行任何品牌延伸策略,忽视了国际市场和消费者需求的变化;而此时,竞争者纷纷顺应社会潮流,大规模进行品牌延伸,开发新产品,如日本研制出的"会说话"的缝纫机等。

(3)品牌延伸可以实现品牌利用中的增值。借助品牌延伸可以共享已有品牌的影响力,可以在相对较短的时间内,立竿见影地提高产品竞争力和企业的经济效益。同时,随着企业规模的扩大和市场占有率的提高,反过来会进一步扩大品牌的市场影响力,增强品牌的价值和企业的品牌竞争优势。

品牌延伸策略的风险在于:①某一产品的问题可能会导致消费者对所有同一品牌产品的否定,形成株连效应。②品牌稀释。不同档次、不同类别的产品使用同一品牌会使品牌形象不明确,从而影响消费者的选择。

(二)新品牌策略

企业在两种情况下需要使用新品牌:①原有品牌的市场需求不旺或消费者不信任,为树立新形象而改变品牌名称、标志。②推出新产品后,为了不影响原有品牌的市场形象,而为新产品使用新品牌。比如,五粮液为推出的中档酒使用五粮春、中低档酒使用金六福品牌。

建立新品牌需要比较大的投入,企业通常会比较谨慎。

(三)品牌再定位

所谓再定位,就是对品牌重新定位,旨在摆脱困境、使品牌获得新的增长与活力。它不是对原有定位的一概否定,而是企业经过市场的磨炼之后,对原有品牌战略的一次扬弃。企业进行品牌再定位的主要原因有:

(1)定位错误。企业的产品投放市场以后,如果市场对产品反应冷淡,销售情况与预测差距太大,这时企业就应该进行市场分析,如果是因为品牌原有定位错误所致,就应该进行品牌的重新定位。如世界著名的香烟品牌万宝路,最初定位为一种女士香烟,市场业绩一般,该公司及时改变策略,将万宝路重新定位为男士香烟,并用具有男子汉气概的西部牛仔作为品牌形象。通过重新定位,万宝路在众多的香烟品牌中脱颖而出,并一举成为全球驰名的香烟品牌。

(2)定位不符合市场发展态势。在企业发展过程中,原有定位可能会成为制约因素,阻碍企业开拓新的市场;或者由于外界环境的变化,企业有可能获得新的市场机会,但原来的定位与外界环境难以融合,因此企业出于发展和扩张的目的,需要调整和改变原有定位。七喜最初定位于老年人市场,他们对于饮料的要求就是刺激性小和有柠檬味,后来营销人员通过市场调研发现,有很大一部分人不喜欢可乐,又不排斥碳酸饮料,于是七喜将产品重新定位为"非可乐",成功吸引到追求新颖的年轻人和不喜欢可乐的消费者,成为"非可乐"市场的领导者。

(3)顾客价值取向和偏好发生变化。这种情况是最常见的,品牌原有的定位是正确的,但由于目标顾客群的偏好发生变化,随着时代的变迁,消费者的消费观念发生改变,这样的情况下应该进行品牌再定位。宝洁公司刚进入我国时,旗下品牌"飘柔"最早的定位是二合一带给人们的方便,以及它具有使头发柔顺的独特功效。后来,宝洁在市场开拓和深入调查中发现,消费者最迫切需要的是建立自信,于是从2000年起飘柔品牌以"自信"为诉求对品牌进行了重新定位。

第四节　包装策略

包装是产品整体概念的重要组成部分,也是产品生产的延续,有形产品只有经过包装才能方便地进入流通领域实现交易。在很多领域,包装起到重要的促销和提升产品价值作用,特别是化妆品、礼品行业。

一、包装的概念

包装是为商品设计和制作某种容器或包扎物的一系列活动。商品包装包括商标或品牌、形状、颜色、图案、材料、标签等要素。

商标或品牌是包装中最主要的构成要素,它应位于包装最突出的位置,让消费者一看就知道。适宜的包装外形设计有利于产品的储藏和运输,同时还有利于产品销售。合理的色调搭配能够加强品牌特征,而且对顾客有强烈的感召力。图案在包装中的作用如同广告中的画面,它能为产品起到很好的宣传作用。包装材料不仅影响到产品包装的质量和成本,也影响了它在市场上的竞争力。在标签上一般都印有包装内容和产品的主要成分、品牌标志、产品质量等级、产品厂家、生产日期、有效期、使用方法等。

包装包括多达三个层次的材料。第一层次的包装被称为主要包装,即最接近产品的容器,如牙膏皮、香水瓶。主要包装需要注意材料和包装方式,应该无污染、避免与产品产生物理化学反应,还要便于保存和使用。第二层次的包装被称为次要包装,它是保护主要包装的包裹物,可以方便产品的陈列、携带和使用,一般不与产品直接接触,如牙膏盒、化妆品盒等。次要包装也有美化的作用,要求美观、和谐、方便。第三层次的包装是运输包装,即产品储运、交易、辨认所需的包裹物,对它的主要要求是坚固。

二、包装的功能

(一)识别功能

包装装潢是形成产品差异化的重要手段,一方面包装的装饰图案和形状可以成为识别产品的依据,如可口可乐弧形瓶子的形状是当时女性裙子的样式,很有特色;另一方面,包装上的商标、厂家、厂址等内容也有识别作用。

（二）保护功能

保护功能是包装最原始的功能，保护产品不受损害需要包装在材料选择、用料方面要达到一定要求。

（三）便利功能

良好的包装不仅使商品别具一格，还可以有效地保护商品，有利于商品的长期储存，延长商品的使用寿命。一般来说，一个牢固、结实、适用的商品包装，更容易得到消费者的青睐。包装还应该便于开启和携带，在容量方面符合消费者的使用习惯，从而方便消费者使用。

（四）美化功能

商品包装本身应具有艺术性和美感，让消费者赏心悦目，得到美的享受。精致的包装容易引起消费者的注意和好感，激发消费者的购买欲望，可口可乐的黑红包装就给人强烈的视觉冲击。

（五）增值功能

具有艺术性、知识性、趣味性和时代感的包装可以提升产品的档次，起到增值功能。我国传统的出口产品18头莲花茶具，采用简易的瓦楞纸盒做包装，既容易破损，又不美观，给人一种低档廉价品的感觉，不到两英镑的价格，仍然无人问津，一个精明的外商将该产品买走后，仅仅在原包装上加了一个精制的美术包装，系上了一条绸带，使商品显得高雅华贵，一时销路大开，身价陡增。

（六）联想功能

好的商品包装能使消费者产生美好的联想，特别是有关商品特色的联想。比如雀巢咖啡的包装设计，底色为咖啡色，背景图案是咖啡豆和冒着热气的浓浓咖啡，使人感觉到温暖和咖啡的香气，从而激发消费者购买的欲望。

三、包装设计

正因为包装具有多方面的功能，企业在进行包装设计时，需要尽可能地让这些功能充分发挥出来，促进产品销售。产品的包装设计应遵循以下原则：

（一）色彩协调搭配

色彩及色彩协调搭配是包装设计必须要考虑的首要因素，因为消费者在接触商品时，尤其是与商品有一定空间距离时，首先进入视线的就是色彩。包装色彩及色彩搭配直接影响消费者的情感,进而影响他们的消费行为。

色彩设计既要与商品的特征和使用环境相协调,又要符合消费者的心理习惯。不同色彩让人产生不同的联想。比如橙色给人带来光明、华丽、富裕、丰硕、成熟、快乐、温暖等诸多的感觉。自然界中果实的颜色多为橙色,如川橘、脐橙、稻谷、京柿等。因此这种色彩常让人感到饱满、成熟、充实,能引起食欲,是食品包装中的首选色彩。饼干、糕点、干果、香肠、巧克力等食品运用橙色系包装十分广泛。又如,比较笨重的物品配以浅色包装,可以减轻重量感,显得轻巧一些。商品的不同特色都可以通过色彩来表现。

(二)与商品的性能相适应

商品由于物理、化学性能不同,其存在的状态和保存方法也不一样。必须根据商品的形态和性能设计商品包装,例如,易燃、易爆、剧毒的液体商品,包装不仅要封闭、安全,还应在包装上做出明显的标记。包装应体现科学性、安全性、实用性,为商品提供可靠的保护。

(三)突出商品特征

在一定程度上,包装代表着商品的形象,独特的商品包装容易引人注意。常用的方法有开窗式、系列式、差异式等。开窗式是露出商品的一部分或用透明材料做包装,以满足消费者了解商品真面目的要求;系列式是企业对其生产的各种品质相近的产品,采用同种包装材料以及相似的形态图案及色彩等,给消费者一个统一的印象。例如,"统一"牌方便面,不同风味的品种在包装色彩图案基调一致的基础上稍有差别,使消费者能迅速辨别出该品牌的系列产品。差异式就是与同类产品的包装形成反差,使其引人注目和易于识别。

(四)方便消费者

商品的包装必须为消费者提供方便,便于消费者观察、挑选、购买和携带。因此,前面提到的"开窗式"包装会给消费者直观、鲜明、真实的心理体验。这种包装在食品类商品中广泛应用。此外,将若干相关联的商品组合在一起进行包装,如化妆品、节日礼品盒及工具包等,既可以方便消费者的购买和使用,也可以有效利用包装的空间,促进相关产品的销售。

(五)具有针对性

消费者由于收入水平、生活方式、消费习惯及购买目的不同,对商品包装的要求也不一样。包装设计应该具有针对性。常见的包装形式有如下几种:

(1)简易包装。特点是经济实用、价格低廉。一般日用品,如洗衣粉、卷筒纸等采用这种包装形式。

(2)礼品包装。包装设计考究,以显示商品的高雅、贵重、喜庆、华丽等不同情调,供不同购买目的和品位的消费者购买。

(3)习惯用量包装。按人们日常的习惯用量进行包装,一般在食品中使用较多。

(4)促销包装。在包装容器中附赠小礼品,在儿童食品、日用品中使用较多,满足人们追求实惠的心理需求。

(5)复用包装。包装物在产品使用完后,还可以做其他用途,如常见的咖啡瓶、果酱瓶用作茶杯,盛装物品的袋子用作手提袋等。利用顾客一物多用的心理,使顾客得到额外的使用价值。此外,这样的包装物上印有企业的标记,可以增强消费者对该商品的印象,刺激消费者重复购买。

此外,包装设计还应该尊重消费者的宗教信仰和风俗习惯,避免出现有损消费者宗教情感的颜色、图案和文字。

第五节 产品生命周期

产品生命周期是用来表示产品竞争状况动态变化的概念,在产品生命周期的不同阶段,企业需要不断调整自己的营销战略,这不仅是因为经济环境的变化和竞争者的攻击,还因为产品需要适应消费者兴趣与要求的新阶段。

一、产品生命周期的含义与影响因素

(一)产品生命周期的含义

产品生命周期(Product Life Cycle)是指产品从投入市场到更新换代和退出市场所经历的全过程,一般分为导入期、成长期、成熟期、衰退期四个阶段。

判断产品生命周期所处的阶段主要通过销售量和利润的变化特点:在导入期,产品新上市,销售缓慢,由于引进产品的费用较高,初期利润偏低或为负数,但此时没有或只有极少的竞争者;在成长期,产品经过一段时间推广已有相当知名度,销售快速增长,利润显著增加,但由于市场及利润增长较快,容易吸引更多的竞争者;在成熟期,此时市场成长趋势减缓或饱和,产品已被大多数潜在购买者所接受,利润在达到顶点后逐渐减少,此时市场竞争激烈,公司为保持产品地位需投入大量的营销费用;在衰退期,产品销售量显著减少,利润也大幅度滑落。这一过程的典型形式,可以用产品生命周期曲线来表示,如图8-1所示:

图 8-1　产品生命周期阶段

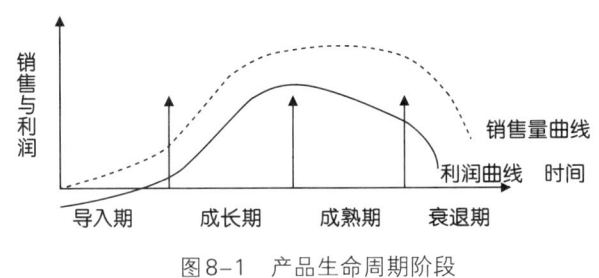

(二)产品生命周期的识别

判断产品生命周期所处的阶段通常有三种方法:

(1)经验类比法

即根据相类似产品的生命周期曲线或资料来划分某一新产品生命周期阶段。比如,用黑白电视机的情况分析彩色电视机,用喷墨打印机的情况分析激光打印机等,因为它们的功能和用户相似;还可以用彩色电视机的发展趋势分析电冰箱,因为它们都是高档耐用消费品,人们对这类产品的消费心理相似。类比法一般在掌握的数据资料有限时,具有一定的参考价值。但是如果对预测目标已掌握了足够数据资料,则此法只能作为其他定量分析方法的一种补充。

(2)销售增长率比值法

即以销售增长率来划分产品生命周期的各个阶段,销售增长率是销售量增量与上年度的销售量之比。产品从进入市场到销售增长率达到10%以前,属于导入期;销售增长率等于或大于10%,处于成长期;销售增长率在0%到10%时,处于成熟期;销售增长率小于0%时处于衰退期。当然,这一标准只是一个参考,产品属性不同,市场环境不同,判断标准也不完全一样。

(3)产品普及率分析法

主要用于耐用消费品生命周期阶段的分析。利用这种方法时,要根据该产品的技术性能,测定其一般的使用年限,以便计算市场销售中有多少是属于重复购买,有多少是属于第一次购买。耐用消费品普及率的计算方法有两种。一种方法是根据该种耐用消费品的社会拥有量来计算:

按人口计算的平均普及率=(某产品的社会拥有量)/(人口总量)×100%

另一种方法是按家庭计算:

按家庭计算的平均普及率=(某产品的社会拥有量)/(家庭户数)×100%

根据经验数据,产品普及率小于5%时为导入期;普及率在5%~50%时为成长期;普及率在50%~90%时为成熟期;普及率在90%以上时为衰退期。

确定产品的生命周期除了定量分析外,还需要考虑影响产品生命周期的各种因素,这些影响因素使不同行业、不同类型产品的生命周期具有很大差异。

(三)影响产品生命周期的因素

(1)技术的进步

随着科学技术的不断发展,新产品研发的周期不断缩短,产品更新换代的速度会越来越快,产品的生命周期也越来越短。作为反映现代工业技术水平最敏感的产品,小汽车在20世纪30~40年代,一种车型的生命周期长达15~20年,50年代平均为10年左右,在70年代缩短到5年左右,而到21世纪,大的汽车生产企业每年都在更新车型。不同行业技术进步的速度和产品更新的周期不同,产品的生命周期也不一样。

(2)产品的性质与用途

就产品的性质而言,一般基本生活资料的生命周期较长,非基本生活资料的生命周期较短。就产品的用途而言,实用性强,能够满足民众生活某种长期需要的产品,其生命周期较长;实用性弱,只能满足民众生活暂时需要的产品,其生命周期较短。

(3)产品供求关系的变化

第一,从产品供求关系来看,当产品供不应求时,消费者的需求会刺激生产部门扩大再生产,产品多处于成长期;产品供求基本平衡时,多处于成熟期;供过于求时,多处于衰退期。第二,从市场需求量的变化来看,需求量变化快的产品,生命周期短;需求量变化慢的产品,其生命周期较长。第三,从市场竞争来看,竞争激烈的产品,其产品生命周期较短,竞争不激烈的产品,生命周期较长。

(4)产品的价格和质量

产品的价格是否合理,质量是否优良,也影响到产品的生命周期。一般来说,物美价廉的产品和优质名牌产品,生命周期较长;价高质次的产品,生命周期较短。

(5)政府的政策和干预

政府为保护公众利益和生态环境而限制某些产品的生产或消费时,这些产品的生命周期就会缩短;反之,政府鼓励某些产品的生产或消费时,这些产品的生命周期就会延长。

二、产品生命周期各阶段的特点与营销策略

产品生命周期的各阶段具有不同的市场特点,企业需要根据这些特点,采取具有针对性的营销策略,才能实现预期的营销目标。

(一)导入期的市场特点与营销策略

新产品投入市场,便进入导入期。此时,顾客对产品还不了解,只有少数追求新奇的顾客可能购买,销售量很低。为了扩展销路,需要大量的促销费用,对产品进行宣传。在这一阶段,由于技术方面的原因,产品不能大批量生产,因而成本高,销售额增长缓慢,企业不但得不到利润,反而可能亏损。产品也有待进一步完善。

根据这一阶段的特点,企业应努力做到:投入市场的产品要有针对性;进入市场的时机要合适;设法把销售力量直接投向最有可能的购买者,使市场尽快接受该产品,以缩短导入期,更快地进入成长期。

在产品的导入期,一般可以由产品、分销、价格、促销四个基本要素组合成各种不同的市场营销策略。仅将价格与促销结合起来考虑,就有下面四种策略:

(1)快速撇脂策略

即以高价格、高促销费用推出新产品。实行高价策略可在每单位销售额中获取最大利润,尽快收回投资;高促销费用能够快速建立知名度,占领市场。实施这一策略须具备以下条件:①产品有较大的需求潜力;②目标顾客求新心理强,急于购买新产品;③企业面临潜在竞争者的威胁,需要及早树立品牌形象。一般而言,在产品引入阶段,只要新产品比替代的产品有明显的优势,市场对其价格就不会那么计较。

(2)缓慢撇脂策略

以高价格、低促销费用推出新产品,目的是以尽可能低的费用开支求得更多的利润。实施这一策略的条件是:①市场规模较小;②产品已有一定的知名度;③目标顾客愿意支付高价;④潜在竞争的威胁不大。

(3)快速渗透策略

以低价格、高促销费用推出新产品。目的在于先发制人,以最快的速度打入市场,取得尽可能大的市场占有率。然后再随着销量和产量的扩大,使单位成本降低,取得规模效益。实施这一策略的条件是:①该产品市场容量相当大;②潜在消费者对产品不了解;③消费者对价格十分敏感;④潜在竞争较为激烈;⑤产品的单位制造成本可随生产规模和销售量的扩大迅速降低。

(4)缓慢渗透策略

以低价格、低促销费用推出新产品。低价可扩大销售,低促销费用可降低营销成本,增加利润。这种策略的适用条件是:①市场容量很大;②市场上该产品的知名度较高;③市场对价格十分敏感;④存在某些潜在的竞争者,但威胁不大。

(二)成长期的市场特点与营销策略

这时顾客对产品已经熟悉,大量的新顾客开始购买,市场逐步扩大。产品大批量生产,生产成本相对降低,企业的销售额迅速上升,利润也迅速增长。竞争者看到有利可图,纷纷进入市场参与竞争,使同类产品供给量增加,价格随之下降,企业利润增长速度逐步减慢,最后达到利润的最高点。

针对成长期的特点,企业为维持其市场增长率,延长获取最大利润的时间,可以采取下面几种策略:

(1)改善产品品质与服务

如增加新的功能,改变产品款式,发展新的型号,开发新的用途等。对产品进行改进,可以提高产品的竞争能力,满足顾客更广泛和深层次的需求,吸引更多的顾客。除了改进产品,企业还应强化服务工作,提高顾客的满意度和忠诚度。

(2)寻找新的细分市场

通过市场细分,找到新的尚未满足的细分市场,根据其需要组织生产,迅速进入这一新的市场。

(3)改变广告宣传的重点

把广告宣传的重心从介绍产品转到建立产品形象上来,建立品牌偏好,维系老顾客,吸引新顾客。

(4)适时降价

在适当的时机,可以采取降价策略,以激发那些对价格比较敏感的消费者产生购买动机和采取购买行动,同时可以防止新的竞争者进入。

(三)成熟期的市场特点与营销策略

进入成熟期以后,产品的销售量增长缓慢,逐步达到最高峰,然后缓慢下降;产品的销售利润率也从成长期的最高点开始下降;市场竞争非常激烈,各种品牌、各种款式的同类产品不断出现。由于这一阶段销售量大,持续时间长,宣传费用与生产成本降低,往往也是企业获取利润的最好时机。

对成熟期的产品,企业宜采取主动出击的策略,使成熟期延长,或使产品生命周期出现再循环。为此,可以采取以下三种策略:

(1)市场调整

这种策略不是要调整产品本身,而是要向其他市场扩展,争取获得更大的销售量,比如发现产品的新用途以吸引新的用户,争取竞争者的用户或进入新的细分市场,引导消费者增加使用次数或每次用量等。

(2)产品调整

这种策略是通过产品自身的调整来满足顾客的不同需要,吸引有不同需求的顾客,还有助于提高现有顾客的忠诚度,增加重复购买的比例。产品改进可以从质量、特色、功能、样式等各方面进行。整体产品概念的任何一层次的调整都可视为产品再创新。

(3)市场营销组合调整

即通过对产品、定价、渠道、促销四个市场营销组合因素进行综合调整,刺激销售量的回升。常用的方法包括降价、提高促销水平、扩展分销渠道和提高服务质量等。

(四)衰退期的市场特点与营销策略

衰退期的主要特点是:随着科学技术的发展,新产品或新的代用品出现,原有产品销售量急剧下降;企业从这种产品中获得的利润很低甚至为零;大量的竞争者退出市场;消费者的消费习惯已发生改变等。面对处于衰退期的产品,企业需要进行认真的研究分析,决定采取什么策略,在什么时间退出市场。通常有以下几种策略可供选择:

(1)维持策略

继续沿用过去的策略,仍按照原来的细分市场,使用相同的分销渠道、定价及促销方式,直到这种产品完全退出市场为止。

(2)集中策略

把企业能力和资源集中在最有利的细分市场和分销渠道上,销售最畅销的品种、款式。这样有利于缩短战线,为企业创造更多的利润。

(3)收缩策略

大幅度降低促销水平,尽量减少促销费用,以增加利润。这样可能导致产品在市场上的衰退加速,但也能从忠实于这种产品的顾客中得到利润。

(4)重振策略

在行业仍然有吸引力的时候,企业通过积极改进产品的性能,创造新的用途,开发新的市场,使产品进入新的周期。

(5)放弃策略

对于衰退比较迅速的产品,应该当机立断,放弃经营。可以采取完全放弃的形式,如把产品完全转移出去或立即停止生产;也可采取逐步放弃的方式,使其所占用的资源逐步转向其他的产品。

第六节 新产品策略

任何产品都有生命周期，企业只有根据市场需求与竞争状况的变化，不断开发新产品并适时推出，才能保持盈利的能力。

一、新产品的概念与层次

对新产品的理解从不同角度有不同的标准，从行业角度看，第一次出现的产品是新产品；从企业角度看，自己第一次生产的产品也是新产品。市场营销学中所讲的新产品同科学技术发展意义上的新产品是不相同的。市场营销学的观点认为，凡是在功能或形态上得到改进，或与原有产品有差异，能给消费者带来新的利益，消费者能从中获得新的满足的产品都属于新产品。

根据创新程度或与现有产品差异的程度，可以将新产品分为以下几个层次：

（一）全新产品

全新产品是指采用新原理、新材料及新技术制造出来的前所未有的产品。全新新产品是应用科学技术新成果的产物，它往往代表科学技术发展史上的一个新突破。如计算机、飞机、电话等。它的出现从研制到大批量生产往往需要耗费大量的人力、物力和财力，这不是一般企业所能胜任的。因此它往往是企业在竞争中取胜的有力武器。

（二）换代产品

是指在原有产品的基础上采用新材料、新工艺、新结构制造出的，适应新用途、具有新功能或更强性能，给消费者带来新利益的产品。比如，彩色电视机就是黑白电视机的换代产品，5G手机是4G手机的换代产品。它的开发难度较小，是企业进行新产品开发的重要形式。

（三）改进产品

也叫增补产品，即在现有产品线基础上，对材料、构造、尺寸、口味和包装等某一个方面或几个方面进行改进，以提高质量或实现多样化，满足不同消费者需求的产品，比如，新型号的汽车或新款式的服装等。它的开发难度不大也是企业产品开发经常采用的形式。

（四）仿制产品

对市场上已有的新产品在局部进行改进和创新，但保持基本原理和结构不变而模仿出来的产品。落后国家对先进国家已经投入市场的产品进行仿制，有利于填补市场空白，提高企业的技术水平。但在生产仿制产品时一定要注意知识产权的保护问题。

上述新产品也可以归入两类:市场新产品和技术新产品。市场新产品是指产品实体的主体和本质没有什么变化,只改变了色泽、形状、设计装潢等,不需要使用新的技术,开发难度小,但容易被仿制。技术新产品是指由于科学技术的进步和工程技术的突破而产生的新产品。不论是功能还是质量,与原有的类似产品相比都有了较大的变化,如不断翻新的手机或电视机等。

二、新产品开发的方向

企业在进行新产品开发时,可以考虑从以下几方面选择创新点:

(一)保健型

在现有产品基本功能的基础上,使它更符合人们的健康诉求。比如,彩色电视机减少辐射或闪烁,空调增加除甲醛或释放负氧离子的功能,在家具中使用环保的材料等,这些技术和工艺都能提升产品的价值,满足人们的保健需求。

(二)功能型

即增加现有产品的功能。一件产品可以带来多方面的利益,满足消费者的多种需求。当然,增加产品功能也会增加成本,所以,在考虑功能设置时,要注意这些功能应该是同一消费者需要的,比如,洗衣机的洗衣和脱水功能。如果同一件产品具有多项功能,这些功能又是同一消费者需要的,就可以减少消费者的购买支出,从而使产品具有吸引力。但如果这些功能针对不同的消费者,比如让电视机具有电话簿功能或自带简单游戏,就未必是一个好的创意。

(三)美观型

即在产品原有功能、结构没有改变的情况下,对色彩、造型进行改进,满足不同消费者对美的追求。这在玩具、小商品等领域使用比较普遍,技术实力较弱的小企业往往能在这方面有所作为。

(四)组合型

将消费者在同一场合需要使用的几种现有产品组合在一起,以节省空间、便于携带。比如,各种美容套装、工具套装,以及卡拉OK、组合音响等,开发组合型新产品技术难度较小,由于可以方便消费者使用,也有较大需求。

（五）便携型

将笨重的商品小型化，使其可以折叠，可以方便地存放和携带。如可折叠帐篷、手机、家具等，笔记本电脑也属于这种类型。开发便携型的新产品，特别是电子类的便携型产品，需要有一定的技术实力。

（六）资源型

采用新材料、新工艺，生产品质不低于现有产品的新产品。开发这类产品可以节约资源、降低成本，从而降低价格。

（七）配套型

开发与现有产品配套使用的新产品，使现有产品的功能得到更好发挥。比如，为咖啡准备的咖啡伴侣。还有一些产品可以弥补现有产品的缺陷或不足，比如，为老式冰箱设计的除臭装置，为洗衣机配套的脱水机、烘干机等。

三、新产品开发的方式

企业开发新产品的基本方式有三种：自主开发、协作开发以及技术贸易。

（一）自主开发

企业完全依靠自己的力量，进行自主开发，又可以分为三种情况：①完全创新，即企业在基础理论方面提出新见解并据此开发新产品，这类新产品由于企业掌握基本原理和技术，竞争对手往往很难仿制，但这类产品开发周期长，资金投入量大，成功率较低。②部分创新，即将现有基础理论应用化、技术化，并开发新产品。这种方式开发周期较短，成功率较高，但竞争力不如完全创新的产品。③转化产品，即完全利用现有技术开发新产品，这种产品开发难度较小，但被仿制的可能性较大。

（二）协作开发

即企业与其他企业或科研院所合作，按照互利的条件进行新产品开发。比如，由企业出资，利用科研院所的人力资源和设备，开发新产品，利润共享。这种方式可以实现优势互补，开发周期较短，还能节约资金的投入。

（三）技术贸易

即购买技术，包括直接引进生产线或购买专利，这种方式开发周期最短，但需要注意技术的适应性，特别是配套设施、原料来源和市场需求方面。还有竞争对手也可以使用这种方式，所以产品的竞争力不强。

四、新产品开发的程序

按照科学合理的程序来展开新产品开发工作,有助于提高研发效率和成功率,一般而言,企业新产品开发的程序由以下几个步骤构成:

(一)创意产生

创意或产品构思是开发新产品的基础,进行新产品构思是新产品开发的第一阶段。构思是创造性思维,即对新产品进行设想或创意的过程。缺乏好的新产品构思已成为许多行业新产品开发的瓶颈。好的创意是新产品开发成功的关键。

(1)创意的来源

企业通常可从企业内部和企业外部寻找新产品创意的来源。

企业内部人员包括企业的生产、技术、市场营销以及包装、维修等部门的人员。这些人员直接接触产品的程度各不相同,但他们的共同点是熟悉公司业务的某一个或几个方面,对公司的产品有更多的了解与关注,因而往往能针对产品的优缺点,提出改进或创新产品的构思。

研究开发部门是新产品构思最重要的内容来源。新产品开发工作的启动、推进、维持直至最后成功完成,无论哪个环节都离不开研究开发部门人员的参与和努力。

销售人员经常与消费者(用户)打交道,尤其是当产品技术性较强,操作较复杂,需要销售人员提供技术指导时,销售人员与消费者的关系更为密切。销售人员熟悉用户的使用要求,能及时收集用户对产品的意见,了解用户对产品的新需求。这些与产品相关的信息,使得销售人员的头脑里蕴藏有许多针对用户实际需要的新产品构思,或对现有产品的改进性设想,这些想法往往会为企业进行新产品开发指明方向。

高层管理部门打算对企业现有产品线和产品组合做出延长、加深或其他调整时,可能构思出新产品的设想,至少可以对新产品的范围与性能构架规定一个合适的范围或方向;在对原有未执行或已废弃的产品计划进行重新审查,或是为节约成本和更有效地利用现有资源,检查生产工艺过程以寻求生产副产品的可能性时,也能得到有关新产品开发的构思。

此外,发动全体职工都来构思新产品常常也能取得良好的效果。

企业外部的产品创意主要有:①顾客。顾客是企业以外新产品构思最丰富的来源。顾客在使用企业产品的过程中,直接感受到产品的方便与不便之处,并针对这些不便产生关于产品改进,或进行相关产品系列扩展的需求。收集顾客的构思可采用用户调查、投射测试、函询、座谈等形式,以创造消费者表达意见的机会。此外,顾客在使用产品时的抱怨也能激发相关人员新产品构思的灵感。

②中间商。不同行业的经纪人、推销员、分销商、批发商及零售商都可能成为新产品设想的较好来源,这些中间商熟悉市场需求,清楚现有产品的缺陷,许多中间商已成为消费者的产品使用顾问,所以他们的建议具备较高的开发价值。

③竞争对手。竞争者的产品能成为企业改进产品和仿制产品构思的来源。竞争产品的优缺点都可以作为企业开发新产品的创意来源。

④企业外的研究人员。这些人员广泛存在于大学、研究机构、商务管理部门、商标局和专利局等。从这些人员的创新构思中可以得到改进或创新企业产品的某些启发,他们也是企业协作开发的主要合作对象。

⑤营销调研公司。营销调研公司接受客户委托,调查消费者的需求状况,往往会无意中发现一些企业未注意到的市场机会,从而产生新产品的构思。

(2)产生创意的方法

创意的产生可能来自某种灵感,也可以按照某种规范的方法,产生创意的常用方法有:

①属性列举法。列举产品所有的属性,然后寻找可以改进的地方。比如根据普通螺丝刀的特征,可以列举出以下要素:圆形(形状)、钢质杆与木质手柄(构成及材料)、手柄和圆轴之间用铆合连接(结构)、用手工操作(使用方式)、通过手腕旋转而用力(工作原理)。如果进行改进,就可以从几方面的属性考虑:将圆形手柄改为六边形,以增强摩擦力;将手工操作改为电动;将旋转用力改为推动等等。

②引申关系法。将不同的物品排列起来,然后考虑每一物品与其他物品之间,是否有互补或相互配合的关系。比如,将传真机、电话机和复印机组合起来,就成为可以相互配合的办公一体设备。

③物型分析法。将一个问题所涉及的几个方面列举出来,然后设想各个方面的各种可能组合。比如一种"带有动力的运输工具,把物体从一地运往另一地"。它所涉及的主要问题有:运输工具的种类(车、椅子、底座);操作工具的媒介(空气、水、雪、坚硬的地面);动力来源(压缩空气、内燃机、电动机)。然后进行无拘无束的自由组合,例如,可以想象一种以内燃机为动力的在雪地上跑动的车辆工具,这就是一辆雪地车的创意。

④头脑风暴法。组织5~10人的小型讨论会,与会者在融洽和不受任何限制的气氛中进行讨论、座谈,打破常规,积极思考,畅所欲言,充分发表看法,不相互评论。鼓励与会者尽可能多而广地提出设想,同时积极进行智力互补,与会者提出设想的同时,思考如何把两个或更多的设想结合成另一个更完善的设想。

⑤需求/问题分析。通过市场调查或售后服务部门了解消费者的需要,或对现有产品的意见和建议。

(二)创意筛选

新产品创意筛选是按照一定评价标准,对各种创意进行比较判断,从中找出最有价值的创意的过程。选出的创意必须符合本企业发展目标和长远利益,并与企业资源条件相协调。筛选工作依据的主要标准有:

(1)市场成功的条件。包括产品的潜在市场成长率、竞争程度及前景、企业能否获得理想的销售量。

(2)企业内部条件。主要衡量企业的人、财、物资源,企业的技术条件及管理水平是否适合生产这种产品。

(3)销售条件。企业现有的销售人员与渠道是否适合销售这种产品。

(4)利润收益条件。产品是否符合企业的营销目标,新产品的获利水平及对企业原有产品销售的影响。

按照以上标准对产品创意进行初步筛选后,再对符合基本条件的创意进行更细致的评估,可以借助于表8-1所示的新产品构思评价表。

表8-1 新产品构思评价表

产品成功的必要条件	权重(A)	企业能力水平(B) 0	1	2	3	4	5	6	7	8	9	10	分值(A×B)
公司信誉	0.2												
市场营销	0.2												
研发能力	0.2												
人员	0.15												
财务	0.1												
生产	0.05												
销售地点	0.05												
原料供应	0.05												
合计	1												

根据产品创意的得分情况,结合市场规模、竞争状况,以及开发时间等因素,企业可以选择最理想的产品构思。

(三)产品概念的形成与测试

构思只是对产品功能或某些特点的描述,企业还需要从消费者的角度,将构思进一步具体化,用消费者能够接受和理解的语言将它表达出来,形成产品概念。消费者通过产品概念可以大致想象出这是一种什么样的产品,它能给自己带来哪些利益。

假设某食品生产商有这样一个产品创意:一种具有特殊口味的营养奶制品,具有高营养价值、特殊美味、食用简单方便的特点。但消费者关注的不是产品创意,促使他们购买的是产品概念。以前面提到的营养奶制品为例,将产品创意转化为产品概念可以从以下三个方面入手:①产品的使用者(婴儿、儿童、成年人、老年人);②使用者从产品中得到的主要利益(营养、美味、提神、健身);③使用环境(早餐、中餐、夜宵、饭后或临睡前等)。根据对这些问题的回答,企业可以形成很多产品概念,比如:"营养早餐饮品",提供给想快速得到营养早餐而不必自行烹调的成年人;"美味佐餐饮品",提供给儿童作提神的午餐饮品;"健身滋补饮品",供老年人夜间临睡前饮用。

企业选择了某一个或几个产品概念后,就可以进行产品概念的测试,收集和分析消费者的反应。呈现给消费者的产品概念可以是文字或图形,在计算机技术的帮助下,企业还可以利用立体或三维图形或模型,这样更直观,测试的效果与可靠性更好。

文字型产品概念测试的主要工具是概念说明书,比如,"一种添加在牛奶中的粉状产品,制成快速早餐,营养丰富,美味可口,操作简便。它有三种口味(可可、香草、苹果),装成小包。每盒5包,售价30元。"

提供这份概念说明书以后,企业需要消费者回答几个问题:①你是否清楚该产品概念并相信其利益?(概念的可传播性和可信度)②你是否认为该产品解决了你的某个问题或满足了某一需要?(需求程度)③是否有其他产品可以满足你的需要,并使你满意?(新产品和现有产品的差距)④相对于产品价值而言,价格是否合理?(认知价值)⑤你是否(肯定、可能、可能不)会购买该产品?(购买意愿)⑥谁可能会使用这一产品? 在什么时间购买? 使用频率怎样?(用户目标、购买时间和购买频率)

还有一种方法被称为"组合分析法",不直接描述一种产品,而是提供一组产品的属性,让消费者选择。比如,提供三种外观、三种价格、三种名称,然后分别组合,让消费者评分,根据评分及每种概念产品的生产成本、利润综合考虑,选择最优的产品概念。

(四)拟定营销计划

在确定最优的产品概念以后,企业需要为该产品制定初步的营销计划。营销计划的主要内容包括:

（1）新产品营销计划概要。主要叙述新产品名称、新产品概要、目标市场特征、计划期限等内容。

（2）市场营销现状分析。①宏观营销环境分析，如人口统计、经济、技术、法规等方面趋势的分析；②市场分析，包括市场规模及增长、购买者的需求、观念及其购买行为分析；③竞争者分析，包括它们的规模、目标、市场占有率、产品质量、市场营销组合策略等竞争者行为和特征方面的分析。

（3）新产品面临的机会与问题、优势与劣势，即SWOT分析。

（4）新产品营销战略与营销计划。①总体营销战略包括新产品的财务目标及市场营销目标，如市场占有率、知晓度、重购率等目标；②市场细分、目标市场选择及产品定位；③新产品生命周期各阶段的市场营销组合。

（5）预期经济效果分析。①新产品销量预测，成本费用、利润、风险评价各种活动的费用支出预算；②新产品盈亏报表；③风险估计及主要存在的问题。

（6）新产品营销行动方案，主要是计划期内新产品关键营销活动的安排。

（五）商业分析

管理层发展了产品概念和拟定营销计划后，需要对新产品的商业吸引力做出评价。商业分析的主要内容有两个方面：

（1）估计销售量。企业以假设的营销环境为基础，按照营销计划的要求，预测新产品在未来市场上可以达到的销售水平。企业可以以与新产品相似的现有产品、市场调查、专家判断、市场测试等历史资料为基础，结合潜在消费者的行为、环境的影响、竞争者的行为、企业的新产品战略，以及各种风险因素来进行分析和预测。预测的内容包括首次销售量、更新销售量、重购销售量等。

（2）估计成本和利润。在对销售量进行预测的基础上，企业可以推算新产品生产的成本与利润。

（六）产品开发

产品概念在通过了商业测试以后，就可以交给开发部门将它变为实体产品。产品开发不仅要达到要求的性能特点，还要通过实体暗示影响消费者心理。产品的不同颜色、尺寸、重量都会影响消费者的判断，比如，在爽口水中，黄色象征"防腐"，红色象征"清新"，绿色象征"凉爽"。

在产品原型开发出来以后，还要进行一系列的功能测试和消费者测试。功能测试主要了解产品在各种环境中的可靠性与稳定性,比如飞机的试飞、食品的保存期等。消费者测试可以通过实验室测试或免费赠送样品等方式展开,通过消费者测试可以达到三个主要目的:①找出最能吸引顾客的特性组合;②了解产品被消费者接受的程度;③发现产品设计还有哪些缺陷需要改进。

(七)市场试销

市场试销就是将产品与它的市场营销方案,第一次在经过仔细选择,并且可客观测量的环境下,正式试行销售。这是新产品正式上市前的最后一次测试,也是规模最大、投入最多的一次测试。新产品是否应进行试销,完全要看企业对其产品的信心而定。消费品通常比工业品更需要市场试销。市场试销的结果,不但可以帮助企业决定产品是否上市,而且还能告知企业以什么市场营销活动配合产品销售,可以获得最大的经济利益。市场测试的数量与规模,一方面取决于投资成本和风险大小,另一方面也受到时间压力和研究成本的影响。市场试销的方法主要有:

(1)销售波研究。首先免费将新产品提供给消费者使用,然后再以低价提供新产品或竞争者的产品给消费者,如此重复几次,在此过程中还提供一些有关新产品的广告概念,企业在此过程中观察消费者重复使用本企业新产品的情况,同时分析没有重复使用新产品的消费者是基于什么原因。销售波试销技术主要用于对新产品使用的测试,不能有效地说明不同促销活动对新产品使用率的影响。

(2)模拟商店试销,也称实验室试销LTM(Laboratory Test Market)。它是在类似实验室的环境中模拟全面的试销活动。通常是随机选取在某一商场中购物或逛商场的30~40名消费者,向他们展示系列简短的各种产品广告,本企业新产品的广告也在其中,但不向消费者提示。然后,把他们引入一个简易的商店,在商店中陈列着本企业正在测试的新产品,并给每位被试者少量的钱,让他们去自由购买。企业可观察到消费者购买本企业新产品和竞争者产品的情况。之后把消费者召集起来,询问他们购买或不购买新产品的原因。受试者离开前,送给那些没有购买测试产品的受试者一件样品。几个星期后,再登门或电话询问受试者对新产品的使用情况,满意程度和重复购买的可能性。模拟测试可测量新产品的使用率、重复购买率、广告效果等。

(3)控制试销。控制试销是由企业选定一些零售商店,对新产品在商店的试销活动进行全面控制,有计划地调整货架的位置、新产品的陈列、广告及促销等活动,并记录对消费者的购买行为和新产品销售情况的影响,还可随机抽取一些消费者进一步了解他们对新产品的印象。控制试销的优点是,该方法了解的是真正的消费者购买行为,能较客观地估计新产品的销售量,测试各种促销活动及广告对消费者购买行为的影响。缺点是把新产品暴露在竞争者面前。

(4)市场测试。新产品的市场测试是在更真实的市场环境中的一次小范围的销售,以了解市场对新产品及营销计划的反应。企业的市场测试计划包括以下方面:①选择有代表性的市场。②确定测试的期限。一般来说,新产品的平均使用周期越长,测试的周期就应越长,以便了解重复购买率。③确定需要收集的信息,主要是首次购买率和重复购买率。④对试销结果进行决策。通过对首次购买率(试用率)和重复购买率(再购率)的分析,市场测试可能出现四种情况:试用率高,再购率高,说明新产品是成功产品,可以投放市场;试用率高,再购率低,说明新产品存在问题,需要改进;试用率低,再购率高,说明新产品认知度低,需要加强宣传与促销;试用率低,再购率低,说明新产品与营销方案存在问题,需要全面改进。

市场测试的好处是显而易见的:从市场测试中得到的信息对未来的销售量预测更准确;可测试不同的营销计划对新产品商业化的可行性;从消费者的角度感受新产品缺陷等。市场测试的缺点也是很明显的:时间长、测试费用高,给竞争者可乘之机。竞争者有时还会采取措施扰乱测试市场,而使测试结果不可靠。

(八)正式上市

对于试销成功的新产品,企业可以进行批量生产,全面推向市场。在这一阶段,企业需要考虑进入市场的时机、区域、规模与方法。

在进入市场的时机方面,企业可以有三种选择:

(1)首先进入。即抢在竞争者之前进入市场,这有助于企业获得先入为主的优势,比如IBM公司是世界上最早生产和推出个人计算机的厂商,它的计算机产品被业界认为是"正宗的",而后来的康柏等公司生产的个人计算机都被称为"兼容机"。但如果产品存在缺陷,也会影响企业的声誉,同时,企业需要承担开拓市场和教育消费者的成本,以及相应的市场风险。

(2)平行进入。即在与其他厂商同时或十分接近的时间里将新产品推向市场,在消费者对一种新的品牌和产品没有形成偏好之前,先进入者没有来得及建立进入壁垒,稍后进入的厂商与先进入者处于竞争平衡的状态。当主要竞争对手的产品信息比较容易获取时,平行进入可以迅速针对对手的举动采取防御或进攻的措施,以此削弱对手新产品的潜在优势。如果对手是稍后进入者,并且善于模仿,则可因势利导地将竞争者的注意力从比较重要的市场吸引到较小的市场去。

(3)后期进入。在竞争者进入市场以后,再推出新产品。这样做有三个方面的好处:一是让对手付出代价去开拓市场,特别是对于消费者比较陌生的创新产品;二是让对手产品的弱点充分暴露,使消费者对竞争者的品牌产生不满,然后企业再针对对手产品的缺点进行改进和宣传;三是让企业了解市场的规模。

在选择进入市场的时机时,企业还应该考虑一些因素,比如,新产品如果是企业原有产品的替代品,在正常情况下,企业应该等现有产品销售完毕后,再择机入市。此外,季节性因素也是企业需要考虑的。

在投放区域的决策方面,企业可以考虑单一地区、一个区域、几个区域、全国市场或国际市场。选择的依据主要是当地市场潜力,企业在当地的市场声誉,建立分销点需要的成本,该地区对其他地区的渗透力及竞争状况等。

新产品市场进入规模是指新产品投放市场的实施范围。有两种规模可供选择:

①按某种顺序进行滚动式投放。对于时装等依靠人们口头宣传或示范的影响而取得成功的新产品,宜采用滚动式的市场进入方式,将初期重点集中在追赶潮流的群体身上,这一部分客户会因为自己的满意而影响到身边的朋友,或通过他的示范作用而带动许多潜在消费者。对于啤酒、烟草等按地理位置细分市场的产品,首先进入地理上接近的细分市场,然后才扩展到地区、全国,并最终扩展到全球。而洗发水、洗面奶等日用品,则可以通过不同分销渠道的细分市场滚动式进行。可以先在百货商店、精品专卖店销售,然后可以滚动到杂货店销售,最后到其他杂货铺和折扣商店销售。

②向目标细分市场全面投放新产品。对于大部分的新产品,针对目标细分市场进行全面铺开式的投放也是可行的,这种方式可以迅速占领市场,缩短进入市场的时间,但风险较大,成本较高,全面铺开式的投放比较适合改进型产品。

最后是进入市场的战略,即用什么方法将新产品推向市场。发动宣传攻势是大多数企业的选择,可以通过广告、新闻发布会,或参与某个展览会等方式将新产品介绍给消费者。

复习思考题

1. 产品整体概念包括哪几个层次?
2. 按消费者的购买习惯可以将产品分为哪几类?分别采用什么营销策略?
3. 一个品牌通常包含哪几个层次的含义?
4. 品牌延伸的好处主要有哪些?

5.包装有哪些主要的功能?

6.产品的包装设计应遵循哪些基本原则?

7.判断产品生命周期所处的阶段有哪几种方法?

8.产品生命周期各阶段的特点与营销策略分别是什么?

9.主要有哪几个层次的新产品?

10.企业新产品开发一般有哪几个步骤?

11.新产品创意的主要来源和方法有哪些?

案例分析

洗衣机里的小小神童

一直以来,每年的6月都是洗衣机销售的淡季。每到这段时间,很多厂家就把促销员从商场里撤回去了。张瑞敏纳闷儿:难道天气越热,出汗越多,老百姓越不洗衣裳?调查发现,不是老百姓不洗衣裳,而是夏天里大容量的洗衣机不实用,既浪费水又浪费电。于是,海尔的科研人员很快设计出一种洗衣量只有1.5公斤的洗衣机——小小神童。小小神童投产后先在上海试销,因为张瑞敏认为上海人消费水平高又爱挑剔。结果,上海人马上认可了这种世界上最小的洗衣机。该产品在上海热销之后,很快又风靡全国。在不到两年的时间里,海尔的小小神童在全国卖了100多万台,并出口到日本和韩国。

(资料来源:梁士伦,李懋:《市场营销学》,武汉理工大学出版社,2006年)

案例思考

1.小小神童洗衣机属于哪个层次的新产品?

2.小小神童洗衣机的创意来源是什么?

3.小小神童洗衣机选择投放区域的依据是什么?

4.小小神童洗衣机选择了哪种新产品市场进入规模?

第九章
价格策略

在营销组合中,价格是唯一能产生收益的要素,其他要素都属于成本,而且价格也是营销组合中最灵活、最容易调整的。价格虽然是一种重要的竞争手段,但是也不能夸大它的作用,因为价格是最容易被模仿的竞争手段,只有与其他营销手段相结合,才能发挥作用。

第一节 定价的依据

一、定价的目标

企业定价的一般目标是促进销售,获取利润。这要求企业既要考虑成本的补偿,又要考虑消费者对价格的接受能力。定价目标往往与企业的目标市场和市场定位有着密切的联系,一家旅游汽车企业想生产一种豪华型野营房车以满足高收入消费者的需要,这就意味着一种高价格。这种定价策略主要是由先前的市场决策所决定的。

与此同时,企业还可以追求其他附加目标。企业对它的目标越明确,制定价格策略就越容易。企业定价的目标主要有:生存目标、当期利润最大化目标、市场份额领先目标、产品质量领先目标等。

(一)生存目标

这是定价的最低目标,当企业面临产量过剩,或竞争激烈,或消费者需求变化等情况时,生存往往成为企业的主要目标。为了保持工厂继续开工和实现现金回笼,它们必须定一个低价,利润已经显得不是很重要,只要价格能够弥补可变成本和部分固定成本,企业就能在行业中生存下去。

(二)当期利润最大化目标

该目标需要企业为各种可能的价格估计相应的需求和成本,然后选定一个能带来最大当期利润的价格。该目标也存在一些问题:首先,它假设企业知道自己产品的需求和成本函数,而事实上这两个函数很难估计;其次,它使企业只注重自己的短期财务业绩,而忽视长期效益;最后,该目标受到其他营销组合变量、竞争对手的反应、法律对价格的限制等因素的约束。

(三)当期收入最大化目标

在成本变化比较剧烈或不好把握的时候,定价目标的利润最大化就变成了收入最大化。要实现收入最大化只需考虑需求函数。许多管理人员相信收入最大化能带来长期利润最大化和市场份额的增长。

(四)销售增长率或市场份额最大化目标

该目标希望实现销售增长或市场份额最大化。它们相信销售量越大,单位成本就越低,长期利润也就越大。该目标一般实行低价格策略,认为市场对价格敏感,低价格可以获得较高的市场份额,促使成本下降,然后再进一步降低价格。在下列情况下可以制定低价格:①市场对价格高度敏感,低价格能促进市场份额增长;②反映平均成本与产量关系的经验曲线比较陡峭,生产效率提高后,生产和分销成本随之下降;③低价格能封杀对手利润空间,减少实际的和潜在的竞争。

(五)最大市场撇脂

撇脂本意是指从牛奶中撇取奶油,这里比喻赚取利润。企业先制定高价格来快速撇取市场利润,当销售额有所下降时,就降低价格,来吸引下一个对价格敏感的顾客群。市场撇脂定价的条件有:①购买者数量很多,短期需求很大;②小批量生产的单位成本并不高,可以抵销交易的费用;③初始的高价格并不会吸引更多的竞争对手;④高价格能带来产品优秀的形象。企业在采取高价格时,应该让细分市场充分理解新产品带来的利益,使顾客觉得物有所值。

(六)产品质量领先目标

该目标把自己的产品定位成为市场质量的领先者。该目标以高质量高价格策略来获取更高的收益水平。梅塔格公司生产高质量的洗衣机,它的价格比竞争者高几百美元,它的口号是"使用寿命最长久",其广告突出"修理员没事干"。高质量高价格的策略使公司的投资报酬率高于行业平均水平。

二、影响企业定价的主要因素

定价目标是影响企业定价的重要因素,此外,企业定价还受到成本、营销组合策略、市场需求状况与需求弹性、竞争者、消费者心理等众多因素的影响。

(一)成本

成本是影响定价决策的一个重要因素,产品成本有两类:一类是固定成本,即折旧费,房地租,办公费用,管理人员报酬等相对固定的开支,一般不随产量的变动而变动;一类是可变成本,即原材料、动力、工人的工资等随产量的变动而变动的成本。二者之和即产品的总成本,产品的价格一般要能够弥补其总成本,可以说,成本是产品定价的下限。

定价决策还要考虑经验曲线对成本的影响:由于企业生产和行销经验的累积,产品的单位成本会随着销售量的增加而递减。因此,如果价格较低,又有相当多的消费者对价格敏感的话,就会刺激需求和销售,进而降低产品的平均成本。但是,单纯根据经验曲线降低成本也并非总能成功。因为低价可能会造成产品低档的形象。此外,企业运用经验曲线降低价格时还有两点必须注意:第一,竞争者实力如何,是否会对本企业降价做出反应;第二,当本企业利用现有生产技术并遵循旧有经验曲线时,竞争者有可能研究开发一种新技术来降低成本,推出价格更低的产品。

(二)营销组合策略

由于价格是营销组合的因素之一,所以定价策略必须与产品的设计、分销和促销策略相匹配,形成一个协调的营销组合。正如前面所举的例子,如果企业设计的是面向高收入消费者的汽车,广告强调的是豪华和生活品位,销售商选择的是高档汽车专营店,产品定价就不应该是中低价。

(三)市场需求状况与需求弹性

市场需求是影响企业定价的最重要的外部因素,决定着企业制定产品价格的上限。一般而言,在自由竞争的市场条件下,市场价格随市场供求关系的变化而变化。这是单个企业的价格策略难以左右的,只有在不完全竞争的市场上,企业才有选择价格策略的必要性。

需求价格弹性、收入弹性、交叉弹性也是企业定价需要考虑的因素。对于需求价格弹性、收入弹性大的商品,企业定价时应采用低价策略,薄利多销。对于需求价格弹性小的商品,企业定价时可适当地提高价格,增加盈利。需求价格弹性受到很多因素的影响,比如,当企业与顾客关系很牢固,市场存在品牌忠诚度时,顾客对价格的敏感度及价格弹性就比较小。交叉弹性决定企业对竞争者价格政策的反应程度,如果交叉弹性比较大,企业就必须对竞争者的价格做出调整,特别是降价行为及时做出反应。

(四)竞争者的产品与价格

企业定价时,必须考虑各个竞争者产品的质量和价格并以此作为定价的出发点。如果自己的产品与主要竞争者的产品相类似,那应该使价格也近似;如果比竞争者的产品质量低,那就制定较低的价格;如果质量高于竞争者的产品,则可制定较高的价格,或以相似的价格争夺市场。

(五)消费者因素

消费者一般根据某种商品的效用大小来判定该商品的价格,他们对商品价格往往都有一种估计,这种估价被称为期望价格。期望价格不是一个具体的金额,而是一个价格范围。如果企业定价高于消费者心理期望值,就很难被消费者接受;反之,低于期望值,又会使消费者对商品的品质产生误解,甚至拒绝购买。

消费者对价格的态度非常复杂和微妙,收入水平和心理因素都影响着消费者的态度。在消费者收入水平较低时,他们对价格比较敏感,期望价格往往低于市场价格;而在收入增加时,价格对购买的影响力就会减弱。消费者的心理随机性较大,它既是进行价格决策时最难把握的一个因素,同时又是企业定价必须考虑的重要因素。消费者在做购买决策时,有的求实求廉,有的求名求质,不同的购买心理需要不同的价格策略。

(六)其他因素

政府的政策法律、国内外经济形势、货币供应量、产品生命周期、分销渠道等都会影响企业价格决策的效果。

在市场经济环境中,存在市场失灵的现象。政府会制定一系列的政策和法规,采取各种措施建立价格管理体制。这些政策、法规和措施,有监督性的,有保护性的,也有限制性的,它们制约着市场价格的形成,是企业进行价格决策的重要依据。

国内外经济形势从成本和市场需求两方面影响企业价格决策,经济繁荣时,需求旺盛,生产要素价格上涨较快,企业产品涨价的空间也相对较大;反之,企业产品降价的可能性更大。

货币供应量影响需求和货币价值,货币供应量大将刺激需求,同时货币贬值,因此价格上涨;反之,价格下降。

产品有不同的生命周期,企业需要据此确定相应的价格,以达到预定的营销目标。在新产品的介绍期,企业只面对少数竞争者,甚至没有竞争者。因此,企业可根据对产品供需状况的预测而自行决定价格。在此阶段主要可采用以下两种策略:一是高价策略。若产品具有独特性,且竞争者很少,则可选择单位利润最大的定价法。高价策略可使企业获取最大利润,迅速收回新产品开发费用。二是低价策略。营销目标若是抢占市场,则宜采用低价策略。低价可吸引广大消费者试用产品,鼓励其大量消费,在竞争者进入市场之前,建立消费者忠诚度;竞争性低价策略,还可以阻止竞争者进入市场。在成长期,产品普遍为大众接受,竞争者也大量进入该市场,一般采用低价以吸引更多顾客,或采用价格不变而提供更多品种和服务的策略。在此阶段,高价、高质量的产品将继续增长,但增长潜力有限。在成熟期,一般根据竞争者的价格采取竞争性定价。

此外,为了使产品在市场上具有竞争力,以及激发中间商的积极性,企业往往需要接受中间商的价格建议,与中间商协商定价。

第二节 定价方法

企业在确定了定价目标,掌握了各影响因素的相关信息后,就可以进行具体的定价工作。在影响企业定价的因素中,最基本的是产品成本、市场需求和竞争者因素。依据企业定价的主要关注点,定价方法可以大体分为:成本导向定价、需求导向定价及竞争导向定价。

一、成本导向定价法

成本导向定价法(Cost-based Pricing Method)以产品成本作为定价的基础,是按照卖方意图进行定价的方法。其主要理论依据是:在定价时,要考虑先收回企业在营销中投入的全部成本,再考虑获得一定的利润。常用方法有:

(一)成本加成定价法

成本加成定价法是在单位产品成本的基础上,加上一定比例的预期利润作为产品的销售价格。

计算的基本公式为:价格=单位成本+单位成本×成本利润率=单位成本×(1+成本利润率)

若考虑税负,则计算公式为:价格=单位成本×(1+成本利润率)/(1-税率)

成本加成定价法多用于零售业,加成率因商品而异,一般在5%~30%。通常冷冻食品加成率低,而服装等款式变化快、经营风险大的商品加成率高。

该方法的优点是：①简化定价工作。②减少价格竞争。只要同行业均采用成本定价方法，则在成本和加成相似的情况下，价格大致相同，可使彼此间的价格竞争降到最低程度。③对购买者和销售者都比较公平。因为，企业既不会利用消费者需求的增加而乘机提价，又可依靠固定的加成获得较为稳定的利润。

主要缺点是：①未考虑销售数量对成本的影响。②只从卖方角度考虑，忽视了市场需求和竞争。③易造成价格与企业实际产销量呈反方向变化，即畅销产品价格低，销售困难的产品反而价格高。

（二）目标利润定价法

计算的基本公式为：价格=(总成本+目标利润)/预计销售量

与成本加成定价法的主要区别在于，成本加成定价法中的成本一般是指生产成本，而目标利润定价法则包括期间费用。

（三）边际成本定价法

该方法以单位产品边际成本作为定价依据和可接受价格的最低界限。

边际成本是指企业每增加一单位产品所增加的成本，一般为变动成本的增量。边际收益是企业每增加一单位产品所增加的收入。边际贡献为边际收益与边际成本之差。在产品供过于求的市场上，企业为迅速开拓市场，往往只考虑变动成本，只要预期的边际贡献适当补偿固定成本就可以。

其适用情况有如下几种：①已分摊固定成本后的新增商品定价。②企业达到保本点后的商品定价。③企业开拓新地区市场的商品定价，即在现有市场的销售收入已能保本并有盈利的情况下，为拓展市场，可对新客户或新设网点的商品按变动成本定价。④企业经营淡季时的定价。此外，不以营利为目标的企业，如公用事业部门也可以采用边际成本定价法。

二、需求导向定价法

需求导向定价法（Demand-oriented Pricing Method）是指根据市场需求状况和消费者对产品的认知差异来确定价格的定价方法。其特点是灵活有效地运用价格差异，对平均成本相同的同一产品，价格随市场需求的变化而变化，可以更好地适应市场。它遵循的基本原则是：市场需求强度大时，制定高价；市场需求强度小时，适度降价。这种定价方法综合考虑了成本、产品生命周期、市场购买能力、顾客心理等因素。需求导向定价方法主要包括理解价值定价法、需求差异定价法和逆向定价法。

(一)理解价值定价法

这是将产品定价建立在顾客对产品的认知价值的基础上的一种方法,即根据消费者愿意支付的价格作为定价依据。

理解价值定价法一般用于企业推出新产品或进入新市场时,具体做法是:企业用计划好的质量和价格向特定的目标市场提供一种新产品概念时,首先估计消费者对该产品的接受程度,预测这一价格水平下产品的销售量,并据此估算必需的生产能力、投资额和单位产品成本;然后,综合所有情况和数据,测算这种产品的盈利水平,如果盈利令人满意,企业就投资开发此产品,否则,就放弃开发。

(二)需求差异定价法

这种方法是根据交易对象、交易时间、地点等方面的不同,定出两种或多种不同价格,以适应顾客的不同需要。需求定价的主要形式有:

(1)按不同顾客定价。即根据不同的消费群体的购买能力、购买目的、用途的不同,制定不同的价格。比如,公园、旅游景点、博物馆将顾客分为学生、年长者和一般顾客,对学生和年长者收取较低的费用。

(2)按产品不同形式定价。即企业按产品的不同型号、式样,制定不同的价格,但不同产品的价格差额和成本差额是不成比例的。比如:50英寸彩电比40英寸彩电贵很多,可其成本差额远没有这么大。

(3)按产品不同部位定价。比如在剧院里,不同座位的成本都一样,但是前排的座位票价往往是后排的几十倍,因为人们对剧院不同座位的偏好不同。

(4)按不同销售时间定价。比如,长途电话公司的晚上、清晨的电话费用可能只有白天的一半;航空公司或旅游公司在淡季的价格便宜,而旺季一到价格立即上涨。这样可以促使消费需求均匀化,避免企业资源的闲置或超负荷运转。

(5)按不同形象定价。企业可以对同一产品采用不同的包装或商标,塑造不同的形象,制定不同价格。比如,香水制造商将香水加入一只普通玻璃瓶中,赋予某一品牌和形象,售价为20元;也可以用更华丽的瓶子装同样的香水,赋予不同的名称、品牌和形象,定价为200元。

需求差异定价法的前提条件是:①市场可以细分,各细分市场有不同的需求强度;②差别定价不会引起消费者反感;③低价格细分市场的产品不会被转卖;④竞争者没有机会进行价格竞争。

(三)逆向定价法

企业根据产品的市场需求状况,通过价格预测和试销、评估,先确定消费者可以接受和理解的零售价格,然后倒推批发价格和出厂价格的定价方法。比如,消费者对某品牌电视机可接受价格2500元,电视机零售商的经营毛利预计20%,电视机批发商的批发毛利5%,则可计算出零售商可接受价格=2500×(1-20%)=2000元;批发商可接受价格=2000×(1-5%)=1900元。所以,该品牌电视机的出厂价格应为1900元。

逆向定价法计算的价格能反映市场需求情况,有利于加强与中间商的良好关系,保证中间商的正常利润,使产品迅速向市场渗透,并可根据市场供求情况及时调整,定价比较灵活。

三、竞争导向定价法

在竞争激烈的市场上,企业需要研究竞争对手的生产条件、服务水平、价格等因素,依据自身实力,参考成本和供求状况来制定有利于获取竞争优势的产品价格。这种定价方法的特点是:产品的价格不与产品成本或需求发生直接关系。产品成本或市场需求变化了,但竞争对手的价格未变,就应维持原价;反之,虽然成本或需求都没有变动,如果竞争者调整价格,则企业也相应地调整产品价格。当然,为实现企业的定价目标和总体战略目标,谋求企业的生存和发展,企业也可以与其他营销手段相配合,将价格定得高于或低于竞争对手的产品。竞争导向定价法主要包括随行就市定价法、产品差别定价法、投标定价法等。

(一)随行就市定价法

在垄断竞争和完全竞争的市场结构条件下,任何一家企业都无法凭借自己的实力而在市场上取得绝对的优势,为了避免竞争特别是价格竞争带来的损失,大多数企业都采用随行就市定价法,即将本企业某产品价格保持在市场平均价格水平上,利用这样的价格来获得平均报酬。此外,采用随行就市定价法,企业就不必去全面了解消费者对不同价差的反应,也不会引起价格波动。下列情况比较适合随行就市定价法:①难以估算成本;②同质产品市场;③如果另行定价,难以了解购买者和竞争者对本企业的价格的反应。

(二)产品差别定价法

产品差别定价法是指企业通过不同营销努力,使同种同质的产品在消费者心目中树立起不同的产品形象,进而根据自身特点,选取低于或高于竞争者的价格。这是一种进攻性的定价方法。采用这种方法,首先要求企业必须具备一定的实力,在某一行业或区域市场占有较大的市场份额,消费者能够将企业产品与企业本身联系起来。其次,在质量大体相同的条件下实行差别定价是有限的,尤其对于定位为"质优价高"形象的企业来说,必须支付较大的广告、包装和售后服务方面的费用。

(三)密封投标定价法

投标定价是买方引导卖方竞争成交的一种定价方法,通常用于建筑工程项目、大型设备制造和政府大宗采购。由买方公开招标,卖方竞争投标,一次性密封递价,到期当众开标,买方在所有卖方中按物美价廉的原则择优成交。在投标过程中,卖方不会低于自己的成本报价,但由于担心失去订单也不会过高定价,通常以成本加上一个合理的期望利润进行报价。

(四)拍卖定价法

这是商品所有者或委托代理人(如拍卖行)事先规定商品底价、加价幅度,在拍卖地点进行公开叫卖,然后根据不同买主的报价,选择一个最高价格作为成交价的方法。主要应用于文物古董、高级艺术品、房地产、机器设备等财产的变卖中。这种方法可以加快交易速度,利于对闲置物资的处置。与密封投标定价法的区别在于,拍卖定价法是买方公开竞价,而投标定价法是卖方密封递价。

第三节 定价策略

价格是企业争夺市场的重要武器,企业需要根据市场环境、产品的特点和生命周期阶段、消费者心理与需求特点等因素,正确选择定价的策略,以实现企业的营销目标。定价既是科学,又是艺术。如果说定价方法是在量的方面对产品的基础价格进行科学的计算,那么定价策略则是从艺术角度,根据基础价格和市场具体情况制定灵活机动的价格。

一、心理定价策略

每一件产品都能满足消费者某一方面的需求,其价值与消费者的心理感受有着很大的关系。心理定价策略就是企业在定价时利用消费者心理因素,有意识地将产品价格定得高些或低些,以满足消费者生理的和心理的、物质的和精神的多方面需求,形成消费者对企业产品的偏爱或忠诚,扩大市场销售,获得最大效益。

(一)尾数定价策略

企业定价时,采用不取整数、而带尾数的定价策略。这种带尾数的价格,如0.99元、9.98元等,给消费者直观上一种便宜的感觉,还可能让消费者认为这种价格经过精确计算,购买不会吃亏,从而产生信任感。同时,价格虽然离整数仅相差几分或几角钱,但低一位数,符合消费者求廉的心理愿望。这种策略通常适用于基本生活用品。

(二)整数定价策略

整数定价与尾数定价正好相反,企业有意将产品价格定为整数,以显示产品具有一定质量。整数定价多用于价格较贵的耐用品或礼品,以及消费者不太了解的产品,对于价格较贵的高档产品,顾客对质量更为重视,往往把价格高低作为衡量产品质量的标准之一,整数容易产生"一分价钱一分货"和上档次的感觉,从而有利于销售。

(三)声望定价策略

即针对消费者"便宜无好货、价高质必优"的心理,对在消费者心目中享有一定声望,具有较高信誉的产品制定高价。不少奢侈品和稀缺产品,如豪华轿车、高档手表、名牌时装、名人字画、珠宝古董等,在消费者心目中享有极高的声望价值。购买这些产品的人,往往不在乎产品价格,而最关心的是产品能否显示其身份和地位,价格越高,心理满足的程度也就越大。

(四)习惯定价策略

有些产品在长期的市场交易中,已经形成了消费者适应的习惯价格,企业对这类产品定价时,要充分考虑消费者的习惯倾向,采用"习惯成自然"的定价策略。对消费者已经习惯了的价格,不宜轻易变动。降低价格会使消费者怀疑产品质量,提高价格会使消费者产生不满情绪,导致购买的转移。在不得不提价时,应采取改换包装或品牌等措施,减少消费者的抵触心理,并引导消费者逐步形成新的习惯价格。

(五)招徕定价策略

这是适应消费者"求廉"的心理,将产品价格定得低于一般市价,个别的甚至低于成本,以吸引顾客、扩大销售的一种定价策略。采用这种策略,虽然几种低价产品不赚钱,甚至亏本,但从总的经济效益看,由于低价产品带动了其他产品的销售,企业还是有利可图的。这一定价策略常为百货商店、超级市场所采用。

(六)分档定价策略

分档定价是指把同类产品分成几个等级,不同等级的产品使用不同价格。使消费者产生一种按质论价、货真价实的感觉。例如,服装厂可以把自己的产品按大、中、小号分级定价,也可以按大众型、折中型、时髦型划分定价。这种明显的等级,便于满足不同的消费需要,还能简化企业的计划、订货、会计、库存、推销工作。但要注意,等级划分要适当,级差不能太大或太小。价差过大,会诱导顾客趋向于某一种产品;价差过小,会使顾客无法确定选购目标。

二、产品组合定价策略

产品组合是指一个企业所生产经营的全部产品线和产品项目的组合。对于生产经营多种产品的企业来说,定价必然着眼于整个产品组合而不是单个产品的利润最大化。由于各种产品之间存在需求和成本上的联系,有时还存在替代、互补关系,所以定价难度相当大。

(一)产品线定价

通常,企业开发出来的是产品大类,即产品线,而不是单一产品。当企业生产的系列产品存在需求和成本的内在关联性时,为了充分发挥这种内在关联性的积极效应,需要采用产品线定价策略。

首先,确定某种产品价格为最低价格,它在产品线中充当招徕价格,吸引消费者关注产品线中的其他产品。然后,确定产品线中另一些产品的价格为最高价格,它在产品线中充当品牌质量象征和收回投资的角色。最后,产品线中的其他产品也分别依据其在产品线中的角色而制定不同的价格。如服装厂对男士西服定价分220元、650元、1100元三个水平,在消费者心目中形成低、中、高三个档次,人们在购买时就会根据自己的消费水平选择不同档次的服装,从而消除了在选购商品时的犹豫心理。

(二)互补产品定价

互补产品是指两种或两种以上功能互相支持、需要配合使用的商品。比如,剃须刀与刀片,计算机硬件与软件。具体定价策略为:把价值高而购买频率低的主件价格定得低些,而与之配合使用的,价值低且购买频率高的易耗品价格则适当定得高些。这可以吸引顾客购买主件,再通过大量销售顾客必须购买的互补品来获得利润。

(三)系列产品定价

如果企业向顾客提供一系列相关的产品和服务。比如,宾馆既为顾客提供住宿、餐饮服务,也提供娱乐、健身服务。那么,可考虑将住宿、餐饮的价格定低些,以吸引顾客,而将娱乐、健身的价格定高些,以获取利润。

(四)捆绑定价

捆绑定价是指企业将两个或两个以上的产品或服务,以不高于单品售价之和的价格进行打包出售,典型的例子就是微软将其IE浏览器与视窗操作系统捆绑定价销售。

选择捆绑定价的原因很多,比如,捆绑销售通过产品组合,降低了消费者的搜寻成本,只需要一次交易就完成了相关产品的购买,而且比分别购买更划算,消费者的购买欲会增加。此外,捆绑销售可以节省运输或包装成本,使厂商实现规模经济,获得更大的利润空间。同时,捆绑定价策略可有效地排挤竞争对手,并设置进入壁垒,如微软的Office软件。捆绑定价已普遍应用于制造业和服务业领域,比如电信套餐、度假套餐、软件应用、保险套餐、菜单、消费品、电子杂志等都广泛运用了这种策略。

根据进行捆绑定价的产品的关系,可以将其划分为以下几种形式:①同质产品捆绑定价。即捆绑定价的是同一类产品。按照提供的产品组合不同,又可以把它划分为混合产品组合定价(如航空公司对往返机票的定价)和单一产品组合定价(如酒吧里面啤酒必须成打买卖)。②互补式产品捆绑定价。即捆绑定价的产品在用途上具有互补性。例如饭店将几种不同的菜品捆绑成一份套餐进行定价;旅行社对整个旅行线路进行定价。③非相关性产品捆绑定价。被捆绑的产品与基本产品并不直接相关,但有益于消费者对基本产品的支付意愿。比如,将零食与玩具捆绑销售。

产品进行捆绑定价组合,需要具备四个实施条件:①捆绑定价产品需要具备相当的市场支配力,从而可与竞争产品进行价格差别竞争。微软的办公软件便是如此。②捆绑定价产品之间需要一定的关联性。即在消费对象、销售渠道、品牌影响力等方面相近。比如,2004年惠普进行的三合一整合捆绑销售:消费者购买指定机型,除了装备操作系统外,还会送JBL音箱及照片打印机。③捆绑定价产品的目标顾客要存在重叠性,产品组合是目标消费者所需要的。1996年,宝马在南非推出一种销售策略,将防盗窃抢劫保险费用与其新推出的车型进行捆绑销售。在保险费用不断提高的情况下,此策略对消费者极具吸引力。④捆绑定价产品要有相似的市场定位。消费者的职业、收入、交易水平等不同,消费习惯和心理也有很大差别。因此,捆绑产品的市场定位至少是相同或者相近的,否则该策略就难以成功。例如奢侈品与劣等品便不能进行捆绑定价。

三、新产品定价策略

新产品定价是企业价格决策的一个重要方面。新产品定价合理与否,不仅关系到新产品能否顺利地进入市场、占领市场、取得较好的经济效益,而且关系到产品本身的命运和企业的发展前途。新产品定价策略可采用撇脂定价、渗透定价和满意定价策略。

(一)撇脂定价

撇脂定价(Market-skimming Pricing)又称"取脂定价",是指在新产品上市之初,把价格定得很高，以便在短期内获取厚利，迅速收回投资，减少经营风险。

撇脂定价产品一般先从高收入阶层和早期使用型消费者入手，这类消费者对新产品价格不太敏感，求新、求奇的愿望很强烈。他们往往认为，新产品有新价值、新利益，贵一点儿是应该的。有时，高价反而会有助于增加产品的吸引力。所以，新产品上市之初，必须争取时间，趁竞争者尚未进入市场，抢先用高价夺取高额利润。随着企业大批量生产的出现，成本显著下降，竞争者进入市场，产品新颖性降低，再逐步降价。

(二)渗透定价

与撇脂定价相反，渗透定价是一种建立在低价基础上的新产品定价策略，即在新产品进入市场初期，把价格定得很低，借以打开产品销路，扩大市场占有率，谋求较长时期的市场领先地位。老产品也可采用这种定价策略来延长其生命周期。渗透定价是一种颇具竞争力的薄利多销策略。采用渗透定价的企业，在新产品入市初期，利润可能不高，甚至亏本，但通过排除竞争，开拓市场，却可以在长时期内获得较高的利润，因为大批量销售和生产会使边际成本下降，边际收益上升。如果企业排除了竞争对手，控制了一定的市场，又可以提高价格，增加利润。所以，渗透定价又被称为"价格先低后高策略"。渗透价格通常既低于竞争者同类产品的价格，又低于消费者的预期价格。

渗透定价的主要缺点是，可能降低企业产品的形象。该策略的适用条件有：①产品的需求价格弹性大，市场对价格敏感，低价可以刺激市场迅速增长。②生产经营费用随经验的增加而降低。③低价不会带来过度竞争。

(三)满意定价

许多企业对新产品既不定高价，也不定低价，而确定一个中等价格，即"满意价格"。高价和低价各有利弊，各有一定的风险，中等价格介于两种价格水平之间，取两者之利，弃两者之弊，应该说是一种较为公平、正常的价格。在大多数情况下，企业往往会选择一种对消费者、生产者和中间商都相对有利的满意价格。适用于大量生产、大量销售、市场较稳定、需求价格弹性较小的普通商品。

四、折扣定价策略

折扣定价策略是企业为了鼓励顾客及早付清货款、大量购买、淡季购买等，在原有正式价格的基础上，酌情降低商品价格的策略。折扣价格的主要类型包括：现金折扣、数量折扣、功能折扣、季节折扣、价格折让等。

(一)现金折扣

现金折扣是对在规定的时间内提前付款或用现金付款者所给予的一种价格折扣,其目的是鼓励顾客尽早付款,加速资金周转,降低销售费用,减少财务风险。采用现金折扣一般要考虑三个因素:折扣比例;给予折扣的时间限制;付清全部货款的期限。

现金折扣用于销售方式为赊销或分期付款的商品,如商品房或汽车的销售。确定现金折扣率大小的基本原则是:其上限不能高于由于资金周转速度加快所带来的盈利;下限不能低于同期银行存款利率。

(二)数量折扣

是指按购买数量的多少,分别给予不同的折扣,购买数量愈多,折扣愈大。其目的是鼓励大量购买,或集中向本企业购买。数量折扣包括累积数量折扣和一次性数量折扣两种形式。累计数量折扣规定顾客在一定时间内,购买商品若达到一定数量或金额,则按其累计量给予一定折扣,其目的是鼓励顾客经常向本企业购买,成为可信赖的长期客户,它尤其适合于不宜一次大量购买易变质的产品,如食品、蔬菜、水果等。一次性数量折扣规定一次购买某种产品达到一定数量或购买多种产品达到一定金额,则给予折扣优惠,其目的是鼓励顾客大批量购买,促进产品多销、快销。

(三)功能折扣

中间商在产品分销过程中所处的环节不同,其所承担的功能、责任和风险也不同,企业据此给予不同的折扣称为功能折扣,也叫商业折扣。对生产性用户的价格折扣也属于一种功能折扣。

比如,某生产厂家报价:"100元,折扣40%及10%",表示给零售商折扣40%,即卖给零售商的价格是60元,给批发商则再折10%,即54元。因为批发商和零售商功能不同。鼓励中间商大批量订货,扩大销售,争取顾客,并与生产企业建立长期、稳定、良好的合作关系是实行功能折扣的一个主要目标。功能折扣的另一个目的是对中间商经营的有关产品的成本和费用进行补偿,并让中间商有一定的盈利。

(四)季节折扣

有些商品的生产是连续的,而消费却具有明显的季节性。为了解决供需矛盾,这些商品的生产企业便采用季节折扣的方式,对在淡季购买商品的顾客给予一定的优惠,使企业的生产和销售在一年四季能保持相对稳定。比如,啤酒生产厂家对在冬季进货的商家给予大幅度让利,羽绒服生产企业则为夏季购买其产品的客户提供折扣。季节折扣比例的确定,应考虑成本、储存费用、基价和资金利息等因素。季节折扣有利于减轻库存,加速商品流通,迅速收回资金,促进企业均衡生产,充分发挥生产和销售潜力,避免因季节需求变化所带来的市场风险。

(五)回扣和津贴

回扣是间接折扣的一种形式,它是指购买者在按价格目录将货款全部付给销售者以后,销售者再按一定比例将货款的一部分返还给购买者。津贴是企业为特殊目的,对特殊顾客以特定形式所给予的价格补贴或其他补贴。比如,当中间商为企业产品提供了包括刊登地方性广告、设置样品陈列窗等形式的促销活动时,生产企业给予中间商一定数额的资助或补贴。又如,对于消费者,开展以旧换新业务,将旧货折算成一定的金额,在新产品的价格中扣除,顾客只支付余额,以刺激消费需求,促进新一代产品的销售,这也是一种津贴的形式。

五、地区定价策略

地区定价策略,就是企业对于卖给不同地区顾客的产品所使用的价格策略。

(一)原产地定价

顾客按照厂价购买某种产品,企业(卖方)只负责将这种产品运到产地某种运输工具(如卡车、火车、船舶、飞机等)上交货。交货后,从产地到目的地的一切风险和费用都由顾客承担。这样定价虽然很合理,但远距离的顾客可能不愿购买这个企业的产品,而选择其附近企业的产品。

(二)统一交货定价

就是企业对于卖给不同地区顾客的某种产品,都按照相同的厂价加相同的运费(按平均运费计算)定价,也就是说,对全国不同地区的顾客,不论远近,都实行一个价。这种定价又叫邮资定价(类似于平信邮资的定价)。

(三)分区定价

这种形式介于前两者之间。所谓分区定价,就是企业把全国(或某地区)分为若干价格区,对于卖给不同地区顾客的产品,分别制定不同的地区价格。距离企业远的价格区,价格定得较高;距离企业近的价格区,价格定得较低。在各个价格区范围内实行一个价。企业采用分区定价存在几个问题:①在同一价格区内,距离企业较近的顾客不合算;②处在两个相邻价格区界两边的顾客,他们相距不远,但是要按不同的价格购买同一种产品。相邻区域的价格差异有可能导致中间商随意地跨区域销售,不利于企业对区域价格的管理。企业在划分区域时,要注意这些问题。

(四)基点定价

即企业选定某些城市作为基点,然后按一定的厂价加从基点城市到顾客所在地的运费来定价。不少货物,如钢铁和木材,由于产地比较集中,各地的厂商会先把它们集中到某个固定的地点,再从那里向全国各地运送。这样的固定发货地点称为"基点",而货物在基点的发货价叫"基点价"。接着,当货物从基点运送到各地后,要加上相应的运费,才成为当地的售价。有些企业为了提高灵活性,选定许多个基点城市,按照顾客最近的基点计算运费。

(五)运费免收定价

有些企业因为急于和某些地区做生意,负担全部或部分实际运费。这些卖主认为,如果生意扩大,其平均成本就会降低,足以抵偿这些费用开支。采取运费免收定价,可以使企业加深市场渗透,更好地在竞争日益激烈的市场上立足。

第四节 价格调整

企业确定基本价格以后,还需要在营销过程中根据市场供求状况、企业条件等价格影响因素的变化适时修订和调整产品价格。其目的在于促使产品价格适应供求变化并与营销组合的其他因素更加协调,发挥最好的促销作用,提高营销效益。企业的价格调整可以分为主动调价和被动调价两种情况。

一、主动调价

主动调价是企业根据某一产品在生产营销过程中成本的变化、市场供求关系的调整、竞争情况变化及其他市场营销环境的改变而主动进行的价格调整,以保持价格的动态合理化。主动调价的具体操作有两种,即降价和提价。

(一)企业主动调价的原因

(1)企业主动降价的原因

企业主动调低价格的原因通常有以下几个方面:①企业生产能力过剩,库存积压严重,市场供过于求,企业通过产品改进和加强促销工作等也没有扩大销售。②市场竞争激烈,在强大竞争者的压力之下,企业的市场占有率下降。③企业生产成本下降,比竞争者低,想通过降价提高市场占有率,扩大产品的生产和销售。

(2)企业主动提价的原因

提价一般会遭到消费者和经销商反对,但在许多情况下企业会选择提高价格:①通货膨胀。物价普遍上涨,企业生产成本必然增加,为保证利润,不得不提价。②产品供不应求。通过提价可以抑制需求过快增长,保持供求平衡。③利用顾客心理,创造优质效应。对于新产品、贵重商品、生产规模受到限制而难以扩大的产品,这种效应表现得尤为明显。

企业主动调整价格必然会引起有关各方的反应,而这些反应又直接影响企业价格决策的效果。所以,企业需要研究各方可能的反应,并及时采取相应的对策。

(二)各方对企业主动调价的反应

(1)购买者的反应

顾客对企业主动降价可能有以下看法:①产品样式老了,将被新产品代替;②产品有缺点,销售不畅;③企业财务困难,难以继续经营;④产品供过于求,价格还要进一步下跌;⑤产品质量下降了。这些想法会对企业主动降价的效果产生不利的影响,企业需要以适当方式向顾客解释清楚。

顾客对提价的可能反应有:①产品很畅销,不赶快买就买不到了;②产品很有价值;③卖方想赚取更多利润。在这些情况下,企业同样需要对顾客进行解释,以减少顾客的不满和防止抢购。

(2)竞争者的反应

竞争者对企业主动调价的反应有以下几种类型:①相向式反应。你提价,他涨价;你降价他也降价。这样一致的行为,对企业影响不太大,不会导致严重后果。企业坚持合理营销策略,不会失掉市场和减少市场份额。②逆向式反应。比如企业提价,竞争者降价或维持原价不变。这种相互冲突的行为,影响很严重,竞争者的目的也十分清楚,就是乘机争夺市场。对此,企业要进行调查分析,首先摸清竞争者的具体目的,其次要估计竞争者的实力,再其次要了解市场的竞争格局。③交叉式反应。众多竞争者对企业调价反应不一,有相向的,有逆向的,有不变的,情况错综复杂。企业在不得不进行价格调整时应注意提高产品质量,加强广告宣传,保持分销渠道畅通等。

(三)企业主动调价的策略

企业主动调价可以选择暗调和明调两种方式。暗调就是在商品标价不变的情况下,使实际价格提高或降低。暗中涨价的方式有:减少折扣,减少服务或对免费服务收费等。暗中降价的方式有:送货上门,免费安装、维修,赠送礼品等。

企业主动调价需要解决好几个问题：一是主动与客户沟通，说明理由，避免负面猜测，使客户能做出积极反应；二是把握好调价的幅度，结合销售量、利润、市场份额、竞争者和顾客的反应等因素综合考虑；三是选择调价的时机和频率，比如对于降价，美国市场学家Hinkie认为：淡季降价比旺季降价有利；同一产品降价次数太多会失去市场占有率；短期内降价不能阻止新品牌的进入；新品牌降价效果比旧品牌好；销量下降时降价效果不理想。

二、被动调价

被动调价是由于竞争者的价格变化，而迫使企业进行的价格调整。企业对于竞争者率先进行的调价行为，需要根据自己的行业地位、产品特点等因素选择适当的应对策略。

（一）市场领导者的对策

市场领导者可以选择的应对策略主要有：

（1）价格不变。市场领导者认为，削价会减少太多利润；保持价格不变，市场占有率也不会下降太多，因为自己是行业领导者，必要时也很容易夺回来。借此机会，正好甩脱一些忠诚度低的买主，自己能掌握住更有价值的顾客。

（2）运用非价格手段。比如企业改进产品、服务和市场传播，使顾客能得到比竞争者那儿更多的价值。很多企业都发现，价格不变，但把钱花在增加给顾客提供的利益上，往往比削价更合算。

（3）降价。有些市场领导者之所以这么做，是因为降价可以增加销量和产量，因而降低成本费用，同时，如果市场对价格非常敏感，不削价会丢失太多的份额，而市场占有率一旦下降，就很难恢复。

（4）涨价。有的市场领导者，不是维持原价或削价，而是提高原来产品的价格。美国休伯兰公司的斯美诺啤酒在受到沃夫斯密特酒的低价进攻时，休伯兰采取的对策就是不但不降价，还把价格提高了一美元，增加的收入全部用作广告宣传。这样一来，斯美诺啤酒的知名度更高了，市场地位也更稳固了。市场领导者还可以同时推出低价的进攻性产品，围攻竞争者品牌。

（二）一般企业的对策

对于行业地位低于市场领导者的一般企业，首先需要考虑产品的特点。在同质产品市场上，如果竞争者削价，企业必须随之削价，否则大部分顾客将转向价格较低的竞争者。而面对竞争者的提价，本企业既可以跟进，也可以暂且观望。如果大多数企业都维持原价，最终迫使竞争者把价格降低，使竞争者涨价失败。在异质产品市场上，由于每个企业的产品在质量、品牌、服务、包装、消费者偏好等方面有着明显的不同,企业有较大的余地对竞争者调整价格做出反应,比如保持原有价格水平,采取提高产品质量和服务水平、增加产品服务项目、扩大产品差异等来争夺市场竞争的主动权。

在采取行动之前,企业应当分析研究以下问题:①竞争者为什么要变动价格?是想扩大市场,以充分发挥它的生产能力,还是为了适应成本的变化?或是为了整个行业的共同利益?②竞争者的价格变动是暂时的,还是长期的?③如果对竞争者的价格变动置之不理,企业的市场占有率和利润等会受到什么影响?其他企业又会怎么做?④对企业每一个可能的反应,竞争者和其他企业又会有什么举动?⑤竞争者的经济实力如何?

由于企业市场地位和营销成本、样品特性以及市场环境的实际情况不同,企业被动调价的策略也应不同,可供企业选择的对策主要有:①反其道而行之,同时相应推出低价或高价新品牌、新型号产品,以围堵竞争者;②随之调整价格,尤其对市场主导者的降价行为,中小企业很少有选择的余地,只能随之降价;③维持原价不变,如果随之降价会使企业利润损失超过承受能力,而提价会使企业失去很大的市场份额,那么维持原价不失为明智的策略选择,同时也可以运用非价格手段进行回击。

复习思考题

1. 影响企业定价的主要因素有哪些?
2. 企业定价的具体方法有哪些?分别适用于哪些情况?
3. 有哪些常用的心理定价策略?
4. 企业对新产品可以采用哪些定价策略?
5. 企业调整产品价格的原因和策略主要有哪些?

案例分析

英特尔的策略

一个分析师曾这样形容英特尔公司的定价政策:"这个集成电路巨人每12个月就要推出一种新的,具有更高盈利的微处理器,并把旧的微处理器的价格定在更低的价位上以满足需求。"当英特尔公司推出一种新的计算机集成电路时,它的定价是$1000,这个价格使它刚好能占有市场的一定份额。这些新的集成电路能够提升个人电脑和服务器的性能。如果顾客等不及,他们就会在价格较高时去购买。随着销售额的下降及竞争对手推出相似的集成电路对其构成威胁时,英特尔公司就会降低其产品的价格来吸引下一层次对价格敏感的顾客。最终价格跌落到最低水平,每个集成电路仅售＄200多一点儿,使该集成电路成为一个热线大众市场的处理器。通过这种方式,英特尔公司从各个不同的市场中获取了最大量的收入。

资料来源:吴健安、王旭:《市场营销学(第三版)》,高等教育出版社,2007年

案例思考

1. 英特尔公司定价的目标是什么?

2. 分析英特尔公司使用的定价方法。

3. 分析英特尔公司的新产品定价策略。

第十章 渠道策略

大多数生产者并不是将产品直接出售给最终用户，而是卖给在生产者和最终用户之间，执行不同功能和具有不同名称的营销中介机构。分销策略是企业市场营销组合策略之一，公司所选择的分销渠道将直接影响所有其他营销决策。企业生产出来的产品必须通过直接或间接的市场营销渠道，才能在适当的时间、地点以适当的价格供应给顾客，企业能否合理制定出分销策略，对于满足市场需要，实现企业的市场营销目标有着重要的影响。

第一节 分销渠道的职能与类型

分销渠道是联结生产者和消费者或用户的桥梁和纽带。企业使用分销渠道是因为在市场经济条件下，生产者和消费者或用户之间存在空间分离、时间分离、所有权分离、供需数量差异以及供需品种差异等方面的矛盾。

一、分销渠道的含义与职能

(一)分销渠道与市场营销渠道

菲利普·特勒认为，分销渠道(Distribution channel)是指某种货物或劳务从生产者向消费者移动时取得这种货物或劳务的所有权或帮助转移其所有权的所有企业和个人。因此，分销渠道主要包括商人中间商(他们取得所有权)和代理中间商(他们帮助转移所有权)。此外，它还包括作为分销渠道的起点和终点的生产者和消费者，但是，它不包括供应商、辅助商等。

而市场营销渠道(Marketing channel)，是指配合或参与生产、分销和消费某一生产者的产品和服务的所有企业和个人。也就是说,营销渠道包括某种产品供产销过程中的所有有关企业和个人,如供应商、生产者、商人中间商、代理中间商、辅助商以及最终消费者或用户等。

(二)分销渠道的职能

分销渠道的基本职能是把商品从生产者那里转移到消费者手里,它弥补了产品、服务者和其他使用者之间的缺口,主要包括时间、地点和持有权等缺口。

分销渠道的具体职能有:①调研,是指收集制定计划和进行交换所必需的信息。②促销,是指进行关于所供产品的说服性沟通。③联系,是指寻找潜在购买者并进行有效的沟通。④匹配,是指所供产品符合购买者需要,包括制造、分等、装配、包装等活动。⑤谈判,是指为了转移所供货物的所有权,而就其价格及有关条件达成最后协议。⑥实体分配,是指从事产品的运输、储存、配送。⑦融资,是指为补偿分销成本而取得并支付相关资金。⑧风险承担,是指承担与渠道工作有关的全部风险。

二、分销渠道的长度与宽度

(一)分销渠道的长度

市场营销学中一般将分销渠道层次,即中介机构层次的数目称作分销渠道的长度。分销渠道的层次是指产品从生产者到消费者(或用户)传递过程中的中介机构的类型,如图10-1所示。我们现在常见的直销,产品从生产者到消费者之间没有任何中间商,也就是下图中的零层渠道。

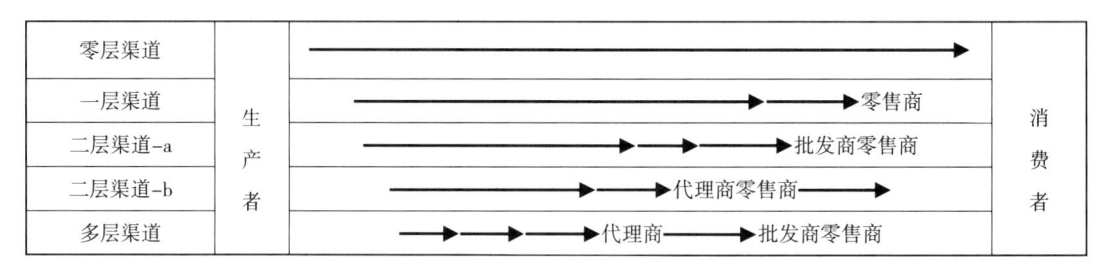

零层渠道	生产者	→	消费者
一层渠道		→零售商	
二层渠道-a		→批发商→零售商	
二层渠道-b		→代理商→零售商	
多层渠道		→代理商→批发商→零售商	

图10-1 分销渠道的层次

这里可以看到:零层渠道也称直接渠道,由生产者直接将产品销售给最终消费者(或用户),中间没有任何中间商;一层渠道,只包含一层销售中介机构,如零售商;二层渠道,包含两层中间环节,如消费品市场一般是批发商和零售商,如工业品市场一般是代理商和零售商;由此三层以上的多层渠道中间环节就包含了三个以上的多个中介机构。随着分销渠道层次的增加,控制渠道的难度和流通成本都会随之增加。

（二）分销渠道的宽度策略

所谓渠道宽度，是指渠道的每个层次使用同种类型中间商数目的多少。生产者使用的同类中间商多，产品在市场上的分销面广，成为宽渠道，如一般的日常用品（毛巾、牙刷等）由多家批发商经销，它们又转卖给更多的零售商，这些零售商能大量接触消费者。如果生产者使用的同类中间商少，分销渠道窄，则为窄渠道。窄渠道使生产者容易控制，一般适用于专业性较强的产品或贵重耐用的消费品。如图10-2所示，分销渠道的宽度策略主要有：

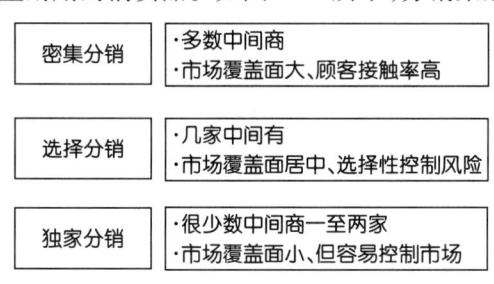

密集分销	·多数中间商 ·市场覆盖面大、顾客接触率高
选择分销	·几家中间有 ·市场覆盖面居中、选择性控制风险
独家分销	·很少数中间商一至两家 ·市场覆盖面小、但容易控制市场

图10-2 分销渠道的宽度

（1）密集分销，所谓密集分销，是指制造商尽可能地通过许多适当的批发商、零售商推销其产品。只要符合企业最低要求的中间商均可参与分销。

密集性分销的特点是尽可能多地使用商店销售产品或服务。厂商较难控制渠道，而且花费的费用也高，分销商的竞争强，分销和促销不专一。容易导致市场混乱，渠道管理成本较高。

（2）选择分销，所谓选择分销，是指制造商在某一地区仅仅通过少数几个精心挑选的、最合适的中间商推销其产品。选择性分销策略，只选择那些有支付能力、有经营经验、有产品知识及推销知识的中间商在某一区域销售本企业产品。它适用于顾客需要在价格、质量、花色、款式等方面精心比较和挑选后才决定购买的一类产品。

分销方式比密集分销选择面窄，比独家分销选择面宽，企业通过对中间商的精选，去掉那些效率不高的中间商，易于节省成本和费用，又较容易控制和经常保持联系，能更好地督促中间商完成企业所赋予的营销职能。生产商往往先采取广泛分销，以促使新产品迅速上市，而后改用选择性分销，淘汰一部分经营管理差或不守信用的中间商。

（3）独家分销，所谓独家分销，是指制造商在某一地区仅选择一家中间商销售其产品，通常双方协商签订独家经销合同，规定经销商不得经营竞争者的产品，以便控制经销商的业务经营，调动其经营积极性，占领市场。

选择独家分销，厂商可以限制中间商的数目，只让数目有限的中间商拥有在目标市场范围内独家经销公司产品的权利。通过提供独家经销权，厂商希望能在销售方面对中间商拥有更多的控制权。独家分销可加强公司产品的形象,并可获得较高的利润率。独家分销常出现于汽车行业、大型家电用品以及名优商品的渠道选择。如,劳斯莱斯汽车(Rolls-Royce)就是采用独家分销策略,只选用很少数的经销商,即使在世界大都市也只有一至两家经销商。

第二节 中间商

在企业的渠道决策中,最重要内容是对中间商的选择与管理。

一、中间商的概念与作用

(一)中间商的概念与类型

所谓中间商(Middleman)是指在生产者与消费者之间,参与商品流通业务,促进买卖行为发生和实现的组织和个人。依据中间商在商品流通过程中是否取得商品的所有权,中间商可分为经销商和代理中间商。按照中间商在商品流通过程中的地位与作用,中间商又可以划分为批发商和零售商两大类。

(二)中间商的作用

(1)促成商品交换,扩大交易范围。中间商作为生产者和消费者之间的流通中介,更接近消费者,方便消费者了解和购买商品,从而促成商品交换的实现。同时,中间商又是专门化的市场营销组织,熟悉市场,市场信息灵通,接触面广,从而为生产者联系到更多的消费者,扩大交易范围。

(2)沟通信息。中间商连接产销双方,最了解市场状况,掌握市场信息,可以随时向生产企业和消费者传达信息,使产品适销对路,既可以避免生产的盲目性,又能指导消费。

(3)减少交易次数。与生产者与消费者的直接交易相比,中间商的存在可以减少交易次数,节约交易成本,加快社会再生产进程。

(4)降低流通成本。中间商承担生产调查、广告宣传、商品储存和运输以及为消费者服务的功能,可以降低商品流通成本,使生产商集中精力完成生产与经营任务。

二、批发商

批发(Wholesale)是指一切将物品或服务销售给为了转卖或者其他商业用途而进行购买的人或组织的活动。批发商就是不直接服务于消费者,而是将产品或服务卖给零售商或工业用户的中间商。批发商主要有三种类型：商人批发商、经纪人和代理商、制造商及零售商的分店和销售办事处。

(一)商人批发商

也称为独立批发商，是指自己进货，取得商品所有权后再批发出售的商业企业。商人批发商是批发商的最主要的类型。

商人批发商按职能和提供的服务是否完全来分类，可分为两种类型：

(1)完全服务批发商

这类批发商执行批发商业的全部职能，他们提供的服务，主要有保持存货，雇用固定的销售人员，提供信贷，送货和协助管理等。他们分为批发商人和工业分销商两种。批发商人主要是向零售商销售，并提供广泛的服务；工业分销商向制造商销售产品。

(2)有限服务批发商

有限服务批发商为了减少成本费用，降低批发价格，因而只执行批发商的部分职能。有限服务批发商主要有以下六种类型：

①现购自运批发商。现购自运批发商不赊销不送货，客户要自备货车去批发商的仓库选购货物并即时付清货款，自己把货物运回来。现购自运批发商主要经营食品杂货，客户主要是小食品杂货商、饭馆等。

②承销批发商。承销批发商拿到客户的订货单后，就向制造商、厂商等生产者求购，并通知生产者将货物直接运送给客户。承销批发商不需要有仓库和商品库存，只需要一间办公室或营业所办公，因而也被称为"写字台批发商"。

③卡车批发商。卡车批发商从生产者处把货物装车后立即运送给各零售商店、饭馆、旅馆等客户。由于卡车批发商经营的商品多是易腐或半易腐商品，所以一接到客户的要货通知就立即送货上门。实际上卡车批发商主要执行推销员和送货员的职能。

④托售批发商。托售批发商在超级市场和其他食品杂货店设置货架，展销其经营的商品，商品卖出后零售商才付给其货款。这种批发商的经营费用较高，主要经营家用器皿、化妆品、玩具等商品。

⑤邮购批发商。邮购批发商指那些全部批发业务均采取邮购方式的批发商，主要经营食品杂货、小五金等商品，其客户主要是边远地区的小零售商等。

⑥农场主合作社。指为农场主共同所有，负责将农产品组织到当地市场上销售的批发商。合作社的利润在年终时分配给各农场主。

(二)经纪人和代理商

经纪人和代理商是从事采购或销售或两者兼备,但不取得商品所有权的中间商。与商人批发商不同,他们对所经营的商品没有所有权,所提供的服务比有限服务批发商还少,其主要职能在于促成产品的交易,借此赚取佣金作为报酬。与商人批发商相似的是,他们通常专注于某些产品种类或某些顾客群。

经纪人和代理商主要有以下几种类型:

(1)商品经纪人。商品经纪人的主要作用是为买卖双方牵线搭桥协助双方进行谈判 成效后向雇用方收取一定的费用。商品经纪人不备有存货,不参与融资,也不承担货主风险。

(2)制造商代理商,也称为制造商代表。制造商代理商代表两个或若干个种类互补的产品线的制造商,分别和每个制造商签订有关定价政策、销售区域、订单处理程序、送货服务、各种保证以及佣金比例等方面的正式书面合同。制造商代理商了解每个制造商的产品情况,利用其广泛关系为代表的制造商销售产品。服饰、家具、电器等产品生产企业,以及无力为自己雇用外勤销售人员的小公司往往雇用制造商代理商,某些大公司也利用制造商代理商开拓新市场。

(3)销售代理商。销售代理商是在签订合同的基础上,为委托人销售某些特定产品或全部产品,对价格条款及其他交易条件可全权处理的代理商。每一个制造商只能使用一个销售代理商,不得再委托其他代理商代销产品,也不得再雇用推销员去推销产品。销售代理商实际上就是委托人的独家全权销售代理人。纺织、木材、某些金属制品、某些食品、服装等行业的制造商,以及没有力量自己推销产品的小制造商较多地使用销售代理商。

(4)采购代理商。采购代理商一般与委托人有长期关系代委托人采购、收货、验货、储运。由于采购代理商消息灵通,因而可以向委托人提供有价值的市场信息,而且能以最低价格买到最好的货物。

(5)佣金商。佣金商是对委托销售的商品实体具有控制力并参与商品销售谈判的代理商。大多数佣金商从事农产品的委托代销业务。佣金商通常备有仓库,可以替委托人储存、保管货物。佣金商还执行替委托人发现潜在买主、获得最好价格、分等、打包、送货、给委托人和购买者以商业信用,即预付货款和赊销,提供市场信息等职能。佣金商对委托代销的货物通常有较大的经营权力,佣金商收到农场主运来的货物以后,有权不经过委托人同意,而以自己的名义按照当时可能获得的最好价格出售货物,以免经营的易腐品变质造成损失。佣金商卖出货物后扣除佣金和其他费用即将余款汇给委托人。

(三)制造商与零售商的分销部和办事处

制造商的分销机构以及零售商的采购办事处,属于卖方或买方自营批发业务的内部组织。

(1)制造商的分销机构。分销部有一定的商品储存,其形式如同商人批发商,只不过隶属关系不同,执行产品储存、销售、送货以及销售服务等职能。销售办事处主要从事产品销售业务,没有仓储设施和产品库存。制造商设置分销机构和销售办事处,目的在于改进存货控制、销售和促销业务。

(2)零售商的采购办事处。有些零售商在一些中心市场设立采购办事处,主要办理本公司的采购业务,也兼做批发业务,其功能与经纪人和代理商相似。

三、零售商

零售(Retail)是直接向最终消费者销售商品或提供服务的活动。不论是制造商、批发商还是零售商都从事零售业务,但零售商仅指那些主要服务于广大消费者,满足个人或家庭多样化、小批量消费需要,销售量主要来自零售业务的中间商。零售商可以分为三种基本类型,即商店零售商、非商店零售商、零售组织。零售商向确定的顾客群提供商品和服务的具体形态构成零售业态。

零售业态(Retail Formats)是零售企业为满足不同的消费需求,进行相应的要素组合而形成的不同经营形态。我国商务部2004颁布的《零售业态分类》国家标准,将零售业分为有店铺零售业态和无店铺零售业态两大类。

(一)有店铺零售业态

有店铺零售是指有固定的进行商品陈列和销售需要的场所和空间,并且消费者的购买行为主要在这一场所内完成的零售业态。具体类型有:

(1)食杂店。一般位于居民区内或传统商业区内,目标顾客以相对固定的居民为主,销售商品以香烟、饮料、酒、休闲食品为主。

(2)便利店。位于商业中心区、居住区、交通要道以及车站、学校、娱乐场所、办公楼、加油站等公共活动区。目标顾客主要为单身者、年轻人,顾客多为有目的的购买。商品以即时食品、日用小百货为主,有即时消费性、小容量、应急性等特点。

(3)折扣店。位于租金相对便宜的地区。目标顾客主要为商圈内的居民。商品价格一般低于市场平均水平,自有品牌占有较大的比例。

(4)超市。一般位于市、区商业中心,居住区,目标顾客以居民为主。经营包装食品和日用品。

(5)大型超市。一般位于市、区商业中心,城郊接合部,交通要道及大型居住区附近。目标顾客以居民、流动顾客为主。衣食类用品齐全,注重自有品牌开发。设有不低于营业面积40%的停车场。

(6)仓储式会员店。一般选址在城乡接合部的交通要道,目标顾客以中小零售店、餐饮店、集团购买和流动顾客为主。商品以大众化衣、食用品为主,自有品牌占相当部分。设相当于营业面积的停车场。

(7)百货店。一般位于市、区级商业中心,历史形成的商业集聚地。目标顾客以追求时尚和品位的流动顾客为主。商品门类齐全,以服饰、鞋类、箱包、化妆品、礼品、家庭用品、家用电器为主。注重服务,设餐饮、娱乐场所等服务项目和设施,功能齐全。

(8)专业店。一般设在市、区级商业中心以及百货店、购物中心内。目标顾客以有目的选购某类商品的流动顾客为主。以销售某类商品为主,体现专业性、深度性、品种丰富,选择余地大。从业人员具有丰富的专业知识。

(9)专卖店。一般设在市、区级商业中心,专业街以及百货店,购物中心内。目标顾客以中高档消费者和追求时尚的年轻人为主。以销售某一品牌系列为主,销售量少、质优、高毛利。从业人员具备丰富的专业知识,提供专业性服务。

(10)家居建材商店。一般位于城乡接合部、交通要道或消费者自有房产比较高的地区。目标顾客以拥有自有房产的顾客为主。商品以改善、建设家庭居住环境有关的装饰、装修等用品、日用杂品、技术及服务为主。

(11)购物中心。分社区型购物中心、市区购物中心、城郊购物中心三种,分别选址在区级商业中心、市级商业中心、城乡接合部的交通要道。拥有数十到数百个租赁店,包括大型超市、专业店、专卖店、饮食服务及其他店或娱乐服务设施等。各个租赁店独立开展经营活动。

(12)工厂直销中心。一般远离市区。目标顾客多为重视品牌的有目的的购买。为品牌商品生产商直接设立,商品均为本企业的品牌。

(二)无店铺零售业态

无店铺零售是不通过店铺而直接向消费者销售商品和提供服务的零售业态。具体类型有:

(1)电视购物。目标顾客以电视观众为主,所销售商品具有某种特点,与市场上同类商品相比,同质性不强。以电视作为向消费者进行商品宣传展示的渠道。送货到指定地点或顾客自提。

(2)邮购。目标顾客以地理上相隔较远的消费者为主。商品包装具有规则性,适宜储存和运输。以邮寄商品目录向消费者进行商品宣传展示,并取得订单。送货到指定地点。

(3)网上商店。目标顾客为有上网能力,追求快捷性的消费者。所销售商品与市场上同类商品同质性强。通过互联网进行买卖活动。送货到指定地点。

(4)自动售货亭。目标顾客以流动顾客为主。所销售商品以香烟和碳酸饮料为主,商品品种在30种以上。由自动售货机完成售卖活动。

(5)电话购物。所售商品单一,以某类品种为主。主要通过电话完成销售或购买活动。送货到指定地点或自提。

第三节　分销渠道策略

有效的渠道设计,应以确定企业的目标市场为起点。从原则上讲,目标市场的选择并不是渠道设计的问题,然而市场选择与渠道是相互依存的。有利的市场加上有利的渠道,才可能使企业获得利润。渠道设计需要考虑不同的环境因素、渠道目标与限制、预测可行方案分析、评估各种可能性等。

一、渠道设计需要考虑的因素

影响渠道设计的主要因素如图10-3所示:

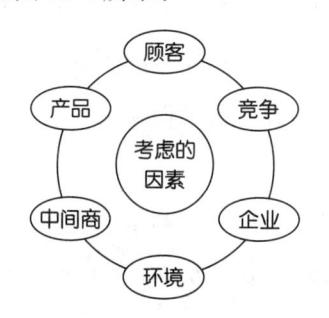

图10-3　渠道设计需要考虑的因素

(1)顾客特性

消费者的需要是渠道选择所必须考虑的根本因素。若消费者偏好较低的价格,那么生产商就不能选择较长的分销渠道;如果顾客经常小批量的购买,则可以选择较长的分销渠道;如果顾客喜欢夜间购买,企业要选择夜间营业的商店。渠道设计深受顾客人数、地理分布、购买频率、平均购买数量以及对不同营销方式的敏感性等因素的影响。当顾客人数多时,生产者倾向于利用每一层次都有许多中间商的长渠道。但购买者人数的重要性又受到地理分布程度的修正。如果消费者地理分布比较集中,可采用短而窄的渠道进行直接销售;如果顾客比较分散,可采用长而宽的渠道间接销售。

(2)产品特性

产品特性也影响渠道选择。易腐坏的产品通常需要直接营销。那些与其价值相比体积较大的产品,需要通过生产者到最终用户搬运距离最短、搬运次数最少的渠道来销售。非标准化产品,通常由企业推销员直接销售,因为不易找到具有相关知识的中间商。需要安装、维修的产品经常由企业自己或授权独家专售特许商来负责销售和保养。单位价值高的商品则应由企业推销人员销售而不通过中间商。

(3)中间商特性

设计渠道时,还必须考虑执行不同任务的营销中间机构的优缺点。例如,由制造商代表与顾客接触,花在每一顾客身上的成本比较低,因为总成本由若干个顾客共同分摊。但制造商代表对顾客所付出的销售努力则不如中间商的推销员。一般来讲,中间商在物流配送、宣传促销、信用条件、退货特权、人员训练和送货频率方面,都有不同的特点和要求。

(4)竞争特性

生产者的渠道设计还受到竞争者所使用的渠道的影响,因为某些行业的生产者希望在与竞争者相同或相近的经销处与竞争者的产品抗衡。例如,食品生产者就希望其品牌和竞争品牌摆在一起销售。有时,竞争者所使用的营销渠道反倒成为生产者所避免使用的渠道,比如,雅芳公司就不使用传统的分销渠道,而采取避开竞争者的方式,训练漂亮的年轻妇女,挨家挨户上门推销化妆品,结果赢利甚多,也很成功。

(5)企业特性

企业特性在渠道选择中扮演着十分重要的角色,主要体现在:①总体规模。企业的总体规模决定了其市场范围、较大客户的规模以及强制中间商合作的能力。②财务能力。企业的财务能力决定了哪些营销职能可由自己执行,哪些应交给中间商执行。③产品组合。企业的产品组合也会影响其渠道类型。企业产品组合的广度越大,则与顾客直接交易的能力越强;产品组合的深度越大,则使用独家专售或选择性代理商就越有利。④渠道经验。以前曾通过某种特定类型的中间商销售产品的企业,会逐渐形成渠道偏好。⑤营销政策。现行的营销政策也会影响渠道的设计。例如,对购买者提供快速交货服务的政策,会影响到生产者对中间商所执行的职能、最终经销商的数目与存货水平以及所采用的运输系统的要求。

（6）环境特性

渠道设计还要受到环境因素的影响。例如，当经济萧条时，生产者都希望采用能使最后顾客以廉价购买的方式将其产品送到市场。这也意味着使用较短（扁平）的渠道，并免除那些会提高产品最终售价却并无必要的服务。

二、渠道设计的步骤

渠道设计的前提条件是企业必须要了解目标市场上顾客的期望值水平，消费的数量与类别、时间与地点、便利与安全。以此分析顾客需要的渠道服务类型和要求，设计出适合且有效的渠道系统。渠道设计的步骤包括：确定渠道目标与限制、明确各种渠道方案、评估各种可能的渠道方案等。

（一）确定渠道目标与限制

渠道设计问题的中心环节，是确定到达目标市场的最优途径。每一个生产者都必须在顾客、产品、中间商、竞争者、企业政策和环境等所形成的限制条件下，确定其渠道目标。

（二）明确各种渠道方案

在研究了渠道的目标与限制之后，渠道设计的下一步工作就是明确各种不同的渠道方案。渠道方案主要涉及以下四个基本因素：中间商的基本类型；每一分销层次所使用的中间商数目；各中间商的特定营销任务；生产者与中间商的交易条件以及相互责任。

（三）评估各种可能的渠道方案

每一种渠道方案都是企业产品送达最后顾客的可能路线。生产者所要解决的问题，就是从那些看起来似乎很合理但又相互排斥的方案中，选择最能满足企业长期目标的一种。因此，企业必须对各种渠道方案进行评估。评估标准有三个，即经济性、控制性和适应性。

（1）经济性标准。经济标准是企业营销的基本出发点。在分销渠道评估中，首先应该将分销渠道决策所可能引起的销售收入增加同实施这一渠道方案所需要花费的成本做一比较，以评价分销渠道决策的合理性。

（2）控制性标准。企业对分销渠道的设计和选择不仅应考虑经济效益，还应该考虑企业能否对其分销渠道实行有效的控制。因为分销渠道是否稳定，对于企业能否维持其市场份额，实现其长远目标至关重要。并非所有企业、所有产品都必须对其分销渠道实行完全的控制。如市场面较广、购买频率较高、消费偏好不明显的一般日用消费品就无须过分强调控制；而购买频率低、消费偏好明显、市场竞争激烈的耐用消费品，分销渠道的控制就十分重要。又如在产品供过于求时更需强调对分销渠道的控制。总之,对分销渠道的控制应讲究适度,应将控制的必要性与控制成本加以比较,以求达到最好的控制效果。

(3)适应性标准。在评估各渠道方案时,还有一项需要考虑的标准,那就是分销渠道是否具有地区、时间、中间商等方面的适应性。①地区适应性。在某一地区建立产品的分销渠道,应充分考虑该地区的消费水平、购买习惯和市场环境,并据此建立与此相适应的分销渠道。②时间适应性。根据产品在市场上不同时期的适销状况,企业可采取不同的分销渠道与之相适应。如季节性商品在非当令季节就比较适合于利用中间商的吸收和辐射能力进行销售;而在当令季节就比较适合于扩大自销比重。③中间商适应性。企业应根据各个市场上中间商的不同状态采用不同的分销渠道。如在某一市场有一二个销售能力特别强的中间商,渠道可以窄一点;若不存在突出的中间商,则可采取较宽的渠道。

三、分销渠道的管理

企业管理人员在进行渠道设计之后,还必须对个别中间商进行选择、激励与定期评估。

(一)选择渠道成员

生产者在选择中间商时,常处于两种极端情况之间。一是生产者毫不费力地找到特定的商店并使之加入渠道系统,可能是因为他很有声望,也可能是因为它的产品能赚钱。二是生产者必须费尽心思才能找到期望数量的中间商。生产者必须研究中间商如何作购买决策,尤其是他们对毛利、广告、销售促进、退货保证等赋予的权数。此外,生产者还必须开发一些能使中间商赚大钱的产品。

不论生产者遇到上述哪一种情况,他都须明确中间商的优劣特性。一般来讲,生产者要评估中间商经营时间的长短及其成长记录、清偿能力、合作态度、声望等。当中间商是销售代理商时,生产者还须评估其经销的其他产品大类的数量与性质、推销人员的素质与数量。当中间商打算授予某家百货公司独家分销时,则生产者尚需评估商店的位置、未来发展潜力以及经常光顾的顾客类型。

(二)激励渠道成员

生产者不仅要选择中间商,而且还要经常激励他们。促使中间商进入渠道的因素和条件已构成部分的激励因素,但仍需生产者不断地监督、指导与鼓励。生产者必须尽量避免激励过分与激励不足两种情况。

当生产者给予中间商的优惠条件超过他取得合作所需要的基本条件时,就会出现激励过分的情况,其结果是销售量提高,而利润量下降。当生产者给予中间商的条件过于苛刻,以致不能激励中间商的努力时,则会出现激励不足的情况,其结果是销售量降低,利润减少。一般来讲,对中间商的基本激励水平,应以交易关系组合为基础。如果对中间商仍激励不足,则生产者可采取两条措施:①提高中间商可得的毛利率,放宽信用条件,或改变交易关系组合使之更有利于中间商;②采取人为的方法来刺激中间商,使之付出更大努力。

(三)评估渠道成员

生产者除了选择和激励渠道成员外,还必须定期评估他们的绩效。如果某一渠道成员的绩效过分低于既定标准,则需找出主要原因,同时还应考虑可能的补救方法。当放弃或更换中间商将会导致更坏的结果时,生产者则只好容忍这种令人不满的局面;当不致出现更坏的结果时,生产者应要求工作成绩欠佳的中间商在一定时期内有所改进,否则,就要中止合作。

测量中间商的绩效,主要有两种办法可供使用。第一种测量方法是将每一中间商的销售绩效与上期的绩效进行比较,并以整个群体的升降百分比作为评价标准。第二种测量方法是将各中间商的绩效与该地区的销售潜量相比较。

四、分销渠道选择的策略

(一)直销渠道策略

直销就是生产者直接将产品销售给最终消费者,绕过了中间商环节。"直销模式"就是通过去掉中间商,降低产品的流通环节成本并满足顾客价值最大化需求的一种高效的营销方式。

(二)垂直渠道策略

传统营销渠道由独立的生产者、批发商和零售商组成。每个成员都是作为一个独立的企业实体追求自己利润的最大化,即使它是以损害系统整体利益为代价也在所不惜。任何渠道成员对于其他成员都没有足够的控制权。

而垂直营销渠道是由生产者、批发商和零售商所组成的一种统一的联合体。某个渠道成员拥有其他成员的产权,或者是一种特约代营关系,或者某个渠道成员拥有相当实力,其他成员愿意合作。垂直营销渠道可以由生产商支配,也可以由批发商,或者零售商支配。垂直营销系统有利于控制渠道行动,消除渠道成员间因各自利益而造成的冲突,通过企业规模、谈判实力和重复服务的减少而获得效益。在消费品销售中,垂直营销系统已经成为占主导地位的分销形式,占消费品市场的60%以上。

(三)水平渠道策略

水平渠道策略是由两家或两家以上的公司横向联合,共同开拓新的营销机会的分销渠道系统。这些公司或因资本、人力、生产技术、营销资源不足,无力单独开发市场机会,或因惧怕承担风险,或因与其他公司联合可以实现最大协同效益而组成共生联合的渠道系统。比如,银行和保险公司,旅游公司和票务公司。渠道成员之间这种联合能够充分利用渠道成员间的资源,获得单独行动难以达到的协同效应。水平渠道策略可以在生产者之间实施,也可以在各类中间商或不同消费者之间实施。

(四)多渠道策略

多渠道策略,也称复合渠道,是指对同一或不同的细分市场,采用多种渠道的分销体系。就一家公司而言,如果其通过两种以上的渠道形式进行分销活动,就属于多渠道系统。这种渠道的优点是:可以增加产品的市场覆盖面,有利于企业扩大产品的销售,提供市场占有率。其缺点是:会加大渠道管理难度;"窜货"现象更容易发生。

(五)互联网渠道策略

互联网络的飞速发展,电子商务技术的突飞猛进,使传统营销渠道受到了极大的影响,为互联网渠道带来了诸多的变化。互联网上,制造商和消费者可以在网上直接供求商品,大大降低了营销的成本,提高了分销的效率。在互联网环境下,分销渠道不再仅仅是实体的,而是虚实结合的,甚至是完全虚拟的。

五、分销渠道的调整

(一)调整渠道层次

当经销商的经营能力较弱,该目标市场区域的竞争对手就会对市场份额带来较大的威胁,这时厂家可以考虑帮助经销商建立二级分销,从而增加渠道的层级;同时也会考虑因现实市场的规模化与连锁化发展,撤除部分经销商,对连锁终端进行直营,即通过减少渠道层级为厂商带来渠道管理的高效与快捷。

(二)调整渠道宽度

在选择不同的目标市场,或者是目标市场区域发生了变化时,厂家可以考虑在目标市场区域扩大或是要全面进入更广泛的市场范围,相应增加渠道成员的数量,增强渠道覆盖能力;而因各种原因,市场区域缩小或是要调整收缩产品线集中供应更小的市场范围,则需要减少渠道成员的数量,以节约成本。

(三)调整渠道类型

渠道选择的核心目标是要提升客户的满意度和忠诚度。随着互联网的发展,最终用户获得信息的渠道远远超越了传统模式。在传统渠道之上,PC端、移动端、数字媒体、App、小程序等等越来越多的应用都很快会成为企业渠道变革的选择。要增强渠道的功能与覆盖能力,已经不仅仅是调整层次和宽度的问题,未来的世界,渠道的调整更多的可能会在类型上做较大的改变。

(四)调整渠道结构

在渠道选择上,大多的企业采取的是多渠道运作策略。也就是说,为了获取效益的最大化,企业往往要建立多个维度的渠道架构,对多个渠道进行细分,资源有效整合以选择适合的中间商及渠道组合方式。渠道的结构,可以分为长度结构(即层级结构)、宽度结构以及广度结构(即类型结构)三种类型,三种渠道结构是渠道设计的三大要素或称为渠道变量。一般而言,企业在调整和优化时,依据不同的情况,动态调整可选择的组合策略。

复习思考题

1. 简述分销渠道的类型及构成。
2. 简述中间商的作用与类型。
3. 渠道设计需要考虑的因素主要有哪些?
4. 简述分销渠道的选择策略。

案例分析

3小时直播销售3.1亿

30分钟,3个产品的销售额就破了1亿元！60分钟,单品销售破1亿！全场3个小时,销量达到3.1亿！2020年5月10日晚间,格力董事长董明珠现身由《中国企业家》杂志社、格力、快手联合发起的"让世界爱上中国造"直播间,带货成绩令人咋舌。当晚的直播不止董明珠这一场。另一场广受关注的"小朱配琦"组合再战江湖。截至直播结束,粗略估算,"小朱配琦"带货量7200万元。"销售女王"董明珠转战线上,带货能力照样碾压第一网红主播。

对于直播,董明珠坦言自己的初衷是:格力线下有3万多家经销商,我希望让他们线上线下结合起来。打算是通过探路,逐步体验线上的感觉。经过这一次尝试后,董明珠表示,"我更想体验用户的诉求是什么？人们经常讲价格要便宜,但随着理性的回归,大家不仅要求价格便宜,更希望在现场看不到产品的时候,能够买到一个创新的产品,我觉得这可能才是最重要的。"2020年新冠疫情发生后,人们的消费习惯也在发生变化,越来越多的人更愿意在线上购买商品。"未来,我们可能会把几万家店变成一个体验分享的地方,甚至会把我们的线下店变成一个体验服务场所,人们有什么诉求,都希望他们到我们店里来进行倾诉。"但董明珠也明确表示,直播属于渠道建设,它只是服务中的一部分。"更重要的服务是你的产品质量。中国制造要走向世界,中国品牌要让世界认可,我觉得更重要的是要靠技术、质量、诚信来支撑。"

(资料来源:《中国企业家》2020年5月)

案例思考

1. 结合实例分析互联网时代渠道策略应如何选择?
2. 结合案例分析渠道设计需要考虑的因素。
3. 分析直播带货销售方式的优缺点和营销策略。

第十一章 促销策略

企业为了实现既定的营销目标,除了提供满足顾客需要的产品、合理的价格以及便利的销售渠道外,还需要进行有效的沟通。企业的产品和服务再好,如果消费者不了解,或者消费者对企业缺乏印象,产品也很难销售出去。即使消费者对产品和企业都很熟悉,他们仍然需要一些让人信服的理由,来证明自己购买的必要性和正确性。促销的本质就是企业与客户之间的信息沟通,它也是激发消费者购买欲望的营销利器。

第一节 促销与促销组合策略

一、促销的概念

促销(Promotion)是促进产品销售的简称,指企业运用各种信息沟通方式与手段,使消费者注意和了解企业及其产品,激发消费者的购买欲望,并促成其购买行为的过程。

促销实质上是一种沟通活动,即营销者(信息提供者或发送者)发出刺激消费的各种信息,把信息传递到一个或更多的目标对象,以影响其态度和行为。常用的促销手段有广告、人员推销、营业推广和公共关系。

促销在营销活动中起着传递信息、刺激需求以及建立消费者偏好的重要作用。

二、促销组合

促销组合(Promotion Mix)是企业根据产品特点和经营目标的要求,有计划地综合运用各种促销手段所形成的一种整体的促销措施,使企业的全部促销活动能互相配合、协调一致,最大限度地发挥整体效果。

企业的促销手段可以分为两大类:人员促销和非人员促销。人员促销,即营销人员和顾客面对面地进行沟通;非人员促销,即通过大众传播媒介和营业场所在同一时间向大量消费者传递信息,主要包括广告、公共关系和营销推广等多种方式。这两种促销方式各有利弊,起着相互补充的作用。各种促销手段的优缺点如表11-1所示:

表11-1 各种促销手段的优缺点

促销方式	优点	缺点
广告宣传	传播面广,表现力强	单向沟通,低信任
营业推广	吸引顾客,刺激购买	成本高,短期性
人员推销	双向沟通,迅速反应	沟通面窄,成本高
公共关系	信任度高,效果长期性	间接性

各种促销方式的优缺点说明企业的促销活动不能仅仅依靠某一种手段,而需要各种促销方式的综合运用。比如广告的优点是传播面广,单位产品的促销成本低,但广告属于单向传播,且信息量有限,如果顾客想了解更具体的产品信息,就需要人员推销或营业推广进行配合,才能取得更好的沟通效果,促成交易。

三、影响促销组合选择的因素

企业选择促销组合时,需要根据各种促销手段的特点,并考虑以下一些因素:

(一)促销目标

企业促销的目标不同,采用的促销组合也不同。若目标为树立企业形象,提高产品知名度,促销应主要通过广告,同时辅之以公共关系;若目标是让顾客充分了解某种产品的性能和使用方法,印刷广告、人员推销或现场展示是更好的手段;如促销目标为在近期内迅速增加销售,则营业推广最容易立竿见影,同时辅之以人员推销和适量的广告。公共关系则经常服务于企业的长期促销目标。

(二)市场类型与产品特点

产业市场和消费者市场在顾客数量、购买量和分布范围上相差甚远,各种促销方式的效果也不同,一般来说在产业市场上更多采用人员推销,而消费者市场上大量使用广告。因为产业市场具有技术性强、价格高、批量大、风险大等特性,适宜人员推销为主,配合公共关系和营业推广的组合;反之,消费者市场顾客数量多而分散,通常以广告促销为主,辅以公共关系和营业推广的组合。

从产品特点看,技术复杂,单价昂贵的商品适合人员推销,如生产设备、计算机、高档化妆品等。因为它们需要懂技术的推销人员做专门的介绍、演示操作、售后技术保障;另外价格昂贵才能弥补相对昂贵的人员推销成本。反之,结构简单、标准化程度较高、价格低廉的产品适合广告促销,如绝大多数消费品。

(三)企业的促销策略

企业促销活动的策略有"推式"与"拉式"之分。"推式"策略,即生产企业主要运用人员推销和营业推广方式把产品推销给批发商,批发商推销给零售商,零售商再向顾客推销。此策略的目的是使中间商产生"利益分享意识",激励他们向那些打算购买,但没有明确品牌偏好的消费者推荐本企业产品。"推式"策略适用于以下几种情况:①企业经营规模小,或无足够资金用以执行完善的广告计划。②市场较集中,分销渠道短,销售队伍大。③产品具有很高的单位价值,如特殊品、选购品等。④产品的使用、维修、保养方法需要进行示范。

"拉式"策略,即生产企业首先要依靠广告、公共关系等促销方式,引起潜在顾客对该产品的注意,刺激他们产生购买的欲望和行动,当消费者纷纷向中间商指名询购这一商品时,中间商自然会找到生产厂家要求经销该产品。"拉式"策略适用于以下几种情况:①市场广大,如便利品。②商品信息需要以最快速度告知广大消费者。③对产品的市场需求日渐上升。④产品具有独特性能,与其他产品的区别显而易见。⑤能引起消费者某种特殊情感的产品。⑥有充分资金用于广告。

一般来说,工业品促销使用"推式"策略比较多,但也有例外,如著名的Intel公司在使用"拉式"策略上就很成功。Intel公司是以生产电脑的核心部件——中央处理器(CPU)而出名的跨国公司,它的产品必须安装在电脑当中才能发挥作用。所以,其主要顾客不是最终消费者,而是各个大的电脑生产企业。但是,Intel公司巧妙地运用"拉式"策略,使最终消费者在购买电脑时指名购买安装有Intel公司CPU的电脑。一方面,Intel公司利用电视、杂志、报纸等大众媒体发布广告,使消费者对Intel生产的处理器产生深刻的印象,同时,也对CPU在电脑中的关键作用有了深刻的了解;另一方面,Intel公司与合作的电脑厂家签订协议,凡安装有Intel公司生产的CPU的电脑,均在其产品外壳及包装上贴有"Intel Inside"特定字样的标记,使消费者在选购电脑时将其作为决策的一个重要因素考虑。这种策略使Intel公司成为世界第一的CPU生产企业。

（四）产品生命周期所处阶段

对处于生命周期不同阶段的产品,促销目标通常有所不同,适用的促销组合也不同。在导入期,为了促使消费者认识、了解企业产品,促销组合以广告和公共关系为主,人员推销和营业推广为辅。在成长期,企业目标是提高产品知名度,虽仍然以广告和公共关系为主,但应考虑用人员推销来部分替代广告。在成熟期,企业为保住已有的市场占有率,增加信誉度,应以营业推广为主,充分利用降价、赠送等促销工具,并辅以广告、公共关系和人员推销。在衰退期,为了维持消费者对产品的偏爱,保证利润,这时,人员推销、公共关系和广告的效应都降低了,以营业推广为主,尽快抛售库存。

（五）消费者的待购阶段

消费者的待购过程可以分为认识、了解、兴趣和准备购买四个阶段。在认识阶段,企业主要让消费者知道某种产品的存在,因此,广告和公共关系是最主要的促销手段。在了解阶段,消费者需要知道更多的产品信息,企业除了广告宣传外,还可以运用人员推销。在兴趣阶段,人员推销的影响力最大。而在准备购买阶段,营业推广和人员推销效果都很显著。

在了解了各种促销手段的特点和影响促销组合的因素以后,企业就可以根据产品特点和不同营销阶段制定相应的营销组合方案,让企业及产品信息有效传递给消费者。

第二节 广告策略

广告(Advertising)是由广告主以付费形式,通过特定的媒体将企业与产品信息传递给目标受众的一种促销手段。广告具有几个基本特点:首先,要由明确的广告主公开支付费用,这点与一般的新闻报道不同。其次,广告要通过诸如电视、广播、报刊、网络等传播媒体来实现,所以是一种非人际间的信息传递。最后,广告是一种有计划的信息传播、说服活动,有特定的受众、明确的主题和目标。企业进行广告宣传需要在目标(Mission)、可用的资金(Money)、应传送的信息(Message)、应使用的媒体(Media)和广告效果评价(Measurement)等方面进行周密的策划(也叫5M决策)。

一、广告目标决策

广告目标,是企业借助广告活动所要达到的目的。广告的最终目标是增加销售量和利润,但企业利润的实现,是企业营销组合战略综合作用的结果,广告只能在其中发挥部分的作用,因此,不能笼统地把增加销售量和利润作为企业的广告目标。一般而言,企业的广告

目标大致有以下几方面:

(一)提供信息

向目标对象传递信息是广告的首要目标。比如,告诉目标市场将有一种新产品上市,介绍产品的新用途或新用法,通知社会公众某种产品的价格调整,介绍各种可以得到的服务,纠正消费者对企业或产品的误解,说明产品如何使用,减少消费者的顾虑,建立企业信誉等。这类广告通常被称为告知性广告(Informative Advertising),广告的目的在于建立基本需求,而不在于宣传介绍某种品牌。

(二)诱导购买

企业还可以通过广告建立消费者的品牌偏好,改变顾客对产品的态度,鼓励顾客放弃竞争者品牌转而购买本企业品牌,劝说顾客接受产品和尽快购买。这种以劝说、诱导、说服为目标的广告,叫作说服性广告(Persuasive Advertising)或诱导性广告。这种广告的目的在于建立选择性需求,即让目标对象从需要竞争对手的品牌转向需要本企业的品牌。有些诱导性广告或竞争性广告发展为比较广告,即广告主在广告中拿自己的品牌与若干其他品牌相比较,以己之长,攻人之短,以宣传自己品牌的优越性。

(三)提醒使用

企业通过广告活动来提醒消费者采取某种行为,比如,提醒消费者在不远的将来可能需要某产品(如秋季提醒人们不久将要穿御寒衣服),并告知他们何处可以购买该产品。这类以提醒、提示为目标的广告也叫提示性广告(Reminder Advertising)。广告的目的是让消费者在产品的成熟期仍能想起这种产品。例如,可口可乐公司在淡季耗费巨资在杂志上做彩色广告,其目的就是要提醒广大消费者,使他们不要忘记可口可乐。还有一种与此有关联的广告形式叫作加强性广告,其目的在于使现有用户确信他们所做出的选择是正确的。例如,美国汽车制造商常常用广告描述顾客对于他们已购买的汽车很满意,以强化受众的购买意愿。

二、广告预算决策

广告预算决策是企业广告决策的一项重要内容。在明确了广告目标后,企业可以着手为每一产品制定广告预算。确定广告预算的方法主要有:①销售比例法。即企业根据销售额的一定比例来确定广告费用预算,销售额可以是现在的,也可以是过去的或预计的销售额。②量力支出法。即根据企业有能力负担的广告费用来确定广告预算,企业量力而为,能担负多少广告费用就担负多少。③竞争对等法。即企业以竞争对手的费用或行业的平均广告费用为标准来确定广告预算。④目标任务法。即根据企业的广告目标来确定广告费用预算。

为达到广告预算的合理化,还要分析影响广告预算的各种因素,包括:①产品生命周期的阶段。在产品生命周期不同阶段,所需广告支出水平也不同。一般来说,新产品投放需较高的广告预算,以建立市场知名度和促进试销;已建立了认知度处于成熟期产品的广告预算则可在销售额中占较低的比例。②竞争情况。在一个有众多竞争对手且竞争激烈的市场上,整个产业如果以非价格竞争为主,广告预算必然比较高,才能压过竞争对手,尤其是在企业打算扩大市场占有率时。③产品的替代性。对于一般性日常用品如啤酒、饮料、日化用品等,消费者选择余地大,因此需要大量的广告投入以形成差异性。如果产品差异性大,各品牌要通过建立产品独特形象来开展竞争,广告预算也比较高。如果某产业标准化程度很高,价格是重要的竞争手段,广告费用就不需那么多。④市场份额与顾客群体。为了从竞争对手处夺取份额比维持现有市场份额需要更多的广告费用,已经享有较大市场份额的品牌一般广告投入量可放低些。

三、广告信息决策

企业的广告信息决策即广告内容与创意的策划,基本目标是要激发消费者的购买欲望。信息决策是企业广告决策的核心内容。

(一)对广告信息内容的要求

有效的广告信息诉求必须符合下列标准:①期望性。即广告必须表达一些人们所期待的或令人感兴趣的信息。②独特性。广告必须说明有别于同类产品中其他品牌的特色。③可信性。广告信息必须是可信的或有能力加以证实的。强词夺理或牵强附会,会大大降低商品的可信性及顾客心理上的接受度。

除了上述三大因素以外,企业在选择广告信息的时候还应该注意广告信息内容上避免自相矛盾,另外还要在表达的形式、语调、用词和版式等方面做出抉择。

(二)广告信息的表达形式

广告信息最常用的表达形式有以下几种:①生活片段与生活方式。即以生活片段的形式显示人们正在使用本企业的产品,或强调本企业的产品非常符合人们的生活方式。②幻想。即根据产品的特点和用途创造出一种幻想境界。③人格化。即用拟人的手法,使产品具有人的特征,进行自我宣传。比如,"万宝路"以西部牛仔来代表或象征产品。④技术专长。即表明本企业生产某种产品所拥有的专长和经验。⑤科学证据或旁证材料。广告通过显示企业的产品得到过某些奖励,或权威人士对产品的高度评价来说明本企业产品的优点,也可以通过提供调查结果或科学证据来说明本企业产品符合科学原理或优于其他同类产品。该表达形式有助于增强受众的信任感。

(三)广告用语

为了取得良好的沟通效果,广告用语应该遵循以下原则:

(1)简洁。广告语要抓住重点、简明扼要。不简短就不便于重复、记忆和流传。广告语在形式上没有太多的要求,可以单句也可以对句。一般来说,广告语的字数以 6~12 个字(词)为宜,一般不超过 12 个。如耐克的"Just do it";海飞丝洗发水的"头屑去无踪,秀发更出众"等等。

(2)明白易懂。广告文字必须清楚简单、容易阅读、用字浅显,符合潮流,又不太抽象,使受过普通教育的人都能接受。广告语应使用诉求对象熟悉的词汇和表达方式,使句子流畅、语义明确。比如雀巢咖啡的广告"味道好极了",仿佛是一个亲人或者朋友带着会心的微笑向你推荐她的最爱,浅显易懂又十分亲切。

(3)朗朗上口。广告语要流畅,朗朗上口,适当讲求语音、语调、音韵搭配等,这样才能可读性强,抓住受众的眼球和受众的心。我们不难发现,许多广告语都是讲求押韵的,比如"好空调,格力造"等。

(4)新颖独特。要选择最能为人们提供信息的广告语,需要在"新"字上下功夫。如新产品或老产品的新用途、新设计、新款式等。广告语的表现形式要独特,句势、表达方法要别出心裁,切忌抄袭硬套,可有适当的警句和双关语、歇后语等,迎合受众的好奇心和模仿性,唤起心灵上的共鸣。比如,某电话机提醒消费者抓紧购买,"勿失良机",巧妙地利用了"机"字的两种意思。

(5)主题突出。广告的标题是广告正文的高度概括,它所概括的广告主体和信息必须鲜明集中,人们看到它就能理解广告主要宣传的是什么。王老吉原来的广告语"健康永恒,永远相伴"是一个较模糊的概念,后来,成美为红罐王老吉确定了推广主题"怕上火,喝王老吉",在传播上尽量凸现红罐王老吉作为"预防上火的饮料"。电视广告选用了消费者认为日常生活中最易上火的五个场景:吃火锅、通宵看球、吃油炸食品薯条、烧烤和夏日阳光浴,画面中人们在开心享受上述活动的同时,纷纷畅饮红罐王老吉。使消费者在吃火锅、烧烤时,自然联想到红罐王老吉,从而促成购买。

四、广告媒介决策

除了广告信息内容需要精心设计外,广告媒介也要合理选择。广告媒介决策就是寻找成本效益最优的媒体,以便向目标受众传达预期的展露次数和效果。广告媒介决策涉及四个方面的内容:

(一)决定广告覆盖面、显示频率和效果

所谓广告的覆盖面,是指在特定的时间内通过某种广告媒介能够使多少消费者接收到广告信息;广告的显示频率,是指在一定的时间内向消费者传递同一广告信息的次数;广告效果,是指广告信息对消费者的影响力。广告覆盖面、显示频率和效果是选择广告媒介的重要依据。不同媒介的覆盖面不一样,如中央电视台覆盖面很广,而地方电视台则相对较窄。显示频率会影响广告的效果,显示次数太少,消费者就很难记住广告内容,印象肤浅,显示次数太多,不仅费用增加,而且消费者会感到一定程度的厌烦。企业需要根据产品特点、广告目标、市场特点决定广告覆盖面、显示频率。一般而言,推广新产品、扩展品牌或进入不确定的目标市场时,接触面是最重要的;当存在强大的竞争者,想要传达的信息复杂,或宣传对象为消费者购买频繁的产品时,频率最重要。

(二)选择广告媒介的类型

广告媒介也称广告媒体,是指传递广告信息的载体,由于任何广告都离不开广告媒体,所以,人们习惯上所说的广告类型实际上就是广告媒介的类型,广告媒介的种类很多,常见的有:报纸、杂志、广播、电视、互联网、印刷品、户外广告(在建筑物外表或街道、广场等室外公共场所设立的霓虹灯、广告牌、海报以及电梯广告、车身广告等)、DM(直邮广告)、POP(销售点广告)等。其中,报纸、杂志、广播、电视被称为传统广告的四大媒介。这四大广告媒介的优缺点如表11-2所示。

表11-2 传统四大广告媒介的优缺点

	优点	缺点
报纸	保存信息持久,可反复阅读,说服性强,信任度高,灵活性高	受众细分局限,注意度低,视觉冲击力弱
杂志	受众针对性强,注目率和理解度高,信息的持久性强,可反复阅读	出版周期长,灵活性差
广播	成本低廉,信息传播及时,灵活,传播范围广,受众抵触度低	说服性差,冲击力较弱
电视	冲击力和感染力强,覆盖范围广,单位成本低	信息持久性差,不能反复接触,受众抵触度高

(三)选择具体的广告媒体

在每一类广告媒介中,往往有许多具体的品种,如报纸和杂志多达几千种,企业应根据广告内容、对象和效果等因素决定具体的广告媒介。

(1)目标市场顾客接触媒体的习惯

不同的目标客户通常会接触特定的媒体,企业应选择目标客户接触频繁和信任的广告媒体。士力架的目标市场是年轻人,所以选择以娱乐为主,在备受年轻人喜欢的湖南卫视投放视频广告,选择年轻一代喜欢的杂志《男人装》《伊周》投放文字广告。

(2)产品性质

产品的性能特点、使用价值和流通范围都不尽相同,因此媒体选择也有所不同。如生产资料、耐用消费品等须向消费者作详细的文字说明,以便告知产品的结构、性能、使用规范等,可选用报纸、杂志等平面媒体;品种规格繁多的时装、日用品等则宜采用图文并茂、声像并举的电视、网络等媒体,向消费者直接展示产品的性能、效果和用途,以求立体、直观、形象。

(3)广告的内容

比如广告信息包括许多技术性的数据,则适宜在专业性的杂志上做广告;如广告的内容是让消费者知道本企业将在最近召开展销会,则适宜在当地电视或广播上做广告。

(4)企业支付能力

广告是一种有偿的促销活动,并且各种媒体的收费标准也有所差别。因此,广告主应该从自己的支付能力出发,根据产品可能的销售量和市场范围,选择费用与效果相适应的媒体。竞争力和支付能力强的企业,可选宣传范围广、影响力大的媒体;中小型企业宜选择一种或少数几种收费低而有效的媒体。

(5)广告媒体的传播效果

媒体的传播效果主要取决于传播范围与影响力。比如中央电视台的媒体触及面和影响力就远远大于地方电视台,因此,在预算允许的情况下,选择中央电视台投放广告的效果会更好。

(四)广告时间决策

广告时间决策是对在已经确定的媒体上如何推出广告、在什么时间进行、以什么样的方式展开等问题的策划。主要包括广告时限策略、广告时序策略与广告频度策略。

(1)广告时限策略

广告时间决策根据时限运用的不同,可以分为集中时间策略、均衡时间策略、季节时间策略、节假日时间策略等四种：

①集中时间策略。即集中力量在短时期内对目标市场进行突击性的广告攻势，其目的在于集中优势，在短时间内迅速造成广告声势，扩大广告的影响，迅速地提高产品或企业的声誉。这种策略适用于新产品投入市场前后，新企业开张前后、流行性商品上市前后，或在广告竞争激烈以及商品销售量急剧下降的时候。运用此策略时，一般运用媒介组合方式，掀起广告高潮。

②均衡时间策略。是有计划地反复对目标市场进行广告宣传的策略，其目的在于持续地加深消费者对商品或企业的印象，保持现有消费者的记忆，扩大商品的知名度。在运用均衡广告策略时，一定要注意广告表现方式的变化，不断给人以新鲜感，不要长期地重复同一广告内容，广告频度也要疏密有致，避免单调感。

③季节时间策略。主要用于季节性强的商品，一般在销售旺季到来之前就要开展广告活动，为销售旺季的到来做好信息准备和心理准备。在销售旺季，广告活动达到高峰，而旺季一过，广告便可停止。这类广告要求掌握好季节性商品的变化规律。过早开展广告活动，会造成广告费的浪费，而过迟，则会延误时机，直接影响商品销售。当然，也有少数商品采用反季节广告宣传方式。比如，格力空调在冬季也大做广告，以价格优势为主要诉求点，让用户"冬备夏凉"，从从容容地得到更多的实惠。

④节假日时间策略。这是零售企业和服务行业常用的策略。一般在节假日之前数天便开展广告宣传，节假日一到，广告即告停止。这类广告要求有特色，把品种、价格、服务时间以及不同寻常之处迅速和及时地告诉消费者。

(2)广告时序策略

根据广告活动与产品入市的时序关系，广告的时序策略主要有：

①提前广告策略。就是在产品进入市场之前先行进行广告宣传，为产品进入市场做好舆论准备。比如在新产品上市的广告中，巧用时间差，广告先于商品入市，使消费者翘首以待，造成有利的市场地位。康师傅方便面曾火爆京城，采用的就是这种先声夺人的策略。有些新产品上市前用悬念广告造成一种"千呼万唤始出来"的局面，往往起到较好的广告效果。

②即时广告策略。让广告活动与产品上市同步，是零售商店或展销会期间常用的方法，满足了消费者对新产品急于了解的心态，其广告效果显现及时。

③置后广告策略。产品先行上市试销后，根据销售情况分析这种产品的市场规模与销售对象，决定广告投入的时机与数量。这是一种较稳妥的广告发布策略，一般使用较少，适用于对市场需求没有把握的新产品。

(3)广告频度策略

广告的频度是指在一定的广告时期内发布广告的次数,在策略上可根据实际情况,交替运用固定频度和变化频度的方法。

①固定频度策略。这是均衡广告时间策略常用的方法,其目的在于实现有计划的持续广告效果。固定频度法有两种时间序列:均匀时间序列和延长时间序列。均匀时间序列的广告时间按时限周期平均运用。如时间周期为十天发布十次,则每天广告一次,或每隔一天广告两次。延长时间序列是根据人的遗忘规律来设计的,广告的频度固定,但时间间隔越来越长。不仅节约了广告费用,还可以利用人们的记忆曲线,使时距由密到疏,在广告费一定的情况下,延长广告的影响时间。适合于这种策略的商品,大都属于人们经常购买的生活必需品。

②变动频率策略。变动频率即在广告周期内发布广告的频率和进度是不等的。广告费的投入随着广告频度的不同,有时先多后少,有时呈滚雪球式渐进加强。变动频率有三种类型:一是波浪型。即在一个广告周期内广告频率由低到高,再由高到低变化的策略,频率曲线呈波浪形。这种方式适用于季节性、流行性强的商品。另一种是递升序列型则是频度由少到多、至高峰时戛然而止的过程,一般用于在节日期间消费的产品。临近节日前使广告达到高峰,会起到很好的促销作用。还有一种递降序列型,是广告频度由多到少的方式发布,适用于文娱广告、企业新开张或优惠酬宾广告等。

广告发布频率主要根据企业广告目标和产品所处生命周期的阶段来进行选择。比如,当企业推出一项新产品时,一般会选择固定频率进行广告发布,因为在开拓市场时,就必须采用高频率的方式,才能使产品品牌印象迅速建立起来;而当产品在市场上已经有了较高的知名度,可以选变动频率的广告发布形式,因为此时广告所起的作用仅仅是"提醒"消费者购买。而从产品生命周期来看,在导入期,广告应适当集中;在成长期,广告可适当减少,以充分利用已有的知名度;在激烈竞争的成熟期,广告量又应适当回升。

五、广告效果评价

测定和评价广告效果,是完整的广告活动中不可缺少的重要内容,特别是在企业实施广告宣传后,进行广告效果评价可以积累经验,完善广告方案,使今后的广告活动能取得更好的效果。广告效果是广告信息通过广告媒体传播之后所产生的影响。这种影响可以分为两个方面:对消费者的影响(信息传递效果)以及对企业经营的影响(广告销售效果)。广告效果评价主要从这两方面进行分析。

(一)信息传递效果分析

信息传递效果主要分析广告活动是否达到了预期的沟通效果。分析的方法,主要有广告前测定与广告后测定。

广告前效果分析的具体做法是:企业邀请一些消费者和广告专家,对几种可供选择的广告样稿进行评价,企业可以要求他们对广告吸引注意力的能力、可读性、趣味性、可认知性、影响力以及可记忆性等方面提出意见,以便改进广告样稿和选择最优秀的广告样稿。

广告后效果分析的具体做法也是企业邀请一些消费者,了解他们是否听到或看到过某一广告,并要求他们尽可能回忆广告的内容,以分析广告吸引注意和容易记忆的能力。

评价广告信息传递效果的指标主要有阅读率、视听率、记忆率等。阅读率是指通过报纸杂志阅读广告人数与报纸杂志发行量之比;视听率是指通过电视机、收音机,收看、收听广告的人数与电视机、收音机拥有量之比;记忆率是指记住广告主要内容的人数与接收到广告的人数之比。

(二)销售效果分析

就是分析广告对扩大销售额的影响,由于企业的销售额除受广告的影响外,还受产品的价格、市场环境的变化、竞争企业的行为和产品销售的季节性等因素影响,这就为销售效果分析带来了困难,但企业仍然能以一定的办法大致了解广告对销售额的影响,其中最常用的方法有以下两种:

(1)统计分析法

即通过比较广告前一段时间的平均销售额和广告后一段时间的平均销售额的变化情况来分析广告的销售效果。企业可用单位广告费用销售增加额和单位广告费用利润增加额两个指标来衡量。

(2)试验法

即选择各种条件基本相同的几个地区进行试验,比如在某一地区做大量的广告,在另一地区做少量的广告,而在其他地区基本上不做广告,然后对各个地区在广告前后实现的销售额或利润额的增长情况进行分析,以评价广告的影响。

第三节 营业推广策略

营业推广(Sales Promotion),也叫销售促进,是企业在某一段时期内采用特殊的手段,对消费者和中间商实行强烈刺激,以促进企业销售迅速增长的非常规、非经常性使用的促销行为。由于营业推广对短时间内争取顾客,扩大购买具有特殊的作用,因此,在很多国家,营业推广占促销预算的比例越来越大。

一、营业推广的作用与局限

营业推广,特别是针对消费者的营业推广,其市场意义主要表现在三个方面:①缩短产品入市的进程。使用营业推广,旨在一段时间内调动人们的购买热情,培养顾客的兴趣和爱好,使顾客尽快地了解产品。②激励消费者初次购买。消费者一般对新产品具有抗拒心理,不愿冒风险对新产品进行尝试。营业推广可以让消费者降低这种风险意识,降低初次消费成本,而去接受新产品。③激励使用者再次购买,建立消费习惯。当消费者试用了产品以后,如果是基本满意的,可能会产生重复使用的意愿,营业推广可以强化这种意愿。如果有一个持续的促销计划,可以使消费群基本固定下来。此外,营业推广也是提高销售业绩和竞争的重要手段。

但营业推广也存在很多局限性,主要表现在:①影响面较小。它往往是广告和人员销售的一种辅助促销方式。②时效较短,难以建立品牌形象和顾客忠诚度。它是企业为创造声势获取快速反应的一种短暂的促销方式。③顾客容易产生疑虑。过分渲染或长期频繁使用,容易使顾客对卖家产生疑虑,对产品质量或价格的真实性产生怀疑。

二、营业推广的主要方式

营业推广的主要对象包括消费者与中间商,不同对象使用的营业推广形式也不同。

(一)对消费者的营业推广方式

企业针对消费者的营业推广方式很多,可将它们概括为四大主题群:价格、赠送、奖励、展示。

(1)以价格为核心的营业推广

让消费者能够以更低价格购买到同样的商品,或以同样的价格买到更多的商品,从而满足消费者求廉求实惠的心理需求。具体方式有:

①折扣。企业在销售商品时按标示价格的一定幅度降价销售。常用于高价商品以及为防御竞争者而进行的促销活动。

②买赠。买赠是一种短期降价的方式,即在交易中向消费者免费赠送一定数量的同种或相关商品。如很多商场经常进行的"买一送一"等活动。也有些生产商会采用套装赠送的方式,比如,剃须刀与刀片,牙膏与牙刷,或价格优惠的二合一套装,套装的产品一般彼此相关。

③优惠券。企业向顾客用邮寄、或在商品包装中或广告附页等形式附赠小面额的代价券,消费者可以凭此券在购买某种商品时免付一定金额。凭券优惠活动比较适合于品牌知名度较高、产品形象好的企业,也可用于新产品促销。

④加量不加价。即消费者购买一定数量或金额的产品后,按一定比例赠送简易包装的同类产品。该方法常用于单价较低、包装简单、使用频繁的日用消费品。

⑤凭证促销优惠。消费者依据某种凭证在购买某些商品时可以享受优惠。凭证促销的一种方式是优惠券促销。与前面提到的可免费获取的优惠券不同,这种优惠券是顾客消费达到一定金额时,给消费者发放的一种再次购物时享受折让的有价凭证。通常这种优惠消费券只能在指定的区域和规定品类中使用,一般只能购买那些正常价格内的商品,而不能用于特价商品。另一种常用的方式是以旧换新。即消费者在购买新商品时,如果能把同类旧商品交给商店,就能抵扣一定的价款,旧商品起着折价券的作用。以旧换新的目的,主要是为了消除旧商品形成的销售障碍,以防消费者因为舍不得丢弃尚可使用的旧商品,而不买新商品,通常用于耐用消费品如汽车、电视机等商品的促销。

(2)以赠送为核心的营业推广

企业为影响消费者的行为,通过馈赠或派送便宜的商品或免费品,来介绍产品的性能、特点和功效,建立与消费者之间友好感情联系的一种营业推广方式。

①样品派送。企业向消费者赠送商品的样品,让消费者免费试用以了解商品的性能与特点。派送的方式可以是上门赠送或邮件寄送,也可以在公共场所或购物点派发,还可以通过其他商品随赠。这是介绍新产品最有效也是最昂贵的方法,适用于比竞争产品有优势的低价快速消费品。

②积点优惠。也叫商业贴花,种类繁多,目的是鼓励消费者重复购买和经常光顾。具体做法是根据消费者购买金额或光顾次数计算积分,积分可以兑换礼品或折算成金额用于抵扣货款。这种方法适用于竞争激烈的同质化商品。

(3)以奖励为核心的营业推广

企业为激励消费者关注和购买产品,而提供现金、实物、荣誉称号或旅游券等奖励方式。这种营业推广的关键在于创造浓厚的参与氛围,使顾客乐于参与。主要类型有:

①有奖销售。消费者通过购买厂家产品而获得抽奖资格,并通过抽奖来确定自己的奖励额度,它可以刺激消费者大量购买企业的产品,因为消费者一旦中奖,奖品的价值往往很诱人,许多消费者都愿意去尝试这种无风险的有奖购买活动。

②有奖竞赛。厂家通过精心设计一些有关企业和产品的问答知识,让消费者在促销现

场竞答来宣传企业和产品。竞赛的奖品一般为实物,但也有提供免费旅游的。企业有时通过电视台举办游戏性质的节目来完成竞赛,也可以是在卖场门口的广场上与顾客互动,其目的都是为了宣传企业和产品,促进销售。

(4)以展示为核心的营业推广

这种营业推广的典型形式是现场演示。现场演示促销是为了使顾客迅速了解产品的特点和性能,通过现场为顾客演示产品优点和具体操作方法,刺激顾客产生购买意愿。比如,一些小家电厂家,经常会在大卖场的主通道向消费者现场演示产品的使用方法。具体有蒸汽熨斗、食品加工机、各种清洁工具等。演示地点的设置既不能影响卖场主通道的人流,又能给消费者的驻足观看留有一定的空间。现场演示最大的好处是能够让顾客身临其境,得到感性认识。

此外,分期付款、展销会、退费优待等也是常用的营业推广形式。

(二)对中间商的营业推广形式

(1)价格优惠。企业为争取批发商或零售商多购进自己的产品,在某一时期内给经销本企业产品数量大的批发商或零售商提供一定比例的价格折扣。

(2)补贴。企业为促使中间商购进企业产品并帮助企业推销产品,可以支付给中间商一定的津贴。主要形式有:①货位津贴。即生产商为获得新产品占有货架或地面最好位置的特权而支付的费用,价格不等。②广告津贴。生产商常常给零售商补贴广告的全部费用或部分费用作为广告津贴。一般来说,消费用品的广告津贴比工业用品的广告津贴更为常见,主要是大型生产商提供的。不过,有些小企业对经销量大的客户也提供这种优惠。③回购津贴。在推出新产品时,生产商有时会向零售商提供回购津贴,购回尚未售出的旧产品。为了促使零售商经销自己的产品,有些生产商甚至回购竞争对手的存货。④陈列津贴。即补贴店铺为生产商腾地方和安装陈列品的费用。⑤扶持零售商。生产商对零售商专柜的装潢予以资助,提供POP广告,以强化零售网络,增加销售额;还可派遣厂方信息员或代培销售人员。目的是提高中间商推销本企业产品的积极性和能力。⑥零售补贴。企业降低产品零售价后,为了弥补零售商的损失,而在给零售商的供货价上实行价格补贴,维持降价前零售商的利润。

(3)激励。对积极销售本企业产品的中间商进行鼓励。主要形式有:①销售竞赛。根据各个中间商销售本企业产品的实绩,分别给优胜者以不同的奖励,如现金奖、实物奖、免费旅游等,以起到激励的作用。②销售奖励。对完成销售目标的中间商提供奖励。

(4)会展。会议展览的简称,会展的形式可以是展示会、交易会、展览会或商业市场。会展是生产商、批发商和分销商进行交流、沟通和贸易的汇聚点。通过会展可以进行企业的品牌展示,及时得到客户的反馈。也有助于企业建立并维持与利益相关者的关系,树立在市场中的整体形象。企业还可以通过一种中间商聚会来推介新产品,公布营业推广方案或展示新广告战略。

(三)对销售人员的营业推广形式

生产商可以对两类销售人员进行营业推广,一是本企业的销售人员,二是中间商的销售人员。鼓励他们推销新产品或处理某些老产品,以及激励他们积极开拓新市场。具体方式与对中间商的营业推广形式有相似之处:

(1)销售竞赛。在推销员中发动销售比赛,对销售额领先的推销员给予奖励,以此调动推销员的积极性。

(2)销售红利。先规定推销员的销售目标,对超过目标的推销员提成一定比例的红利,以鼓励推销员多推销商品。

(3)销售回扣。从销售额中提取一定比例作为销售人员推销商品的奖励。

此外,免费提供人员培训、技术指导等也是常用的方式。

三、营业推广的步骤

(一)确定推广目标

营业推广目标的确定,就是要明确推广的对象是谁,要达到的目的是什么。只有知道推广的对象,才能有针对性地制定具体的推广方案,例如:是为达到培育忠诚度的目的,还是鼓励大批量购买为目的?

(二)选择推广工具

营业推广的方式方法很多,但如果使用不当,则适得其反。因此,选择合适的推广工具是取得营业推广效果的关键因素。企业一般要根据目标对象的接受习惯和产品特点,目标市场状况等来综合分析选择推广工具。

(三)促销方式整合

营业推广要与营销沟通的其他方式如广告、人员销售等整合起来,相互配合,共同使用,从而形成营销推广期间的更大声势,取得单项推广活动达不到的效果。

(四)确定推广时机

营业推广的市场时机的选择很重要,如季节性产品、节日、礼仪产品,必须在季前节前做营业推广,否则就会错过了时机。

(五)确定推广期限

即营业推广活动持续时间的长短。推广期限要恰当,过长,消费者新鲜感丧失,觉得习以为常,起不到刺激需求的作用,甚至会产生疑问或不信任感;过短,一些消费者还来不及接受营业推广的实惠。

当然,成功的营业推广活动还应该确定合理的推广预算,科学测算营业推广活动的投入产出比。

四、评价营业推广的效果

企业的营业推广活动结束后,还需要对本次营业推广的效果进行评价,以积累经验,为今后进行更有效的营业推广活动做准备。评价营业推广的效果通常有三种方法:

(一)销售量评价法

销售量评价法是通过比较营业推广前、中、后各时期销售量的变化情况,以评价营业推广效果的一种方法。一般来说,营业推广会带来销售量的增加,但有些情况需要具体分析。

一种情况是营业推广时的销售量增加,但一段时间后销售量下降,并逐渐恢复到正常水平,而且不会比营业推广以前水平更高,这说明营业推广促销只是改变了顾客购买的时间,没有扩大产品的总需求量,不具有长期效果。

另一种情况是营业推广时销售量增加,之后销售量下降,但过一段时间后,销售量再次增加,达到比以前更高的水平,这说明营业推广在扩大产品销售量的同时吸引了新客户,取得了长期的效果。

还有一种情况是企业产品的市场份额在营业推广期间只上升了很少或没有改变,活动期一过,销售量就回落并停留在比原来更低的水平上。这说明该产品基本上处于销售衰退阶段,促销活动没有改变产品衰退的趋势。

(二)推广对象调查法

推广对象调查评价法是通过对推广对象进行调查,了解他们对营业推广促销的反应和行动。如推广对象对营业推广活动的印象,是否购买了本企业的产品,对企业或产品的意见和建议等。

（三）实验评价法

企业在条件类似的不同地区采用不同的推广方案，然后比较各种方案取得的效果，分析原因，为今后选择最适宜的营业推广方案提供依据。

第四节 人员推销策略

人员推销（Personal Selling）是通过推销人员深入中间商或消费者进行直接的宣传介绍活动，使中间商或消费者了解、偏爱企业产品，进而采取购买行为的促销方式，主要有上门推销、柜台推销和会议推销三种形式。在促销工作中，推销人员承担着收集和传递信息、寻找与沟通顾客、推销产品、提供服务、分配商品和树立形象的职能。

一、人员推销的优势与劣势

与其他促销方式相比，人员推销强调通过人与人的直接沟通来实现销售目标。这种促销方式具有一些独特的优点，也存在局限。

（一）人员推销的优势

（1）双向互动

推销人员在与顾客的交流中可以根据客户的反应揣摩顾客的真实想法以及心理变化，及时地变换自己的推销策略和方法以适应顾客的需要。这种双向互动可以让消费者更好理解推销人员发送的信息，及时解决顾客的疑虑，还可以听取到顾客的意见和要求，并迅速反馈给企业，使产品更符合消费者的需要。

（2）灵活性强

人员推销的直面性决定了销售人员可以灵活机动地进行推销，通过销售人员与顾客的直接互动，可以让销售人员"量体裁衣"地提供顾客关注的信息，经过销售人员选择和组织的信息更有针对性，能更好解决顾客的关切和需要，从而增强沟通的效果。

（3）避免干扰

由于销售人员与顾客是"一对一"进行沟通，可以最大程度避免其他信息的干扰，让顾客专注于销售人员提供的信息。

（4）亲和力强

人员推销通过与顾客面对面的人际交往，易于联络与顾客的感情，建立友谊，争取长期买主。

(二)人员推销的缺点

(1)信息不一致

由于推销人员进行信息剪裁具有很大的灵活性,可能导致信息传递无法统一,造成顾客从各个渠道获取的信息不一致,公司各营销组合不能相互配合,甚至让顾客怀疑企业信息的真实性。

(2)到达率低

由于人员推销单位沟通成本高,信息交流的范围有限,信息无法像其他促销方式那样到达数量庞大的目标群。

(3)道德风险

如果销售人员把与顾客的关系变成了个人之间的关系,而不是顾客与品牌的关系,也不排除有些销售人员为了个人利益损害公司利益,或者是欺骗顾客导致顾客落入销售陷阱,影响企业和品牌的形象。

二、推销人员配置

为了让人员推销工作更有效率,企业需要合理配置推销人员,配置的方法大致有四种:

(一)按地区配置

即按销售区域分配推销人员,一个推销人员专门负责一个区域的推销工作,在该地区常驻。这种配置方法的优点是:推销人员责任明确,有利于鼓励推销人员努力工作,便于推销人员熟悉所在销售区域的情况,可以提高推销工作的针对性和连续性,能够节省差旅费开支。这种配置方法,最适合那些产品的相关度比较高、目标市场大致相同的企业,不适合那些产品种类多、市场结构复杂的企业,因为产品多、市场复杂使推销人员很难熟悉情况,将影响推销工作的效率。

(二)按产品配置

以产品为基础进行分工,要求一个推销人员专门负责一种或一类产品的推销工作。这种配置方法比较适合于那些产品技术性强、工艺复杂、型号繁多的企业。这种配置方法也有一定的缺陷,当用户面比较窄,一个用户购买同一企业的多种产品时,就会出现多名推销人员向同一个用户推销同一个企业产品的情况,这不仅会引起用户的反感而且很不经济。

(三)按顾客配置

即按用户的类型来确定推销人员的分工。在确定用户类型时,企业可根据自身情况和用户特点来进行,通常可以按产业类别、用户规模、销售途径来划分。这种配置方法的优点是：推销人员面向一类用户,可以更好了解他们的需求,增加了推销工作的针对性,有利于提高工作效率,同时还可以密切与用户的关系,便于提供优质售后服务,促成用户重复购买。但是,用户过于分散就不宜采取这种配置方法,否则将给推销工作带来许多不便,而且会增加推销费用。

(四)按多种因素综合配置

即按以上三种配置方法混合运用,具体又可以分为区域—产品复合式、区域—用户复合式、产品—用户复合式、区域—产品—用户复合式四种类型。当企业产品的销售范围较广、针对的用户类型较复杂时,就可以根据自身的情况选择其中的一种。

三、人员推销的基本策略

在进行人员推销的过程中,销售人员可以采用四种主要的推销策略:

(一)试探性策略

试探性策略也称刺激—反应策略,是推销员在不了解顾客的情况下,运用刺激性手段引发顾客产生购买行为的策略。第一次拜访顾客时,几乎大部分推销员都使用此种策略,因为推销员对客户的情况知之甚少,只能先试探顾客的反应。

具体做法是：推销人员事先设计好能引起顾客兴趣、能刺激顾客购买欲望的推销语言,通过渗透性交谈进行刺激,在交谈中观察顾客的反应;然后根据其反应采取相应的对策,并选用得体的语言,再对顾客进行刺激,进一步观察顾客的反应,以了解顾客的真实需要,诱发购买动机,引导产生购买行为。

(二)针对性策略

也叫配方—成交策略,是通过推销人员利用针对性较强的说服方法,促成顾客的购买行为。针对性的前提必须是推销人员事先已基本掌握了顾客的需求状况和消费心理,这样才能够有效地设计好推销措施和语言,做到言辞恳切,实事求是,有目的地宣传、展示和介绍商品,说服顾客购买。让顾客感到推销员的确是真正为自己服务,从而愉快地成交。因此,运用针对性策略的关键是促使顾客产生强烈的信任感。

(三)诱导性策略

这是一种创造性推销,即运用能激起顾客某种欲望的说服方法,唤起顾客的潜在需求,再说明所推销的服务或产品能较好地满足这种需求。这种策略要求推销人员有较高的推销技术,能够创造融洽的交谈气氛,让顾客感到推销人员是自己的"参谋",在"不知不觉"中完成交易。

(四)"爱达"(AIDA)公式策略

"爱达"公式是世界著名的推销专家海因兹·姆·戈德曼(Heinz M Goldman)在《推销技巧——怎样赢得顾客》一书中首次提出的推销公式,它被认为是国际上成功的推销公式策略。"爱达"是四个英文字母AIDA的音译,这四个英文字母分别表达了"爱达"公式的四个推销步骤:一是引起顾客注意(Attention),即将顾客的注意力吸引到推销活动和推销产品上来;二是唤起顾客兴趣(Interest),即促使顾客对推销产品或购买产品抱有积极肯定的态度;三是激起顾客购买欲望(Desire),即促使顾客对推销产品产生强烈的拥有愿望;四是促成顾客采取购买行为(Action),即销售人员运用一定的促销技巧来促使顾客采取购买行动。

推销过程也是与客户信息沟通的过程,为了让沟通工作顺利进行,推销人员还应该遵循一些基本原则:①投其所好原则。如果气氛不够融洽,不要一上来就谈业务,可先谈谈对方的工作情况、共同感兴趣的话题等,对融洽谈话气氛是大有益处的。②倾听原则。聪明的销售员会把大部分时间用在倾听客户讲话上,客户讲的越多,对客户了解越清楚。但少讲话不是制造冷场,销售员要注意穿针引线,话不多,但要讲在点子上。③不卑不亢原则。人与人之间最容易进行的沟通形式是平等的沟通。既不因客户小而趾高气扬;也不因客户来头大而低声下气。④实事求是原则。对客户所问的问题,知之为知之,不知为不知;对自己产品的介绍,真实客观,不要夸海口。也不要无根据地说竞争对手的坏话,那是让人反感的。⑤转换立场原则。设身处地地为客户着想,甚至设想自己就是客户。只有站在客户的立场上说话,客户才能站在推销人员的立场思考。⑥不争论原则。也许客户的观点不堪一击,但反驳客户观点的同时,与客户的情感也疏远了。

四、人员推销流程

人员推销不仅应立足于售出企业产品,为企业创造直接的经济利益,还要致力于传播企业文化,与顾客建立长期的合作关系。在客户眼中,推销人员就是企业的代表,故顾客对推销人员的满意程度与企业发展息息相关。人员推销的对象主要有个人客户与集团客户,其中,集团客户推销难度最大,但对企业利益的影响也最大。为了实现集团客户的满意,建立与集团客户的长期关系,人员推销需要按照规范的流程进行:

(一)寻找潜在客户

推销工作的第一步是确定沟通的对象,即潜在客户。推销人员可以通过多种途径寻找潜在客户:①地毯式搜索法。即推销人员在事先确定的范围内挨家挨户逐个访问。②连锁介绍法。就是通过老客户的介绍来寻找有可能购买该产品的其他客户。③中心开花法。即推销人员在特定的推销范围内,取得一些具有影响力的核心人物的信任,然后利用这些人的影响和协助,将该范围内的个人或组织发展成为准顾客。④会议寻找法。利用产品展销、贸易年会等会议的机会与其他与会者建立联系来寻找客户。⑤资料查询法。就是通过查阅各种资料来获取潜在客户的方法。这些可供查阅的资料有报纸、出版物、名录和电话簿等。

(二)客户拜访

(1)准备工作

在拜访客户前,推销人员需要做好物质和精神两方面的准备:①物质准备。主要是仪容仪表、销售手册、样品、名片、笔记用品、协议书、客户资料和拜访计划等。②精神准备。保持自信、乐观、热情。

(2)正式拜访

推销人员完成准备工作后,应以适当方式接近客户,接近客户的方式有约见和闯见两种。约见需要事先预约才能见面,闯见是推销人员未事先征得对方同意而去见面。在西方国家闯见是不礼貌的行为。

与客户见面后,推销人员需要组织恰当的开场白,营造融洽的谈话气氛,为正式推销做好铺垫。

(三)需求确认

推销人员需要了解两方面内容:一是客户是否需要某种产品;二是客户对该产品各种属性和利益的需求结构,更关注品质还是价格?更重视功能还是款式?了解这些内容,推销人员才能更有的放矢地介绍产品。

(四)产品介绍

推销人员进行产品介绍时,一般应遵循FAB法则。即推销人员首先向客户说明本企业产品的属性(Feature),然后介绍该属性的作用或优点(Advantage),最后强调产品给客户带来的利益(Benefit)。比如对于一款真皮沙发,销售人员应该先介绍沙发的材质是真皮的(属性),所以很柔软(作用或优点),顾客坐上去感觉会很舒服(利益)。

(五)异议处理

推销人员向客户介绍产品或要求客户订货时,客户经常会表达一些不同意见,比如,对价格、交货时间、产品质量等,对于这些异议,推销人员应采取积极的态度,向客户解释以消除误会,或向客户做出某些保证,减少客户的后顾之忧。在此过程中,推销人员应避免与客户争论,否则,可能"赢了观点,输了生意"。

(六)协商谈判

恰当处理好客户的异议,双方合作的主要障碍基本消除以后,就可以对数量、价格、付款方式、售后服务等内容进行协商谈判。

(七)促成交易

促成交易是销售过程的最后阶段。研究表明,当经历过提案和一系列的谈判之后,潜在客户在最终做出购买决策时,往往会通过一些非语言的行为符号表现出来:如放松身体、微笑着征询购买建议、快速地浏览订单。如果有样品,则可能对样品进行检查或把玩等。若此时销售人员能及时、准确地识别潜在客户的购买信号,抓住时机提议就能有效促成协议的签署,并最终达成交易。

对于没有表明态度的客户,推销人员也可以借助一些技巧来促成交易。如直接询问法、假定成交法、二选一法、前提条件法、渐进追问法、实证借鉴法、利益汇总法、宠物缔结法、试探促成法等。

(八)客情维护

交易达成后,推销人员还应该重视业务关系与人际关系的维护,以保证客户满意和重复购买。具体做法有:严格按交货时间、条件和其他商定事项进行落实;定期或不定期地访问客户,沟通感情;了解客户是否对产品和服务满意,及时解决客户遇到的问题,促成客户的重复购买,以及向其他潜在客户进行推荐。

第五节 公共关系策略

公共关系(Public Relation)是指企业通过与公众沟通信息,使企业和公众互相了解,以提高企业的知名度和声誉,为企业的市场营销创造良好外部环境的活动。

一、公共关系的作用

公共关系有三个明显的作用:①有利于美化企业的形象,提高企业的声誉。当企业向消费者提供优质产品和服务,为社会做出相应贡献后,通过公共关系活动让公众了解这些成绩与贡献,有助于获得公众更好的评价。②有利于企业与公众相互理解,消除误会,排除矛盾,维护企业的声誉。在企业对外交往过程中,必然会有各种摩擦和矛盾影响企业与公众的关系,也可能因为企业的不当行为影响企业声誉,通过相应的公共关系活动,企业可以解释各种误会,缓和矛盾,及时解决问题,挽回企业声誉。③协调企业内部关系,增强企业的凝聚力。在经营过程中,企业内部的员工之间、部门之间也会产生矛盾,通过内部的公共关系活动,有利于化解内部矛盾,协调各种关系,从而增强企业内部团结。

与其他营销沟通工具相比,公共关系的主要优势是:高度可信、成本效益高、能迅速建立知晓度。缺陷是效果难以评估。

二、公共关系的对象

从公共关系的定义可以看出,企业公共关系活动的对象是公众。所谓公众,就是对企业实现其目标的能力有实际或潜在影响的群体或组织,具有群体性、同质性、变化性、相关性的特点。群体性,是指公众共同构成了企业必须面对的公众环境。同质性,是指构成某类公众的成员都面临共同问题、共同利益和共同要求。变化性,是指随着时间的推移,公众群体的构成、态度和作用也是变化的。相关性,是指公众虽然广泛存在,但不是各组织通用的抽象概念,而是与某一社会组织特定相关的。

根据公众与企业的所属关系分类,可将公众分为内部公众与外部公众。员工是企业直接面对的最接近的内部公众。在企业的外部公众中,消费者公众、传播媒介公众、社区公众、政府公众等对企业的发展尤为重要。

根据公众与企业发生关系的时序特征分类,可把公众分为非公众、潜在公众、知晓公众、行动公众。

根据公众对企业的重要性程度分类,可以把公众划分为首要公众、边缘公众和次要公众。

根据公众对企业的态度分类,可将其分为顺意公众、逆意公众和独立公众。对于公共关系工作人员来说,顺意公众是企业的基本依靠对象,逆意公众是企业急需转化的对象,独立公众则是企业值得争取的对象。

三、公共关系活动的主要方式

(一)利用新闻传播媒体开展宣传

公共关系人员在不违背真实性原则,不损害公共利益的前提下,有计划地策划、组织、举办具有新闻价值的活动、事件,制造新闻热点,吸引新闻界和公众视线,以提高知名度,扩大社会影响。企业可以向新闻媒体投稿传播企业及其产品的信息,或召开记者招待会、新闻发布会、新产品信息发布会,或邀请记者写新闻通讯、人物专访、特写等。新闻媒体具有权威性,对社会公众有很大的影响力。因此,通过新闻媒体向社会公众介绍企业和产品具有很强说服力,可以有效地提高社会公众对企业及其产品的认同感与接受程度。

(二)企业形象设计

企业形象设计CIS(或CI)是Corporation Identification System的英文缩写,原意是企业识别系统,意为一个社会组织用以区别于其他组织的各种图形、文字、风格等的综合体,其目的是展露产品特色,突出企业风格、宣传企业文化。主要方式有:①理念识别(MI):包括企业的奋斗目标、经营宗旨、行为准则、经营方针等。目的在于从理想信念、企业文化、价值观念等思想、精神层面使本企业区别于其他竞争者。其外在表现形式可以包括广告词:如四川长虹"以产业报国,民族昌盛为己任"就反映了民族产业的企业文化;广东健力宝的"运动饮料健力宝"就反映了体育产品的企业文化。CIS还可以包括企业的厂训、厂歌、特定仪式等。②行为识别(BI):其目的在于从行为举止、服务方式上使本企业区别于其他竞争者。如饮食业从点菜到上菜时间的规定,迎宾员鞠躬度数的规定等。海尔集团规定:凡购海尔空调者,购后24小时内由公司派员上门安装,安装1个月内电话查询使用情况,这种独特的时间规定就是海尔BI设计的一部分。③视觉识别(VI):包括机构名称、商标、品牌、徽记、代表色、内外环境等。其目的在于从视觉上使本企业的产品、服务、形象区别于其他竞争者。其方法很多,包括设计独特的产品商标、颜色、款式、包装、企业的厂牌、厂名、员工的着装及佩戴的厂徽等。例如,由可口可乐可以联想到活力奔放的大红色;娃哈哈的品牌标志是一个又像小孩又像老头的吉祥物。

(三)服务性公共关系

以向公众提供各种服务为特点,把企业形象与优质服务融合在一起,感化公众,在公众心中留下深刻难忘的印象,以具体实在的行动向公众证明其诚意。包括:售前售中售后服务、咨询服务、技术服务、信息服务。

(四)社会性公共关系

这类活动包括捐赠(慈善救济、福利活动、公共设施建设、教育事业、学术研究等)、赞助(体育赞助、文艺赞助、专题活动赞助、学生赞助等)、支持义卖、义演、开展环境保护工作、参与社区公益活动、维护社区安全等。通过这些活动,有助于提高企业的声誉和知名度,赢得社会公众的信任和支持。

(五)举办各种专题活动

这类活动包括开业典礼、开工典礼、厂庆、周年纪念、有奖评优、知识竞赛、参观访问等。通过这些活动可以扩大企业的影响,加强同外界公众的联系,树立良好的企业形象。

(六)矫正性公共关系

企业经常会遇到一些个别事件,如消费者投诉、不合格产品引起的事故、对企业不利的信息传播以至造谣中伤等。这些事件的发生往往会使企业的信誉下降,产品销售额下跌。危机事件的特点:突发性、坏影响、校正难。企业处理危机事件的方法和程序是:冷静对待发生的事件;迅速查明原因,尽快将事实的真相公布于众;实事求是,不故意隐瞒重要情节;短时间内提出解决问题的对策;派专人与新闻媒介联络;做好受害人的安抚工作;通过多种渠道,将处理结果告诉公众,尽量挽回影响。总之,不惜一切代价将公众利益放于首位,挽回企业影响。

(七)企业内部公共关系活动

内部公共关系是企业内部纵向公共关系和内部横向公共关系的总称。针对企业而言,纵向公共关系是企业上下级之间的关系;横向公共关系是企业同级职能部门、科室、班组之间和员工之间的关系。现代企业是一个相互联系、相互依存的开放系统,内部关系是否融洽、团结、目标一致,决定着企业能否充满生机,能否具有竞争优势和发展潜力。建立良好的内部公共关系,是企业开展各类对外公共关系活动的基础和前提。

企业内部公共关系活动的主要内容,一是关注和协调员工的物质利益,包括员工劳动所得的合理化,改善员工的福利待遇,改善劳动条件、劳动环境、劳动安全等;二是重视和满足员工的精神需要,提高员工在组织中的地位,增强他们的责任感,发掘闪光点,提高员工的自信心,以及促进组织内部团结,增强员工的自豪感;三是协助进行员工的思想教育。

企业内部公共关系活动的主要方法有:定期进行领导与员工的对话和谈心;实行民主管理,鼓励员工参政议政;编写企业发展史,激发员工的企业自豪感;为员工办实事,解决困难;向员工讲明形势,交代任务,明确奋斗目标;为员工沟通与交流感情创造条件,如举办舞会、俱乐部、演讲会等。

复习思考题

1. 各种促销方式的优缺点分别是什么?
2. 企业广告决策的内容主要有哪些?

3.营业推广的主要方式主要有哪些？

4.人员推销的基本策略主要有哪些？

5.企业公共关系活动的主要方式有哪些？

案例分析

零食界的网红：三只松鼠

一提起坚果类网红零食品牌，很多人首先会想到"三只松鼠"。2019年，"三只松鼠"销售额突破百亿，成为零食行业首家迈过百亿门槛的企业，"三只松鼠"的发展离不开它的营销努力。"三只松鼠"选择了大众喜闻乐见的松鼠卡通形象作为品牌代言人，松鼠以食用坚果为生，松鼠卡通形象很容易与坚果联系起来。不管是广告、赠品还是客服交流，都是松鼠形象的全方位展示。比如，每位客服人员都必须以松鼠的口吻来与顾客交流，并称对方为"主人"，打造个性化服务。公司还与其他品牌、IP合作，只要转发公司微博就有机会获得奖品，促使用户为了得到奖励而主动转发微博，靠合作品牌、IP的效应使自身得到更多的关注。每3~4天都有一次福利放送的促销活动，在指定时间内，只要购物满一定金额，就可得到优惠，让用户为获得实惠而持续关注。无论是《欢乐颂》《好先生》《微微一笑很倾城》还是《小别离》，你都能看到"三只松鼠"的身影，或是以零食出现，或是以玩具公仔出现，广告植入得恰到好处，让人印象深刻。2018年4月，"三只松鼠"出了同名3D动画《三只松鼠》，播放量超过1亿（以爱奇艺为准）。这是为了更好地维系与用户之间的感情，也是为了布局三只松鼠的IP，让其品牌娱乐化，让品牌给用户带去更多的欢声与笑语。

（资料来源：朴迹：《三只松鼠——顺势借资，玩转新零售》，简书）

案例思考

1.三只松鼠运用了哪些促销方式与策略？

2.三只松鼠制作和播放同名3D动画属于哪种促销方式？

3.三只松鼠的促销活动还有哪些可以改进的地方？

第十二章
国际市场营销

国际市场营销是指超越本国国界的市场营销活动。企业在国际市场营销中总是伴随着相应的风险,有政治法律的、经济资源的、社会文化的、科学技术的以及贸易环节的各种技术壁垒、绿色壁垒、贸易政策和进出口配额等等风险。企业要做好有效的国际市场营销策划,必须对国际市场营销的根本性质和具体特征有更深入的理解。

第一节 营销的全球视野

一、市场营销的全球化发展

(一)企业营销的全球化视角

从企业利润目标最优化的角度出发,一个企业在某种产品或服务上拥有了技术、专利、管理技巧或商誉等方面的领先优势,就必然会考虑如何最大限度地利用这种优势。当有限的国内市场不能满足其增长需求时,营销的全球化必然会随着企业市场边界的扩大、国际竞争与合作的增强、信息网络的发展而迅速拓展。

(1)企业的市场边界扩大。国内市场容量一旦突破,企业的资源优势必然会向国际市场扩展和延伸。往往通过出口、许可证贸易等向其他企业出售这些优势,允许它们在国外生产和出售产品或服务,或者是海外生产,利用这些优势在国外市场从事生产和营销。为了更有效地转让和利用技术,避免因外部市场交易的不确定性而导致的高交易成本,建立国外子公司进行海外生产就比较有吸引力。使企业的资源优势在国际市场上重新整合,发挥效益的最大化。

(2)竞争与合作国际化。随着经济全球化的发展,各国企业经营活动日益同国际市场发生紧密的联系,一方面,随着国内市场的开放,企业面临国外的众多竞争者,需要了解这些竞争者优势与劣势,另一方面,国外市场又为企业提供了拓展空间,企业需要针对海外市场的特点制定新的营销策略。全球化还意味着企业从原料采购到技术贸易都需要寻找和选择国外的合作伙伴。

(3)信息技术的发展促进了新营销策略的应用。网络平台、电子商务的应用,实现了网络营销与传统营销的整合,缩小了世界市场的时空距离,提高了市场国际化的效率。而世界市场的快速融合发展和无人销售的普及,则为充分利用信息技术和客户数据赢得更多忠诚顾客、优质顾客,提升企业竞争实力和获利能力创造了条件。国际化大市场的形成、企业营销活动的全球化和网络化已经是一种必然。

(二)新兴的大市场营销

大市场营销(Mega Marketing)的中心思想是:为了进入障碍极高的封闭型和保守型他国市场,企业在战略上必须协调地使用经济、心理、政治和公共关系等手段,以获取当地有关方面的合作和支持。大市场营销是20世纪80年代菲利普·科特勒提出的营销理念,作为国际市场营销的战略思维,大市场营销超越了国内单纯使用4P组合策略的思维,充分发挥了国际大市场营销所涉及的不同国家的权力结构因素和社会公众因素。

大市场营销的三个基本步骤是:一是探测权力结构,做到基本了解目标市场国家的权力结构是金字塔型结构,派系权力结构还是联合权力结构;二是设计总体战略,在进入一个新的市场时,需要明确市场竞争中的反对者、中立者及支持者,建立合理的战略联盟;三是制定实施方案,确定谁执行战略,何时、何地、以何种方式实现战略目标。

(三)国际市场营销的发展阶段

(1)出口营销(Export Marketing)是国际市场营销的初级阶段。最初产生于国外客户或者国内有关出口机构的订单。最初目标市场在国内,一般不设立对外的出口机构,而是通过出口代理机构或者间接出口的方式开展产品的出口业务。在积累了相当多的国际市场营销经验后,企业认识到开拓国际市场的重要性,再成立专门机构开展国际市场营销业务。

(2)跨国营销(International Marketing)是国际市场营销的成长阶段。开拓跨国营销活动的企业,其目标市场已确定在国际市场,甚至把本国的国内市场看作是国际市场的一个组成部分。一般会在本国设立公司总部,制定国际市场营销战略,在国外开设分支机构,甚至发展参股子公司等。专门开发国外消费市场所需的适合的产品,针对国际市场营销环境,制定国际市场营销组合策略,参与到国际市场的竞争。把国际市场的开拓,作为企业持续发展的重要目标。

(3)多国营销(Multinational Marketing)是国际市场营销的高级阶段。多国营销的早期称为多母国营销(Multidomestic Marketing),即指在多个国家建立较为独立的子公司,各个子公司独立运作,在不同国别的市场上形成不同的产品线和对应的营销策略。多国营销的进一步发展,称为多区域营销(Multiregional Marketing),即按照区域进行国别的整合,形成国际区域市场,在不同的国际区域市场上形成不同的产品线和相应的营销策略。

(4)全球营销(Global Marketing)是国际市场营销的成熟阶段。企业把全球市场作为一个统一的大市场,在全球一体化的国际视野中实现企业资源的全球整合配置。将多国营销中产生的低效和重复劳动等弊端取消和放弃,进行重新调整加以创新,实行全球范围内资源整合的一级大市场协调,以求达到全球范围内的目标收益最大化。

二、国际市场营销的机遇

从市场营销实践看来,市场的开放使得国内外的企业可以在国际市场上充分地利用国际国内两种资源、两个市场,进一步发展全球化的开放型经济。一般而言,企业走向国际化的动机包括创造内部市场、获得规模效益、减少经营风险和形成全球视野等四个方面。

(一)创造内部市场

企业一旦在某种产品或服务上拥有了技术、专利、管理技巧或商誉等方面的领先优势,它就必然会考虑如何最大限度地利用这种优势。企业可做如下三种选择:①出口;②向其他企业出售这些优势,允许它们在国外生产和出售产品或服务,即许可证贸易;③利用这些优势在国外市场从事生产和营销,即海外生产。

这三种做法所产生的收益是各不相同的。企业首先想到的往往是通过出口达到在国外开拓市场的目的。但是,随着时间的推移,出口将变得不理想或不可能,会出现各种限制,包括公开的关税和进口许可证要求,以及其他隐蔽的限制政策。此时,企业必须在许可证贸易和海外生产之间做出选择。在许可证贸易中,由于技术市场的不完备,技术拥有者(卖方)和技术购买者(买方)之间存在着信息不对称现象。买方在购买并使用卖方提供的技术之前无法断定该技术的实际价值,因而无法判断对方的开价是否合理,而且许可方很难确信被许可方在生产中能否实施有效的质量管理。

所以,为了更有效地转让和利用技术,避免因海外市场交易的不确定性而导致的高交易成本,建立国外子公司进行海外生产就比较有吸引力。这样可以将技术的买方和卖方通过行政结构整合在一个组织里,以雇佣关系代替买卖关系,减少相互欺骗的动机。

(二)取得规模效益

跨国公司通常相对集中地出现在某些资本密集型和技术密集型的行业,如食品、化工、石油、机械、冶金、汽车及电子仪器、家用电器、计算机等行业。这些行业具有生产批量化和规模化的特点,即生产技术适用于大规模批量生产和营销,从而可以大大降低生产成本,取得规模经济效益。对研究与开发的巨额投资、为促销支付的巨额广告费用等,都要求有尽可能大的营销规模,从而加速企业国际市场营销的进程。

(三)降低风险

企业走向国际化,可以在降低交易成本、维持和提高市场占有率、规避税负、保证资源供应等方面表现出更大的灵活性,从而有效地克服外部市场的缺陷所造成障碍,分散经营风险。例如,一个企业如果在不同国家的市场上经销产品,就不易受到那些影响某国市场的随机需求变量或当地政府干预的损害;同样,当一个企业在几个不同的市场建立了原材料的供应来源后,将有效地增强该企业应付全球范围内对某种原材料需求增长的能力。

(四)形成全球视野

现代社会已经进入了"全球化"的时代。企业通过广泛的国际商务活动建立起来的有效信息网络,在寻求新的海外资源、进入新的国外市场和取得先进的技术及管理经验方面,都发挥着积极的作用。例如,企业要不断创新,开发新产品和新工艺,就必须跟踪国际科技发展的最新动态,而企业设在世界各地,尤其是设在技术先进国家的分支机构,就是最好的信息站,同样,进入国际市场还可以为企业学习先进的管理经验创造有利的条件。

第二节 国际市场营销环境

在实践运作中,国际市场营销环境通常从国际营销的政治法律环境(Politics)、经济贸易环境(Economics)、社会文化环境(Society)、技术及网络环境(Technology)等四个方面(即PEST)进行分析。

一、国际政治法律环境

(一)国际政治环境

国际市场营销的政治环境指各种直接或间接影响和制约国际营销的政治因素的集合,

包括全球的国际政治环境和东道国的政治环境,它们对企业的国际营销活动产生重大的影响和制约作用。政府和政党体制、政府政策的稳定性、民族主义、政治风险等等是国际政治法律环境中的主要因素。一国的政治制度、政府类型和政党体制影响了其政府政策的稳定性,与世界经济一体化是否一致的政策主张,国家党派的民族主义政治观点,对企业从事国际营销活动都是非常关键的国际政治影响因素。

政局的稳定性和政策的连续性是增强国际投资信心与信任程度的重要因素。企业在国际市场营销过程中与各个国家之间的各种关系包括政治体制、行政体制及国际关系都有着千丝万缕的联系。因此,在国际市场营销活动中必须要综合考虑国际市场进入的国家和地区的政治体制状况,政局的基本变化、政府更迭、人事变动、政变及战争等等因素。

(二)国际法律法规

国际法是调整交往中国家间相互关系并规定其权利和义务的原则和制度,国际法的主体即权利和义务的承担者是国家,依据是国际条约、国际惯例、国际组织的决议、有关国际问题的判例。对国际市场营销活动影响较大的国际经济法,有保护消费者利益的立法(国际产品责任法),确定生产者和销售者对其生产或出售的产品所应承担的责任,保护消费者的合法权益;保护生产制造者和销售者的立法(工业产权法),包括专利法和商标法;保护公平竞争的立法如国际反托拉斯法、限制性商业惯例、保护竞争法;调整国际间经济贸易行为的立法,包括各种国际公约、条约、惯例、协定、议定书、规则等。东道国法律是影响国际市场营销活动最经常、最直接的因素,东道国法律对国际营销的影响主要体现在产品标准、定价限制、分销方式和渠道的法律规定和促销的法规限制。

二、国际经济贸易环境

国际市场营销的经济环境是各种直接或间接影响和制约国际市场营销的经济因素的集合,是国际市场营销环境的重要组成部分。

(一)国际经济环境

国际市场进入的经济环境是指企业投资的国家或地区的经济环境,对企业的投资取向及消费者的消费行为产生直接的影响,影响的经济要素中最核心部分是人口和收入因素。

(1)人口因素。

市场大小往往取决于消费人口的基数。企业在分析全球市场环境时,主要分析目标市场的发展阶段,人口规模、人口分布、人口结构以及消费者收入状况;各国消费支出结构与消费储蓄信贷状况;并需要对国际市场竞争者进行分析,才能确定匹配的国际营销策略组合。

(2)收入因素

收入因素从宏观方面包括国家的GDP、个人收入、个人可支配收入及可任意支配收入。一个国家的收入标志着国家的经济实力和发展水平。个人收入构成市场消费的基础,消费者的个人收入变化是影响国际消费市场变化的直接因素。

(二)国际贸易环境

国际市场营销面对的贸易环境主要有贸易政策、经济的全球化与世界贸易组织的各种合作关系。国际贸易环境是国际市场营销活动必须要面对的一个重要环境。

(1)国际贸易政策

各个国家的贸易政策对产品进出口干预和限制不同,会直接影响到国际市场营销活动。各国的贸易政策,大致分为自由贸易政策和保护主义贸易政策两大类。一般而言,发达国家由于经济实力强,产品具有较强的竞争力主要倾向于采用自由贸易政策;相对而言,发展中国家由于工业基础较弱,生产技术相对落后,常常对一些弱势产业采用贸易保护政策。

(2)经济全球化

随着世界市场的日益融合发展,当今世界经济发展也越来越具全球化特点,科学技术的进步,信息网络的发展,宽带通讯能力的增强,对经济全球化的发展趋势起到了明显的助推作用。经济全球化的快速发展进一步促进了世界市场的国际分工与协作,全球市场的国际化程度越来越高。

(3)WTO与区域经济合作

世界贸易组织(World Trade Organization)前身是关税与贸易总协定(General Agreement on Tariffs and Trade,GATT)。GATT是由缔约国签订的关于调整缔约方对外贸易政策和经济贸易方面的相互权利和义务的国际多边协定,自1947年签订以来,对降低关税、调节贸易关系和促进世界经济发展发挥了极为重要的作用。WTO自1995年取代GATT正式运转,担当起协调WTO成员的重任,为处理相关协定、消除贸易摩擦提供了一个有效的制度框架。同时,世界经济多极化发展趋势也在逐步形成,在多极化发展过程中,国际区域经济合作及其国际区域经济组织蓬勃发展。

(4)汇率

一般是指各个国家之间货币的兑换比率。国际市场营销作为一种跨国界的活动,在货币的周转与流通环节都必须考虑汇率的变化。企业国际市场营销过程中的结算环节与国际收支及汇率变动因素紧密相关。如果一个国家的货币贬值,就会增加国际市场的需求,从而增加产品的出口;与此同时,该国的货币贬值会抑制该国对国际市场的需求,从而减少产品的进口。汇率的变动直接影响到企业国际市场营销活动中产品的进口和出口,影响到国际投资的流向,影响到企业的财务状况。

三、国际社会文化环境

国际市场营销文化环境是指对企业国际营销产生影响和制约作用的各种文化因素的总和,是企业从事国际市场营销的重要的外部条件之一。

(一)教育水平

教育是技能、思想、态度的传授和专门知识的学习和培训,与经济发展水平密切相关。教育状况对国际营销的影响表现在几个方面:一是受教育水平影响人们的消费行为,二是受教育水平制约国际市场营销活动,三是教育状况影响当地市场的商品构成,四是受教育水平影响国际营销活动在当地可利用的人力资源状况。

(二)语言文化

语言是文化的镜子,是文化的核心组成部分,折射出民族的价值观和世界观,反映某一文化的本质特性,也是经济活动沟通的桥梁和表达思想、传递感情的工具,需要适时、适地而用。从事国际营销活动,尤其需要注意分析各国不同的语言背景,了解消费者对其所需产品的质量、品种、使用上的语言特点及不同的语言差异。

经济全球化使得企业竞争呈现无国界化,企业将进入各种不同文化背景的市场。应对这种挑战的重要方式就是采用适应性的文化营销策略,即在进行营销活动时,尽量尊重、适应东道国的文化,避免与其传统文化冲突。文化因素直接影响了国际营销的方式、规模,如沟通媒体、广告促销策略、商业设施包括分销渠道选择等。国际营销者需要注意到各国不同的文化水平直接影响购买者对其所需产品的质量、品种、使用特点及其生产、销售方式的不同的需求。

(三)宗教与民族

宗教对很多国家和地区的国际市场营销活动的影响很大。宗教信仰影响了人们的消费行为、社交方式、穿着举止、经商风格、价值观、在社会中处理和谐与冲突的方式,以及人们对时间、财富、变化、风险的态度。企业要在其国际营销活动中充分认识到宗教信仰对企业营销的影响,尊重目标市场各方的宗教信仰和观念,充分利用营销契机、巧妙规避风险。在当今世界上存在不同的信仰、教义、禁忌,从而对信徒的价值观念和消费需求形成巨大的约束,在宗教色彩浓厚的地区,撇开宗教因素的国际营销将会寸步难行。

(四)风俗习惯

一个社会和民族传统的风俗习惯对消费嗜好、消费方式起着决定性影响。通常,风俗是指世代沿袭固化而成的一种风尚,习惯是指由于重复或练习而固定下来并变成需要的行动方式。风俗习惯在世界各国人民日常生活中的饮食、衣着、居住、婚丧、信仰、节日、人际等等方面,会表现出各类独特的心理活动、道德伦理和行为方式。在世界各地有千差万别的不同的风俗习惯,也就有着不同的消费需求。更多了解世界各国目标市场消费者的习俗、禁忌、信仰、伦理是企业进行国际市场营销的重要条件。

(五)社会组织和阶层

在对社会组织的考察中,分析社会阶层、家庭规模、妇女的角色和地位、群体行为等对国际市场营销活动的开展非常有意义。与共同区域相类似的是特殊利益集团,它是社会中因职业、政治、宗教、爱好等的共同点而形成的不同特殊利益集团,他们对产品及服务会有一些共同性的要求,针对这类特殊利益集团也要采取相应的营销措施,以期取得预期的目标。

社会阶层是一个社会具有相对同质性和持久性的群体,按等级排列,同阶层成员具有类似的价值观、兴趣爱好、行为方式乃至产品偏好和品牌偏好,经济收入、购买力相似。家庭的作用在不同的社会中具有差异,亲属关系是社会组织的最基本组成部分,农业社会的家庭是最重要的社会中心,为家庭成员提供衣食住行、教育、文化传承,浓厚的家庭观念使家庭成员之间联系紧密,购买决策以家庭为主,家庭成员的消费受家庭的影响很大。

四、技术与网络环境

技术与网络环境是指企业环境中的技术要素和网络要素,以及与该要素直接相关的各种社会现象的集合。技术网络环境影响到企业能否合理利用新兴环境资源,及时调整战略决策,以获得新的竞争优势,是企业从事国际市场营销的重要的外部条件之一。企业尤其需要注意以下两个方面的技术环境:

(一)信息技术环境

信息技术环境指与本行业有关的信息技术的水平和发展趋势。信息技术的发展与变化,影响到许多的行业领域在国际市场营销策划上的战略规划。

全球信息网还给营销带来了全新的资金流转环境——电子支付,所谓电子支付是指网上交易的当事人,包括消费者、厂商和金融机构,通过互联网使用非现金方式进行货币支付或资金流转。

(二)网络营销环境

网络营销环境是指与企业网络营销活动有关联因素部分的集合。互联网已成为面向大众的普及性网络,包含应有尽有的巨量数据和信息,为用户提供了便利的信息及有效的搜集途径。与此同时,用户既是信息的消费者,也是信息的提供者,信息和用户使互联网络成为企业市场营销的有价值的新资源。

互联网已经不只是传统意义上的电子商务工具,而是已经独立成为一种新的市场营销环境。网络营销环境,以其影响范围广、强大的可共享能力、公平与交互性强、能动性强和灵敏度高等等优势,给企业的国际市场营销创造了新的发展机遇和挑战。

第三节 国际市场的细分与选择

随着经济全球化的加速,企业已不满足于仅仅在本国的市场上进行经营活动,越来越多的企业开始了国际化的进程。

一、全球市场细分

在复杂多变的国际市场中,为识别企业可能进入的市场范围,开拓国际市场,必须对国际大市场进行有效的细分。

市场细分可按照不同的标准进行,按经济发展水平,可以把国际市场细分为原始的农业型、原料出口型、工业发展型和工业发达型市场。按照国别可以划分为美国、中国、日本、俄罗斯、南非等不同的国家市场,也可以按照地区分为北美、欧洲、拉美、东南亚等市场。按照商品的性质可以分为工业品、消费品和服务市场。按人均国民收入可以分为高、中、低收入市场。此外,还可以按照家庭的性别、年龄、文化程度、宗教、种族、气候的标准进一步的细分。国际市场细分的过程中要关注市场发展规模、市场增长速度、交易成本、竞争优势及风险程度。

二、国际目标市场选择

国际市场营销人员以了解国际环境中各种特殊的因素为基础,树立正确的国际目标市场营销战略,必须要对国际大市场进行有效的市场细分和目标市场选择。以有效的国际化的市场细分为基础,目标市场选择需要考虑以下的因素:

(一)国际市场规模

预测市场发展潜力企业不仅要估计目前市场发展潜力,而且还必须预测未来的增长潜力。国外市场潜力的估计要比国内市场预测更为复杂,国际环境中政治的、经济的、文化的环境以及企业可能面对的多元变化,外国政权的稳定与否？货币政策以及法律法规都有非常大的不确定性。

(二)国际市场增长率

利润的增长是未来市场的投资收益是观察市场增长的一个重要指标。一个产品在国外市场的现金流量与投资收益率变化,主要参考估计的投资收益要高于公司正常的投资成本,并能够抵消在国外市场营销可能遇到的各种风险成本。成本的高低与进入市场的战略紧密相关,进入不同的国际分区市场,面临的风险也各不相同,应该注意在可能的收益中标注风险成本。

(三)国际市场竞争分析

在国内市场上,估计各类竞争者的市场占有率是一件比较困难的事情。在国际市场上,企业所遇到的压力不仅来自东道国的竞争者,同时也来自国际上其他国家的竞争者。营销人员不仅要估计当地的消费者对产品和市场的感受,还要探究其他外国品牌的影响和态度。同时还必须考虑到各种贸易壁垒产生的影响。

三、国际市场的进入方式

企业在制定国际市场营销策略组合时,必须考虑以什么方式进入国际市场。

(一)贸易进入方式

贸易进入是企业通过向国际目标市场出口产品,而进入国际市场的方式。贸易进入方式主要有直接出口和间接出口。传统企业往往通过贸易进入方式打开国际市场。产品在国内生产,原产地点不变,生产设施也留在国内,劳动力没有国际的流动,出口的产品可与内销产品相同,也可以根据国际市场需求做适当的调整。当产品在国际市场受到阻力的时候,也可以及时转向国内市场避险。相对而言,这种方式的市场风险相对较小。

(二)合约进入方式

合约进入是企业通过与国外企业签订技术转让、服务技能、管理技术、委托生产等合约而进入国际市场的方式。合约进入又分为许可证贸易、特许经营、合约管理、合约生产等方式。20世纪70年代以来,由于国际贸易保护主义盛行,出口受到一定的阻碍,迫使一些企业转向技术转让合约的方式,向国际目标市场输出技术和服务,带动产品的出口。采用这种方式可以降低生产成本,避免经营风险,减少汇率波动的损失,加强国际市场的经济技术合作。

(三)股权进入方式

股权进入是企业通过直接投资拥有国外公司部分或者全部股权,在国外进行投资生产销售产品而进入国际目标市场的方式。股权进入一般可以采取合资经营和独资经营两种方式。股权进入是企业进入国际市场的高级形态,企业通过投资方式进入国际市场,可以及时了解市场行情,充分利用投资国的资源,取得东道国政府的理解和支持。股权进入方式由于投入了资本和相关的生产要素,其政治风险和商业风险,与贸易进入和合约进入方式相比较而言明显增大。

第四节 国际市场营销组合

国际市场营销的基本原理和方法同基础市场营销学并无多大差异。许多指导国内营销的原理和方法,诸如市场营销调研、消费者行为分析、选择目标市场、营销组合策略、营销战略计划等,均可用以指导国际市场上的营销活动。

国内营销是在企业熟悉的营销环境(包括人口经济、社会文化、政治法律及竞争环境)中开展,国际市场营销则要在不熟悉的营销环境中开展,同时还要受国内宏观营销环境影响。

由于国际市场营销大环境复杂,其市场营销活动受到双重环境,尤其是各国的不同环境的影响,使营销组合策略复杂得多,难度也比较大。在产品策略方面,国际市场营销面临产品标准化与差异化策略的选择;在定价策略方面,国际市场定价不仅要考虑成本,还要考虑不同国家市场需求及竞争状况,而且成本还包含运输费、关税、外汇汇率、保险费等,此外还要考虑各国政府对价格调控的法规;在分销渠道方面,由于各国营销环境的差异,造成了不同的分销系统与分销渠道,各国的分销机构的形式、规模不同,从而增加了管理的难度;在促销策略方面,由于各国文化、政治法律、语言、媒体、生产成本等不同,使企业在选择促销策略的时候更复杂,如在国际广告战略中,广告活动究竟是采取有差异的个性广告,还是无差异的标准化广告都需要考虑。

一、面向国际化目标市场的产品

国际市场营销的产品设计、包装、商标、新产品开发等环节,都必须符合不同地区的社会文化、风俗习惯以及消费者购买偏好。与此相适应的国际市场营销产品策略主要包括以下几个方面:

(一)国际化产品的直接延伸策略

产品延伸是一种对现有产品不加任何变动,直接拓展到国际市场的策略。产品延伸策略的核心是在原有生产的基础上跨国界进行规模上的扩张。对企业生产上要求规模经济市场,需要具有同质性的产品,在国际市场营销中往往采用这类产品延伸策略。

(二)国际市场产品的适应策略

产品适应是指通过调整产品环节的因素使之满足当地条件和消费者偏好。一方面保留原产品合理的部分,另一方面要适当地改进,以适应不同国家和地区不同客户的具体需求。这些改进通常会包括功能更改、外观更改、包装更改、品牌更改等。在消费者需求不同、购买力不同、生产技术不同的情况下,或是在异质性的国际市场上,往往采用产品适应性策略。

(三)开发全新产品的创新策略

产品创新意味着推出全新的产品,以适应特定的国际目标市场。产品创新策略的核心是产品的全面创新,在产品的功能、外观、包装和品牌上都针对新的目标市场。在国际市场上具有巨大需求潜力,企业技术基础比较强,市场竞争激烈的情况下,往往会采用产品创新的策略。

二、国际市场的定价策略

在国际市场环境中,价格竞争和非价格竞争的复杂性和多变性使得国际市场定价更为复杂。有许多因素都会影响到价格的构成和定价的基本策略。

(一)国际市场价格的构成

国际市场环境比国内市场环境更为复杂。影响国际市场价格构成的因素包括:在产品生产成本基础之上的国际市场关税、国际中间商成本、运输费和保险费、汇率的变动。

(1)关税。进出口关税及附加是国际产品价格的重要组成部分。关税及税率的高低、不同的贸易保护政策、关税减免措施等直接影响到产品的实际价格。

(2)国际中间商成本。产品分销渠道在国际市场上的延伸必然导致增加中间环节成本,分销渠道的长短与市场营销方式随国别及地区的不同而不同。

(3)运输费和保险费。商品出口到世界各国,必然导致运输成本增加,包括运费、保险费、装卸费等,有的贸易合同中是按到岸价格计征关税。

(4)汇率变动。国际市场营销活动中的计价货币是根据合同来选择的,在世界绝大多数国家实行浮动汇率的情况下,汇率的变动影响商品价格也要相应发生变动,从而影响到国际市场营销的预期收益。

(二)国际市场定价策略

(1)统一定价策略。是指企业的相同产品在国际市场上采用相同的价格。该方式简洁易行,但难以适应国际市场消费的差异化和竞争的激烈变化。

(2)多元定价策略。是指企业对同一产品采取不同的价格策略。企业对国外子公司的定价不加以干涉,各子公司完全可以根据当地的市场情况做出价格决策。该策略使各个国外分支机构有最大的定价自主权,有利于根据市场情况,灵活地参与市场竞争。

(3)转移价格策略。该策略是指企业通过母公司与子公司,子公司与子公司之间,转移产品时确定某种内部交易价格,以实现全球战略目标和谋求最大利润。具体做法是:公司内部互相提供零配件、固定资产、技术、商标、服务等,或处理呆账、赔偿损失时,人为地提高或降低费用、利息等,使转移价格高于或低于相应的市场价格,造成跨国公司某一子公司取得超额利润,而另一子公司相应亏损,以达到调整利润、转移资金、逃避税收和减少风险等目的。

三、全球化的渠道策略

企业的产品从本国转移到国外市场最终消费者,形成了国际市场的营销渠道。由于各个国家市场环境的不同,渠道的设计错综复杂,存在着许多的国际市场营销渠道形式。企业可根据不同国度的市场状况,采用不同的渠道策略,在不同的市场环境中考虑选择长渠道或短渠道策略,宽渠道或窄渠道策略。

(一)长渠道与短渠道

长渠道策略是指企业在国际市场上选择两个以上环节的中间商来销售企业的产品。对于那些与广大消费者贴近的商品,企业往往采用多个环节的中间商将产品分散出去。长渠道的策略由于受国际市场营销中政治、经济、社会文化和地理因素的影响。其分销渠道都比国内市场营销渠道环节更长。该策略的特点是产品能进入更广阔的市场地理空间和不同层次的消费者群,但是也更容易形成该产品较大的市场存量,并增加销售成本。

短渠道策略是指出口商在国际市场上直接与零售商或者该产品用户从事交易的渠道策略。短渠道主要包括两种形式,一是出口商越过中间商,直接与经销商、百货公司、超级市场、大型连锁商场从事交易活动,降低产品成本,让利于零售商和消费者;二是出口商直接在世界各地建立自己的直销网络,以低价策略开拓国际市场,但出口商的自营网络会受到企业的人力、财力、物力的限制。

(二)宽渠道与窄渠道

宽渠道策略是指出口商在国际市场上的各个层次环节中尽可能多地选择中间商,以推销其产品的分销渠道策略。该策略的特点是中间商之间形成强有力的竞争,有利于该产品进入更广阔的国际市场。但中间商一般不愿意承担广告费用和相关的促销费用,所以产品的最终市场推销价格不容易掌控。同时,部分中间商削价竞销会损害该产品在国际市场上的形象。

窄渠道策略是指企业在国际市场上跟给予中间商一定时期内独家销售特定商品的权利。其中包括独家经销和独家代理两种形式。独家经销是企业将产品的专卖权转移给国外的中间商。独家代理只是企业将产品委托给国外的中间商。独家代理销售产品的所有权没有发生变化,代销商只收取佣金,但不承担经营风险。

四、国际市场的促销策略

国际促销策略的主要任务是实现与国际市场客户之间的沟通。在国内,促销策略中主要有广告策略、人员推销、公共关系和营业推广,很多的策略同样适用于国际市场促销。但是由于国际市场环境的复杂性,国际市场促销还需综合考虑更复杂的因素,有效整合促销方法。

(一)国际广告策略

产品进入国际市场初期,广告通常是促销的一个先导,它可以帮助产品实现预期定位,有助于树立企业的国际品牌形象。国际广告促销需要注意几个问题:一是广告的标准化与差异化,广告标准化是指在不同的目标市场对同一产品进行统一的广告,这种选择突出了国际市场基本需求的一致性,并且能够节约广告费用,但缺点就是针对性不强。而广告的差异化则能够充分地关注国际市场需求的差异性,对同一产品在不同目标市场进行不同的广告策略,其针对性较强。二是广告媒体选择策略,国际广告媒体种类繁多,如印刷媒体、广播、电视、电影、户外广告等等,各有其特点和不同的效果。国际市场营销应根据产品的性质和各个国家市场的特殊性,选择不同的广告媒体传递其产品信息。

国际广告控制策略,随着广告费用的增加,对国外分销商或者子公司的广告活动进行评估和控制在广告促销中日趋重要。国际广告控制策略主要采用三种方式:高度集中管理国际广告,控制市场营销成本;分散管理广告,国外分销商或者子公司按照销售额的一定比例提取广告费用,开展个性化的广告促销;按广告职能的不同,分别采取分散或者集中的国际广告管理。

(二)国际人员推销策略

人员推销策略在缺乏广告媒体的外国市场或者是工资水平较低的发展中国家,作用非常大,尤其是在生产资料的销售中。在国际市场上,人员促销因选择性强,灵活性高,能传递复杂信息,有效激发购买欲望,及时反馈等优点而成为不可或缺的方法。但由于在国际市场中,使用人员促销往往会面临费用高、培训难等问题,所以严格培训并实施有效的激励措施是特别重要的环节。

国际化营销人才的来源,一要关注企业的外销人员,尤其是能够有效沟通、忠诚度高的;二是在母公司所在国家移居国外的人员,其优势是懂得两个国家的语言文字;三是国外的当地人员,其优势是在当地有一定的社会关系网,并且熟悉目标市场的政治经济和社会文化。

营销人员的培训环节重点集中在适应性和技能性两个方面,要使营销人员熟悉当地的社会政治经济法律,特别是语言文化环境价值观、审美观、生活方式、宗教信仰、商业习惯等等;要使营销人员熟悉国际市场营销的技能和技巧,提高他们在市场营销中的综合能力。

激励营销人员最普遍的措施是根据推销人员的业绩给予丰厚的报酬,如高薪金、佣金或者奖金等直接报酬形式,并辅之以相关奖励,如晋升职位、国际化进修培训或者授予荣誉。

(三)国际公共关系策略

在进入一些封闭性较强的市场时,公共关系的好坏直接关系到能否进入该市场,在进入后能否取得较好的经济效益。现代跨国企业为了进入目标市场,应用各种公关策略,如通过与政府官员、当地的名人、工会社团、教育界人士的交往,为企业产品进入市场获取同行的钥匙,并树立良好形象。

在国际市场营销中,公共关系活动的方式主要有:尊重和支持当地政府目标,与当地政府保持良好的关系,使当地政府认识到国际企业的经营活动,有利于当地经济的发展;利用各种宣传媒体,以第三者身份正面宣传企业的经营活动和社会活动;听取和收集不同层次的公民对跨国企业的各种意见,迅速消除相互间的误解和矛盾,建立与国际企业相关的业务活动;积极参加东道国的各种社交活动,协调企业内部的劳资关系;与各重要部门和关键人物保持良好关系,尊重当地雇员的社会文化偏好、风俗习惯和宗教信仰。

(四)国际营业推广策略

营业推广的手段非常丰富,在运用时,需要考虑有关法律和文化习俗等因素,在国际市场营销中,博览会、交易会、巡回展览等营业推广形式,都对产品促销具有非常重要的作用,在国际市场上,大多数企业运用营业推广工具的费用有超过广告费的趋势。但是由于营业推广对刺激需求立竿见影,再加上长期的广告轰炸,人们已经对广告产生了"免疫力",广告效果相对较弱。在实践中,国际市场营销如果能够将营业推广和广告有效结合,就会有更好的市场效果。

(五)国际市场促销中的复杂性

国际市场营销在跨越国界的国家或地区,给本国以外的消费者或用户提供适合的产品与服务。但在促销策略实施的过程中,还需要考虑诸多的现实问题。

比如,怎样争取各国政府和官方组织的支持?在许多的国家,政府都会积极帮助本国企业在国际市场上开展促销活动,各国驻外使馆一般都会为企业提供一些国外的当地市场的信息。企业要积极参加政府组织的贸易代表团,赞助并参加相关的国际研讨会,组建海外贸易中心或者出口办事处等等。企业还要积极争取相关有效途径,了解政府制定的有利于开拓国际市场的外交及外贸政策。

还有如何更多地参与非官方的综合性活动?国际博览会是其中一种很好的促销方式,它的主要作用是把产品介绍给国际市场。宣传和树立企业产品和服务的良好国际形象,利用各种机会开展各种交易活动。积极参加或者主办国际巡回展览活动,为目标市场国家的消费者介绍本企业的相关产品及服务信息,这是当今跨国公司最常用的非常有效的促销策略。

复习思考题

1. 国际市场营销的主要发展阶段有哪些?
2. 影响国际市场营销环境的主要因素有哪些?
3. 企业进入国际市场的主要方式有哪些?
4. 如何进行国际市场的细分与目标市场选择?
5. 如何制定适合的国际市场营销策略?

案例分析

iPad降价!"苹果"卖不动了?

2020新年伊始,"苹果"中国就宣布对2019新款iPad降价,两个版本的降幅分别为200元和500元。去年以来,苹果屡屡采取降价措施,只是此次一改往日仅在电商渠道优惠的惯例,官方渠道也直接降价,这或许是其重新调整直营渠道价格政策的开始。这次调价在苹果身上极为罕见。记者了解到,以往只有每年要发新品的时候,苹果官方渠道才会对前一年的新品降价,而平常降价都是在电商平台渠道,而现在距离2019款iPad发布才刚过去3个多月的时间。

的确在中国市场,iPad已经被超越。知名市场调查机构IDC公布的数据显示,华为平板电脑2019年三季度在国内的份额达到37.4%,超越了苹果的33.8%,前者出货量为212万台,后者在中国市场的销量为192万台。尽管今年苹果降价带动了一时的销量大涨,但是作为一个高端手机品牌,频繁大幅度降价会伤害品牌价值,很多消费者都开始观望,新机估计也要等到降价再买,这样下去会影响苹果的溢价能力。

也有观点认为:"一个品牌的树立不是一朝一夕的事情。所以即使iPhone实施大面积官降,在一段时间内,也很难影响其高端的品牌定位。"值得注意的是,在手机行业的利润占比方面,苹果手机一直遥遥领先于其他品牌。市场研究机构Counterpoint Research发布的2019年三季度全球智能手机总利润数据显示,三季度智能手机总利润约为120亿美元,其中苹果独占66%。而在剩下34%的份额中,三星占比为17%,国内手机厂商华为、OPPO、vivo等一起瓜分剩下的17%。

(资料来源:北京商报,2020年1月3日)

案例思考

1. 国际市场营销环境的复杂性体现在哪些方面?

2. "苹果"在中国市场主要的竞争威胁是什么?你认为产品策略还是渠道策略更需要做调整?

第十三章 网络营销与移动营销

网络营销是随着互联网进入商业应用而产生的营销方式,尤其是万维网(www)、电子邮件(E-mail)、搜索引擎、社交软件等得到广泛应用之后,网络营销的应用价值越来越明显,应用领域越来越广泛。出现了 E-mail 营销、微博营销、网络广告营销、视频营销、媒体营销、竞价推广营销、SEO 优化排名营销、微信营销、抖音营销等不同形式。互联网作为一种高效率的交互式的双向沟通媒体,自然成为市场营销的重要平台。

第一节 网络营销

一、网络营销的概念及特点

(一)网络营销的概念

网络营销(On-line Marketing 或 E-Marketing)是以现代营销理论为基础,借助网络、通信和数字媒体技术实现营销目标的商务活动。它是科技进步、顾客价值变革、市场竞争等综合因素促成的,是信息化社会的必然产物。网络营销根据其实现方式有广义和狭义之分,广义的网络营销指企业利用一切计算机网络进行营销活动,而狭义的网络营销专指国际互联网营销。网络营销不等于网上销售,网络营销也不是将传统营销理念复制到网络平台,从下表13-1,我们可以简要地区分网络营销与传统营销的不同。

表13-1 网络营销与传统营销的异同

营销类型异同点		传统营销	网络营销
不同点	产品策略	很难做到销售任何产品	任何产品或任何服务项目
	价格策略	相对较高	以顾客能接受的成本来定价,价格可以低于传统销售方式的价格
	渠道策略	多层次、多渠道	多种功能集于一体的互联网
	促销策略	一对多的、单向的、强迫性的、非个性化的、高成本的促销	一对一的、双向的、理性的、消费者主导的、非强迫性的、循序渐进式的、个性化的、低成本的
相同点		1.都是企业的一种经营活动 2.两者都需要企业的既定目标 3.都把满足消费者需求作为一切活动的出发点 4.对需求的满足,不仅在现实需求上,还包括附加需求	

(二)网络营销的特点

网络营销就是以互联网为主要平台进行的,为达到一定营销目标的各类营销活动。网络营销的主要特征有:

(1)双向信息交流。互联网作为开放、自由的双向式信息沟通网络,企业与顾客之间可以实现直接的一对一信息交流和沟通,并根据目标顾客的需求进行生产和营销决策,在最大限度满足顾客需求的同时,提高营销决策的效率。

(2)市场的全球性。互联网作为有巨大潜力的虚拟市场已经形成了一个全球体系,企业运用互联网平台进行营销活动,能够随时随地提供全球性的市场营销服务,使世界上任何国家的交易活动都可以在网上进行,实现全球化的更优质、更高效的整合营销。

(3)资源的整合性。互联网应用使得企业的资源可以实现全天候、全媒体的深度整合,帮助企业打造全渠道的立体营销网络,并根据市场大数据(Big Data)分析制定出一整套完善的多维度立体互动营销模式,从而实现企业全景规划的营销效果。

(4)明显的经济性。企业与顾客信息沟通成本低、速度快、更改灵活。几乎所有的订制化服务,都可以根据客户的需求在平台上提交,在线下完成制作。网络营销使企业的营销进程加快,信息传播速度也更快。顾客可以直接通过网络订货和付款,企业通过网络接受订单、安排生产,直接将产品送给顾客。

二、网络营销的理论基础

(一)直复营销理论

直复营销是一种为了在任何地方产生可度量的反应和达成交易,而使用一种或多种广告载体交互作用的市场营销体系。直复营销强调在任何时间、任何地点都可以实现企业与顾客的"信息双向交流"。直复营销的关键是为每个目标顾客提供直接向营销人员反映的渠道,最重要的特性之一是直复营销活动的效果可以测定。互联网作为开放、自由的交互式信息沟通网络,通过数据库技术和网络控制技术,可以实现直复营销的理论。

(二)4C营销理论

与传统营销组合4P理论相比较,网络营销依托互联网平台,可更好地实施整合营销思想的4C营销理论。即产品和服务以顾客为中心,制定顾客能接受的成本价格,分销渠道的设计以顾客的便利为核心,更加注重与顾客的交流和沟通。

(三)关系营销理论

关系营销的核心是保持顾客,为顾客提供高度满意的产品和服务价值,通过加强与顾客的联系,提供有效的顾客服务,保持与顾客的长期关系,并在与顾客保持长期关系的基础上开展营销活动,实现企业的营销目标。加强与顾客关系并建立顾客的忠诚度,是可以为企业带来长远利益的,它提倡的是企业与顾客双赢策略。互联网作为一种有效的双向沟通渠道,使企业与顾客可以实现低成本的沟通和交流,它为企业与顾客建立长期关系提供了有效的保障。

三、网络营销环境

网络营销环境影响着企业的营销理念和策略。

(一)互联网环境

互联网络自身构成了一个市场营销运行的开放的共享的整体环境,从环境因素构成上,包含以下主要方面:

(1)共享开放的网络资源

信息是市场营销的关键资源,是互联网的血液,通过互联网可以为企业提供各种信息,指导企业的营销活动。环境要与体系内的所有参与者发生作用,而非个体之间的互相作用。每一个上网者都是互联网的一分子,他可以无限制地接触互联网的全部,同时在这一过程中受到互联网的影响。

(2)快速换代的网络技术

网络技术快速发展促进网络营销模式也迅速在调整与变化。网络营销的发展经历了三次变革:搜索技术变革、网络可见度变革、信息可信度变革。从搜索引擎营销到以博客营销为代表的全员网络营销,再到以社会关系网为基础的移动网络营销,网络营销理念和方式的每次变革都离不开网络技术的发展。

(3)动态交互的应用机制

网络营销环境在应用中不断变化,企业可以将自己企业的信息通过公司网站存储在互联网上;也可以通过互联网上的信息做出决策。互联网已经不仅仅是传统意义上的电子商务的载体,而是独立的新市场营销环境。以其范围广、可视性强、公平性好、交互性强、灵敏度高等优势给企业市场营销创造了新的发展机遇与挑战。

(二)宏观环境

宏观环境是指一个国家或地区的政治、法律、人口、经济、社会文化、科学技术等影响企业进行网络营销活动的宏观条件。宏观环境对企业长期的发展具有很大的影响。宏观环境主要包括以下六个方面的因素。

(1)政治法律环境。包括国家政治体制、政治的稳定性、国际关系、法制体系等。在国家和国际政治法律体系中,相当一部分内容直接或间接地影响着经济和市场,企业需要特别注意电子商务方面的法律法规。

(2)经济环境。经济环境是内部分类最多、具体因素最多,并对市场具有广泛和直接影响的环境内容。经济环境不仅包括经济体制、经济增长、经济周期与发展阶段,以及经济政策体系等大的方面的内容,同时也包括收入水平、市场价格、利率、汇率、税收等经济参数和政府调节取向等内容。

(3)人文与社会环境。企业存在于一定的社会环境中,同时企业又是社会成员所组成的一个小的社会团体,不可避免地受到社会环境的影响和制约。人文与社会环境的内容很丰富,在不同的国家、地区、民族之间差别非常明显。在营销的网络环境中,企业必须重视人文与社会环境的网络舆情研究。

(4)科技与教育水平。科学技术对经济社会发展的作用日益显著,科技的基础是教育,科技与教育都是环境的基本组成部分。特别是在网络营销时期,技术发展影响着营销理念和方式。在信息等高新技术产业中,教育水平的差异是影响需求和用户规模的重要因素。

(5)自然环境。自然环境是指一个国家或地区的客观环境因素,主要包括自然资源、气候、地形地质、地理位置等。虽然随着科技进步和社会生产力的提高,自然状况对经济和市场的影响整体上是趋于下降的趋势,但自然环境制约经济和市场的内容、形式则在不断变化。

(6)人口。人是企业营销活动的直接和最终对象,市场是由消费者构成的。所以在其他条件固定或相同的情况下,应更多地分析互联网络环境中的"网络难民""网络移民"和"网络原住民"的人口结构,更多关注网民结构和数量,以及各类家庭的消费倾向、家庭类型及其变化。

(三)微观环境

微观环境由企业及其周围的活动者组成,直接影响着企业为顾客服务的能力。它包括企业内部环境、供应者、营销中介、顾客或用户、竞争者等因素。

(1)企业内部环境。企业内部环境包括企业内部各部门的关系及协调合作。

(2)供应者。供应者是向企业及其竞争者提供生产经营所需原料、部件、能源、资金等生产资源的公司或个人。

(3)营销中介。营销中介是协调企业促销和分销其产品给最终购买者的公司或个人。由于网络技术的运用,给传统的经济体系带来巨大的冲击,流通领域的经济行为产生了分化和重构。消费者可以通过网上购物和在线销售自由地选购自己需要的商品,生产者、批发商、零售商和网上销售商都可以建立自己的网站并营销商品,所以一部分商品不再按原来的行业分工进行,也不再遵循传统的商品购进、储存、运销业务的流程运转。

(4)顾客或用户。顾客或用户是企业产品销售的市场,是企业直接或最终的营销对象。网络技术的发展极大地消除了企业与顾客之间的地理位置的限制,创造了一个让双方更容易接近和交流信息的机制。互联网络真正实现了经济全球化、市场一体化。它不仅给企业提供了广阔的市场营销空间,同时也增强了消费者选择商品的广泛性和可比性。顾客可以通过网络,得到更多的信息,使他的购买行为更加理性化。

(5)竞争者。竞争是商品经济活动的必然规律。在开展网上营销的过程中,不可避免地要遇到业务与自己相同或相近的竞争对手,研究对手,取长补短,是克敌制胜的好方法。

研究网上的竞争对手可以从其主页入手,一般来说,竞争对手会将自己的服务、业务和方法等方面的信息展示在主页上。要在竞争中维持主动地位,应考察以下方面:①站在顾客的角度浏览竞争对手网站的所有信息。②研究其网站的设计方式,体会它如何运用屏幕的有限空间展示企业的形象和业务信息。③注意网站设计细节方面的东西。④有效定位企业开展业务的时间与空间区域。⑤记录其传输速度特别是图形下载的时间,网页打开的传输速度是网站能否留住客户的关键因素。⑥观察竞争对手的整体实力,定期监测对手的动态变化,有效跟踪竞争对手的可能动向。

网络营销的原理和策略与传统营销并没有本质的不同,但由于网络营销环境本身的特点,在网络营销活动中出现了许多各具特色的营销方法。

四、网络营销的基本方法

(一)网上商店

建立在第三方提供的电子商务平台上(如京东、天猫)、由商家自行经营网上商店,如同在大型商场中租用场地开设商家的专卖店一样,是一种比较简单的电子商务形式。网上商店除了通过网络直接销售产品这一基本功能之外,还是一种有效的网络营销手段。从企业整体营销策略和顾客的角度考虑,网上商店的作用主要表现在两个方面:一方面,网上商店为企业扩展网上销售渠道提供了便利的条件;另一方面,建立在知名电子商务平台上的网上商店增加了顾客的信任度,从功能上来说,对不具备电子商务功能的企业网站也是一种有效的补充,对提升企业形象并直接增加销售具有良好效果,尤其是将企业网站与网上商店相结合,效果更为明显。

(二)搜索引擎营销

简单来说,搜索引擎营销就是基于搜索引擎平台的网络营销,利用人们对搜索引擎的使用习惯,在人们检索信息的时候将信息传递给目标用户。搜索引擎营销的基本思想是让用户发现信息,并通过点击进入网页,进一步了解所需要的信息。常用的营销方式有PPC竞价广告和搜索引擎优化,现阶段在中国的PPC推广主要是百度竞价排名推广,是一种按照点击付费的推广方式。搜索引擎优化(SEO)是通过对网站进行符合搜索引擎标准的方法进行优化,从而提高在百度、谷歌(Google)等搜索引擎上的自然排名,并获得流量,以达到推广的目的,企业通过搜索引擎付费推广,让用户可以直接与公司客服进行交流、了解,实现交易。搜索引擎作为网民上网常用的功能,在网络营销中占据重要地位。

(三)许可E-mail营销

基于用户许可的Email营销比传统的推广方式,或未经许可的E-mail营销具有明显的优势,比如可以减少广告对用户的滋扰、增加潜在客户定位的准确度、增强与客户的关系、提高品牌忠诚度等。开展E-mail营销的前提是拥有潜在用户的E-mail地址,这些地址可以是企业从用户、潜在用户资料中自行收集整理,也可以利用第三方的潜在用户资源。比如国内的51mymail、拓鹏数据库营销都是属于此类。

(四)即时通讯营销

即时通讯营销,又叫IM(Instant Messaging)营销,是企业通过即时工具(如QQ、微信)帮助企业推广产品和品牌的一种手段。常用的方式有:①网络在线交流。中小企业建立了网店或者企业网站时一般会有即时通讯在线,这样潜在的客户如果对产品或者服务感兴趣自然会主动和在线的商家联系。②广告。中小企业可以通过IM营销通信工具,发布一些产品信息、促销信息,或者可以通过图片发布一些网友喜闻乐见的表情,同时加上企业要宣传的标志。

(五)网络广告

几乎所有的网络营销活动都与品牌形象有关,在所有与品牌推广有关的网络营销手段中,网络广告的作用最为直接。标准标志广告(Banner)曾经是网上广告的主流,2001年之后,网络广告领域发起了一场轰轰烈烈的创新运动,新的广告形式不断出现,新型广告由于克服了标准条幅广告条承载信息量有限、交互性差等弱点,因此获得了相对较高的点击率。

(六)交换链接

交换链接或称互惠链接,是具有一定互补优势的网站之间的简单合作形式,即分别在自己的网站上放置对方网站的LOGO或网站名称并设置对方网站的超级链接,使得用户可以从合作网站中发现自己的网站,达到互相推广的目的。交换链接的作用主要表现在几个方面:获得访问量、增加用户浏览时的印象、在搜索引擎排名中增加优势、通过合作网站的推荐增加访问者的可信度等。更重要的是,交换链接的意义已经超出了是否可以增加访问量,比直接效果更重要的在于业内的认知和认可。

(七)KOL营销

网络KOL(Key Opinion Leader),网络意见领袖的意思,是指在某个领域发表观点并且有一定影响力的人。KOL在我们现在的日常生活中,不光可以是某个有影响领域的引导者,还可以是各类网红、美妆博主、主播,或者是明星艺人,甚至是普通人等,只要是能够在某一特定场景,或者是某一特征指向产品或服务,对大量的受众人群产生吸引,以至达到营销目标的影响,都可以是KOL。

随着移动网络和社交媒体频频出现,新兴的营销手段不断被挖掘和创新,KOL营销在提升品牌影响力层面上效果非常直接,经营者越来越多地依托社交媒体的网络,以KOL营销方式来增强推广效果。KOL营销通常需考虑不同平台的属性和特征,结合传播方式,设计规划符合网络平台的有效策略以实现"吸粉式"传播。比如,"微信"作为应用群体最广泛的即时通讯平台,背靠高黏性海量用户,营销手法多采用内容植入等方式;"抖音"作为短视频领域的新入的佼佼者,牢牢地抓取了年轻人碎片化的时间;"小红书"以内容电商的优势,依据不同功能模块和场景的细分,以商品推荐和种草方式,吸引适合不同场景特征需求的目标用户。

(八)BBS营销

论坛营销(Bulletin Board System)是指企业利用论坛这种网络交流的平台,通过文字、图片、视频等方式发布企业的产品和服务的信息,从而让目标客户更加深刻地了解企业的产品和服务,最终达到企业宣传企业的品牌、加深市场认知度的网络营销活动。

(九)O2O立体营销

O2O(Online To Offline)立体营销,是基于线上、线下全媒体深度整合营销,以提升品牌价值转化为导向,运用信息系统移动化,打造全渠道的立体营销网络。实现O2O的整合,企业往往需要根据市场的综合大数据分析制定出一整套精准的多维度互动营销模式,从而实现该企业全方位视角的精准营销效果。针对目标受众的不同需求,进行多维度多层次的有效市场细分,选择性地运用报纸、杂志、广播、电视、音像、电影、出版、网络、移动通信等等各类适合的传播渠道,以适合的文字、图片、声音、视频、感知等多元化的触及形式,进行线上与线下的深度互动融合。O2O立体营销策划通常会考虑到涵盖视、听、光、形象、触觉等等人们接受丰富资讯的全部感官,对目标受众进行多视角、立体化的营销全覆盖,帮助企业打造多渠道、多层次、多元化、多维度、全方位的立体营销网络。

(十)其他网络营销方式

随着社会经济的发展及网络技术的广泛应用,网络营销的方法与工具也是不断推陈出新。其他使用较多网络营销方式还有游戏植入式营销、病毒式营销、网络视频营销等。

病毒式营销利用公众的积极性和人际网络,让营销信息像病毒一样传播和扩散,营销信息被快速复制传向数以万计、数以百万计的受众,它通过一套合理有效的积分制度引导并刺激用户主动进行宣传,已经成为网络营销最为独特的手段,被越来越多的商家和网站成功利用。2018年9月29日,支付宝官方微博发布了一条抽奖微博,从转发的用户中抽取一名中国锦鲤,只要"十一"期间在境外使用支付宝支付指定产品,就能统统免单。微博发出后,网友们纷纷转发参与,获得将近500多万的转评赞,亿级的曝光量,相关的话题在公布结果后,迅速占据微博热搜第一和第三位。

游戏植入式(In game)营销是依托于游戏本身的娱乐本性带来吸引力和互动性,结合游戏产品文化背景和内容的独特性,以及相应的游戏道具、场景或者任务而制定的产品推广形式。让玩家在玩游戏的状态下切身体验产品的特性,把推广方案巧妙转变成游戏环节,将广告变成游戏,游戏变成广告。把企业品牌传播和游戏本身深度结合,利用网络游戏把虚拟文化传播转化为真实的企业品牌传播,让游戏玩家成为忠诚的企业品牌消费者、追随者和传播者。

视频营销基于视频网站为核心的网络平台,以内容为核心、创意为导向,利用精细策划的视频内容实现产品营销与品牌传播,是"视频"和"互联网"的有机结合,具有电视短片的优点如感染力强、形式内容多样、创意新颖等,又有互联网营销的优势如互动性、主动传播性、传播速度快、成本低等特点。

第二节 社交网络营销

社交网络(Social Network Site,SNS)是一种交流平台,该类网站人们称之社交站。它是Web2.0的交流平台,最有名的如微信、微博、Myspace、Facebook等。它们的作用不仅是提供要闻故事,而且成为把流量带到网络商在线网页的主要因素。

一、社交网络营销的特点与优势

社交网络营销的核心是关系营销。社交的重点在于建立新关系,巩固老关系。任何创业者都需要建立新的强大关系网络,以支持其业务的发展。其特点主要有:一是直接面对消费人群,目标人群集中,宣传较精准,可信度高,更有利于口碑宣传。二是圈粉创造销售增长,市场基础较稳固。三是可以作为普遍宣传手段使用,也可以针对特定目标,组织特殊人群线上扩展效果明显。四是直接掌握用户反馈信息,针对消费需求动态及时调整宣传策略和方式。社交网络营销的优势体现在:

(一)可以满足不同的营销策略

作为一个不断创新和发展的营销模式,越来越多的企业尝试在SNS网站上施展拳脚,无论是开展各种各样的线上的活动(例如:支付宝的植树活动、伊利舒化奶的开心牧场等)、产品植入(例如:地产项目的房子植入、手机作为送礼品的植入等),还是市场调研(在目标用户集中的城市开展调查了解用户对产品和服务的意见),以及病毒营销(植入了企业元素的视频或内容可以在用户中像病毒传播一样迅速地被分享和转帖)等,都可以在社交网站实现,因为SNS最大的特点就是可以充分实现人与人之间的互动,而这恰恰是一切营销的基础所在。

(二)可以有效降低营销成本

社交网络营销的"多对多"信息传递模式具有更强的互动性,受到更多人的关注。随着网民网络行为的日益成熟,用户更乐意主动获取信息和分享信息,社区用户显示出高度的参与性、分享性与互动性,社交网络营销传播的主要媒介是用户,主要方式是"众口相传"。因此与传统广告形式相比,无须大量的广告投入,相反因为用户的参与性、分享性与互动性的特点,很容易加深对一个品牌和产品的认知,容易形成深刻的印象,从媒体价值来分析,能形成好的传播效果。

(三)可实现对目标用户的精准营销

社交网络营销中的用户通常都是认识的朋友,用户注册的数据相对来说都是较真实的,企业在开展网络营销的时候可以很容易对目标受众按照地域、收入状况等进行用户的筛选,来选择哪些是自己的目标用户,从而有针对性地与这些用户进行宣传和互动。如果企业营销的经费不多,但又希望能够获得一个比较好的效果的时候,可以只针对部分区域开展营销,例如只针对北、上、广的用户开展线上活动,从而实现目标用户的精准营销。

(四)切合网络用户核心需求

社交网络营销模式的迅速发展恰恰是符合了网络用户的真实的需求:参与、分享和互动。它代表了网络用户的特点,也是符合网络营销发展的新趋势,没有任何一个媒体能够把人与人之间的关系拉得如此紧密。无论是朋友的一篇日记、推荐的一个视频、参与的一个活动,还是朋友新结识的朋友,都会让人们在第一时间及时地了解和关注到身边朋友们的动态,并与他们分享感受,这是有真实体验且符合网络用户核心需求的网络营销方式。

二、社交网络营销的策略

(一)选择品牌推广时机

大多数社交媒体网站有很多地方可以供企业主个性化自己的页面。但许多人白白地把那些地方留成空白。特别是举办论坛活动,要求写明公司简介和发展历程,或者以企业身份参与活动的。类似这样免费的品牌推广机会,一定要把握好机遇。

(二)有效信息的更新

在出现公关危机时,让人等待很长时间会让事情变得更糟。定期维护社区账号,查看消息和文章列表。特别是对一些网友的回帖和评论要积极地响应、互动,服务好用户才能够不断积累人气。

(三)热点和潮流的关注

找到合适的话题引发消费者对于产品的关注和讨论是社交网络营销的关键。社交网络话题的主要特点就是新颖、快速,因此企业在进行话题捆绑时,要选取网络中的热门话题,快速解决消费者对于产品的问题疑惑,提升消费者对企业品牌的忠诚度,保证企业产品营销话题的新鲜性。

(四)确定整体的社交营销战略

避免媒介不连贯,忽略横向与纵向的整体战略。比如,有了一个市场营销计划,每一篇帖子都应当事先策划,以避免不连贯现象出现。很多企业两天打鱼三天晒网,没有连贯系统的推广社区,用户需要一个阶段的积累和关注才能够认知到某一企业或品牌,并不是一两篇文章或帖子就能够大功告成的。在社交网络平台中不断开展与企业背景、产品信息以及企业文化等相关的企业活动,以此为基础吸引更多的消费者,实现新客户的聚集。

第三节 移动营销

网络营销是借助于网络、通信和数字媒体技术,实现营销目标的一系列商务活动。无线网络服务让智能手机在使用时,可以通过图片、语音和视频、短信、微信、微博等工具进行更有效的交互,且4G移动通信网普遍运营,5G也于2019年至2020年间开始在部分城市使用,智能手机的功能得以更加完善,可以进行地理位置定位、二维码扫描、网络广告、购物比较等,越来越多的商务活动从PC端向移动端迅速转移。

一、移动营销的概览

移动营销(Mobile Marketing)指面向移动终端(手机或平板电脑)用户,在移动终端上直接向目标受众定向和精确地传递个性化即时信息,通过与消费者的信息互动达到市场营销目标的行为。移动营销是互联网营销的一部分,它融合了现代网络经济中的"网络营销"和"数据库营销"理论,亦为经典市场营销的派生,成为各种营销方法中最具潜力的部分,但其理论体系才刚刚开始建立。

网民用手机购物打破了传统购物地点的限制,让交易随时随地发生,成为吸引消费者的重要因素。网民利用手机网络购物已成为时尚和拉动网络购物用户增长的重要力量。截至2019年6月我国手机网民达8.47亿人,手机网络购物用户规模达6.39亿人,手机外卖4.21亿人,手机网络支付用户为6.21亿,使移动网络市场人气更旺盛、购买力更强劲、规模更巨大。图13-1为第44次《中国互联网络发展状况统计报告》中,至2019年6月我国手机网民情况。

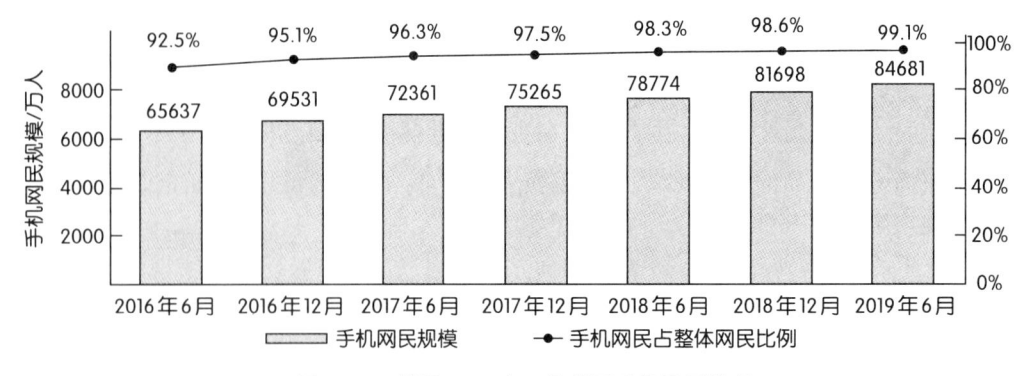

图13-1 截至2019年6月我国手机网民情况

移动营销通过消费者的移动设备递送营销信息。随着手机的普及,以及营销者能根据人口统计信息和其他消费者行为特征定制个性化信息,移动营销发展迅速。对于消费者来说,一部智能手机或平板电脑就相当于一位便利的购物伙伴,随时可以获得最新的产品信息、价格对比、来自其他消费者的意见和评论,以及便利的电子优惠券。移动设备为营销者提供了一个有效的平台,借助移动广告、优惠券、短信、移动应用和移动网站等工具,吸引消费者深度参与和迅速购买。

二、移动营销的特点和工具

(一)移动营销的主要特点

移动营销基于定量的市场调研,深入地研究目标消费者,全面地制定营销战略,运用和整合多种营销手段,来实现企业产品在市场上的营销目标。移动营销是整体解决方案,它包括多种形式,如短信回执、短信网址、彩铃、彩信、声讯、流媒体等。移动端的手机相对于PC的特点是:屏幕小、操作简单、使用时间碎片化、不受地域限制,移动营销在实践中主要有以下特点:

(1)浏览更年轻化

在互联网里冲浪的网民,大多有超前的消费意识与足够强大的消费能力,能够快速接受新产品,追求时尚与个性,这也使得越来越多的企业找到了移动营销的方向,将年轻化的消费群体作为移动营销主要的开发客户。

(2)投放更精准化

随着手机大量普及,有手机的地方就会有消费者和消费市场,只要企业整合营销方案有创意,能够吸引住客户,就能让营销进一步接近消费者。引导消费市场,给消费者创造新的需求。手机移动端的方便快捷,使越来越多的可能消费者在企业的营销策划引导下达到指定的目标。

(3)互动更个性化。

在移动端的一个App、一篇文案、一则微信公众号的推送、一段有创意的视频都有可能引起消费者的互动。移动营销一个很重要的特点就是互动性极强,且不受时空的限制。非常符合现代的"快"文化节奏,任何时间、任何地点、任何问题,都可能通过移动端得到及时的解决。不管是关注产品还是想下单购买,一切都能在线实现。

移动营销实施过程中,移动搜索广告位和广告形式较少,因受限于屏幕尺寸,广告过多会严重影响屏幕视觉;其次是移动端较分散,每一个App都是入口,移动端很容易随时被用户关掉。但移动端最大的特点是占据了大部分用户的零碎时间,如地铁、公交、吃饭、睡觉前等等,大部分人手机不离身(低头族),因此,如果有一个平台或者App能够长期吸引用户使用(比如微信),那潜在的营销价值将会非常巨大。

(二)移动营销的应用工具

随着移动互联网技术的发展,企业对移动营销方面也表现得更加重视,移动互联网最主要特点是会比传统的互联网更及时、更快速、更便利,而且也不会有任何地域限制。移动营销的应用形式和工具主要有:①应用商店。其本质上是一个平台,用以展示、下载手机适用的应用软件。②广告宣传。付费营销永远不会过时,广告的聚集地从应用市场到行业门户网站,到线下无处不在。③微博、微信、论坛、博客推广等社交网络营销。借助其他的网络平台辅助运营,增加和用户互动的机会,充分收集用户的反馈信息,聚集感兴趣的用户群,增强用户的黏性。④移动广告联盟。这里包括付费和免费的两种方式,你可以把事情交给移动广告渠道,只要按量付钱就行。⑤资源互换。应用达到一定的用户规模就可以采取换量,即App运营者可以通过跟其他的App进行用户交换,从而实现用户增长的目标。

随着智能手机快速的普及,移动互联网技术不断发展促使互联网冲破PC枷锁,开始将网络营销从桌面固定位置转向不断变动的以人为主体的本身。移动营销的目的非常简单直接,主要为增大品牌知名度;收集客户资料数据;增大客户参与活动或者访问浏览的机会;改进客户信任度和增加企业利润。

三、移动营销的基本模式

据中国互联网络信息中心(CNNIC)发布的数据显示,2010年6月到2019年6月的10年时间,我国手机网民数量从2.77亿人增加到8.47亿人,发展非常迅速。移动营销方案更多地在关注:用户体验至上、盈利策略不再急功近利、有效寻找业务的核心竞争力、掌握移动营销应用新模型、整合产业链之外的合理资源。

移动营销的模式,可以用"4I模型"来概括,即:分众识别(Individual Identification)、即时信息(Instant Message)、互动沟通(Interactive Communication)和我的个性化(I)。

(一)分众识别

移动营销基于手机进行"一对一"的沟通。由于每一部手机及其使用者的身份都具有唯一对应的关系,并且可以利用技术手段进行识别,所以能与消费者建立确切的互动关系,能够确认消费者是谁、在哪里等问题。

(二)即时信息

移动营销传递信息的即时性,为企业获得动态反馈和互动跟踪提供了可能。当企业对消费者的消费习惯有所觉察时,可以在消费者最有可能产生购买行为的时间发布产品信息。

(三)互动沟通

移动营销"一对一"的互动特性,可以使企业与消费者形成一种互动、互求、互需的关系。这种互动特性可以甄别关系营销的深度和层次,针对不同需求识别出不同的分众,使企业的营销资源有的放矢。

(四)我的个性化(I)

手机的属性是个性化、私人化、功能复合化和时尚化的,人们对于个性化的需求比以往任何时候都更加强烈。利用手机进行移动营销所传递的信息也具有鲜明的个性化。

移动营销服务就必须能够满足消费者个人的媒体目标,也就是满足个人在使用移动设备时对所追求目标的认知需求。比如,就移动广告而言,接收者的预期目标会影响到他对广告的处理。用户在使用以黄页地图、餐饮、娱乐等生活类搜索得到合适的信息后,去相应场所消费的可能性比较大。

第四节　大数据营销

一、大数据营销时代

大数据营销是在大数据分析的基础上,对企业的商业活动进行描述、分析、预测和规划,以指引消费趋势和消费者行为,从而帮助企业制定精准的商业营销策略。大数据营销衍生于互联网行业,又作用于互联网行业。依托多平台的大数据采集,以及大数据技术的分析与预测能力,能够使营销活动更加精准有效,给企业带来更高的投资回报率。

互联网时代的到来,彻底颠覆了人们的思维方式和工作方法。今天的企业营销人员正在通过新型传播媒介如电子邮件、论坛、微博、微信等,与数以百万计的客户建立联系。消费者的所有行为都在产生数据,而且数量巨大,这些大数据可以帮助企业营销人员更好地提炼产品特色,定位目标消费者,洞察消费者的喜好,理解并判断消费者的趋势,发现潜在的营销价值。

大数据可以从多个环节提高企业决策效率,比如从顾客使用习惯的数据,确定增加什么样新功能的产品;根据消费时间的跟踪,确定投放广告的有效时间段;根据消费的品类及价值汇总,分析顾客的满意度与忠诚度等等。针对锁定的目标顾客,分析在企业的大数据营销中重要的潜在价值、体验价值以及信用价值。

精准洞察消费者的核心需求是大数据营销的基础。在大数据时代下,人们在网络上留下的脚印越来越多。随着移动互联网的发展和移动智能设备软硬件功能的不断完善,网民使用习惯发生了巨大变化,用户行为方式从传统的以PC端为主,转变为"PC端+移动端"并重,呈现出跨屏、互动的趋势。这不仅伴随着一系列的数据流化、营销反思,而且还造就了以数据为核心的营销闭环,即消费—数据—营销—效果—消费,现如今,以数据为导向的精准化营销开始逐步替代传统的营销方式。作为以信息传递促进销售的手段,广告已成为精准化营销应用的重要领域。

二、大数据营销在广告促销中的应用

在广告促销中,大数据营销的核心在于让网络广告在合适的时间,通过合适的载体,以合适的方式,投给合适的人。

(一)多平台化数据采集

大数据技术使数据来源多样化,多平台化的数据采集能使对网民行为的刻画更加全面而准确。多平台采集可包含互联网、移动互联网、广电网、智能电视,未来还有户外智能屏等数据。

(二)时效性

网民的消费行为和购买方式极易在短时间内发生变化。在网民需求最高时,及时进行营销非常重要。国内最早的大数据营销企业泰一传媒(AdTime)对此提出了时间营销策略,它可通过技术手段充分了解网民的需求,并及时响应每一个网民当前的需求,让他在决定购买的"黄金时间"内及时接收到商品广告。

(三)"受众导向"的个性化

在网络时代,广告主的营销理念已从"媒体导向"向"受众导向"转变。以往的营销活动必须以媒体为导向,选择知名度高、浏览量大的媒体进行投放。如今,广告主完全以受众为导向进行广告营销,因为大数据技术可让他们知晓目标受众身处何方,关注着什么位置的什么屏幕。大数据技术可以做到当不同用户关注同一媒体的相同界面时,广告内容有所不同,大数据营销实现了对网民的个性化营销。

(四)泛信息的关联性

由于大数据在采集过程中可快速得知目标受众关注的内容,以及可知晓网民身在何处,这些有价信息可让推广信息的投放过程产生前所未有的关联性。比如,网民在所看到的上一条广告可与下一条广告进行深度互动。

大数据技术通过互联网采集大量的行为数据,首先帮助雇主找出目标受众,以此对推广项目的投放内容、时间、形式等进行预判与调配,并最终完成推广实现的营销过程。

三、大数据营销的其他应用

大数据营销不仅伴随着一连串的数据流化和营销跟踪的反馈,而且还提供了以数据为核心的有效营销信息良性循环,即消费、数据、营销、效果、再到消费,如今以大数据为导向的精准化营销开始逐步替代传统的单纯用户导向的营销方式。除了广告活动外,大数据营销还可以应用在企业经营的各个方面:

(一)用户行为与特征分析

只有积累足够的用户数据,才能分析出用户的喜好与购买习惯,甚至做到"比用户更了解用户自己"。这一点是许多大数据营销的前提与出发点,当你在点击或选择时,搜索引擎都会给你打上标签,同时也会根据你的标签和浏览习惯给你浏览的店铺打上标签。比如你长期买低端的消费品,你长期喜欢韩版风格的东西,你注册的是男性、双鱼座,你长期浏览一些花鸟鱼虫类的东西等等。

(二)精准营销信息推送支撑

精准营销总在被提及,但是真正做到的少之又少,反而是垃圾信息泛滥。究其原因,主要就是过去名义上的精准营销并不怎么精准,因为其缺少用户特征数据支撑及详细准确的分析。

(三)引导产品及营销活动投用户所好

如果能在产品生产之前了解潜在用户的主要特征,以及他们对产品的期待,那么你的产品生产即可投其所好。你所形成的固定的长期标签会在你购物、浏览的时候去影响店铺和商品,从而让店铺和商品被打上相应的标签,具备个性化推荐的基础。比如,《小时代》在预告片投放后,即从微博上通过大数据分析得知其电影的主要观众群为90后女性,因此后续的营销活动则主要针对这些人群展开。

(四)竞争对手监测与品牌传播

竞争对手在干什么是许多企业想了解的,尽管对方不告诉你,但是你却可以通过大数据监测分析得知。品牌传播的有效性亦可通过大数据分析找准方向。例如,可以进行传播趋势分析、内容特征分析、互动用户分析、正负情绪分类、口碑品类分析、产品属性分布等,可以通过监测掌握竞争对手传播态势,并可以参考行业标杆用户进行策划,根据用户声音策划内容,甚至可以评估其微博矩阵的运营效果。

(五)品牌危机监测及管理支持

新媒体时代,品牌危机使许多企业谈虎色变,然而大数据可以让企业提前洞悉。在危机爆发过程中,最需要的是跟踪危机传播趋势,识别重要参与人员,方便快速应对。大数据可以采集负面定义内容,及时启动危机跟踪和报警,按照人群社会属性分析,聚类事件过程中的观点,识别关键人物及传播路径,进而可以保护企业、产品的声誉,抓住源头和关键节点,快速有效地处理危机。

(六)企业重点客户筛选

许多企业家纠结的事是:在企业的用户、好友与粉丝中,哪些是最有价值的用户?有了大数据,或许这一切都可以更加有事实支撑。从用户访问的各种网站可判断其最近关心的东西是否与你的企业相关;从用户在社会化媒体上所发布的各类内容及与他人互动的内容中,可以找出千丝万缕的信息,利用某种规则关联及综合起来,就可以帮助企业筛选重点的目标用户。

(七)大数据用于改善用户体验

要改善用户体验,关键在于真正了解用户及他们所使用的你的产品的状况,做最适时的提醒。例如,在大数据时代或许你正驾驶的汽车可提前救你一命。只要通过遍布全车的传感器收集车辆运行信息,在你的汽车关键部件发生问题之前,就会提前向你或4S店预警,这绝不仅仅是节省金钱,而且对保护生命大有裨益。事实上,美国的UPS快递公司早在2000年就利用这种基于大数据的预测性分析系统来检测全美60000辆车辆的实时车况,以便及时地进行防御性修理。

(八)客户分级管理支持

面对日新月异的新媒体,许多企业通过对粉丝的公开内容和互动记录分析,将粉丝转化为潜在用户,激活社会化资产价值,并对潜在用户进行多个维度的画像。大数据可以分析活跃粉丝的互动内容,设定消费者画像各种规则,关联潜在用户与会员数据,关联潜在用户与客服数据,筛选目标群体做精准营销,进而可以使传统客户关系管理结合社会化数据,丰富用户不同维度的标签,并可动态更新消费者生命周期数据,保持信息新鲜有效。

(九)发现新市场与新趋势

基于大数据的分析与预测,对于企业家提供洞察新市场与把握经济走向都是极大的支持。比如,"淘宝"通过对用户消费习惯及购买方式的大数据分析,可以做到精准引流,精准转化。"淘宝"的分析可以推算出,你需要什么样的产品,需要达到什么样的消费满足程度,目的是在不同的应用场景中给你推荐最匹配你的消费和服务。

(十)市场预测与决策分析支持

对于数据对市场预测及决策分析的支持,过去早就在数据分析与数据挖掘盛行的年代被提出过。大数据时代,数据的大规模(Volume)及多类型(Variety)对数据分析与数据挖掘提出了新要求。更全面、速度更及时的大数据,必然对市场预测及决策分析进一步上台阶提供更好的支撑。

复习思考题

1. 网络营销的特点是什么?
2. 网络营销的基本方法有哪些?
3. 社交网络营销的策略有哪些?
4. 简述移动营销的主要特点?
5. 简述大数据营销的应用。

案例分析

从紫禁城到"数字故宫"

近几年,故宫走红并不是什么新鲜事。如今,AI、AR、5G等技术高速发展,也为故宫文化数字化带来了更多的想象空间。在过去一年多时间里,故宫与腾讯、百度、商汤等科技公司悉数进行了合作,在文创之外,探索更多的传统文化延展空间。去年冬天,它在宫墙外的角楼下开了火锅店、咖啡店,引得众人纷纷去打卡,一时火爆得一座难求;更早之前,故宫在"互联网+文创"领域的探索取得成效,成为网红IP,通过自营、合作经营和品牌授权等方式,推出上万件文创产品;2018年年底,故宫博物院文化创意馆和故宫淘宝先后推出彩妆产品,均上线初即售空,体现出强劲的"带货能力"。

(资料来源:新浪科技,2019年12月25日)

案例思考

1. 故宫走红的主要市场营销价值是什么?
2. 如何理解故宫的"互联网+文创"竞争策略?

第十四章
营销发展

企业的营销环境随着科学技术和社会经济的发展而变化,营销环境的变化要求企业运用创新的营销观念和营销手段指导企业的市场行为,关系营销、体验营销等理论被越来越多地应用于企业的营销活动。另一方面,传统营销理论的运用也拓展到一些新的领域,如服务领域。

第一节 关系营销

一、关系营销的概念及特点

(一)关系营销的概念

所谓关系营销(Relationship Marketing),是把营销活动看成是一个企业与消费者、供应商、分销商、竞争者、政府机构及其他公众发生互动作用的过程,其核心是建立和发展与这些公众的良好关系。菲利普·科特勒认为,关系营销致力于与主要顾客建立互相满意且长期的关系,以获得和维持企业业务。

(二)关系营销的特点

(1)信息沟通的互动性

在关系营销中,沟通应该是双向而非单向的。只有广泛的信息交流和信息共享,才可能使企业赢得各个利益相关者的支持与合作。关系营销中将顾客价值定义为顾客能感知到的利益与得失之间的权衡,是对产品或服务有效性的整体评价指标。只有通过良好的有效的沟通与互动,企业与客户的关系才能实现整体的协同发展,信息沟通的正常化有序化是协作"双赢"的基础。

(2)协作过程的长期性

关系营销要求建立专门的部门,用以跟踪顾客、分销商、供应商及营销系统中其他参与者的态度,由此了解关系的动态变化,及时采取措施消除关系中的不稳定因素和不利于关系各方利益共同增长的因素。此外,通过有效的信息反馈,也有利于企业及时改进产品和服务,更好地满足市场的需求。

(3)营销活动的互惠性

关系营销旨在通过合作增加关系各方的利益,而不是通过损害其中一方或多方的利益来增加其他各方的利益。关系能否得到稳定和发展,情感因素也起着重要作用。关系营销不只是要实现物质利益的互惠,还必须让参与各方能从关系中获得价值认同需求的满足。

二、关系营销的理论来源

关系营销的核心是留住顾客,提供产品和服务,在与顾客保持长期的关系基础上开展营销活动,实现企业的营销目标。关系营销的理念大量得益于对其他科学理论的借鉴、对传统营销理念的拓展以及信息技术浪潮的驱动。

(一)从其他科学理论的借鉴

关系营销的理论首先是对其他科学理论的广泛借鉴。这种借鉴主要来自系统论、协同学的役使原理和传播学的交换理论。

(1)系统论。系统论把社会、组织及其他事物都看作是一个个的系统,而这些系统又是由若干子系统所构成的。整个系统的运转就依赖于这些子系统及其构成要素间的相互依赖和相互作用。依据系统论的观点,企业就是一个由子系统组成并与所处环境有可确认的边界的系统,研究者和管理者需要了解子系统内部和子系统之间,以及企业与环境之间的相互关系,以便确定关系的模式或各变量之间的结构,并采取有效措施以保证系统的有效率运行。

(2)协同论。协同论认为,系统的性质的改变是由于系统中要素子系统之间的相互作用所致。任何系统运动都有两种趋向,一种是自发地倾向无序的运动,这是系统瓦解的重要原因;另一种是子系统之间的关联引起的协调、合作运动,这是系统自发走向有序的重要原因。实际上,协同正是关系营销所要追求的利益。

(3)传播学。传播学认为,传播是关系双方借以交换信息的符号传递过程。在这一过程当中,传播的最终目的是使信息的发送者和接收者的认识趋于一致。整合营销传播就是对传统营销理论和传播学的抽象和升华,在这个概念里,广告、促销、公共关系、包装以及媒体计划等一切营销活动构成传播的全部含义,并用一致的信息与消费者沟通。

(二)对传统营销理念的拓展

传统的市场营销理论认为,企业营销是一个利用内部可控因素来影响外部环境的过程。对内部可控因素的总结是4P组合,营销活动的核心即在于制定并实施有效的市场营销组合策略。但是实践证明,传统的营销理念越来越难以直接有效地帮助企业获得经营优势,而企业与外部环境的相关性,构成了保障企业生存与发展的事业共同的巨型的网络。对于大多数企业来说,企业的成功正是充分利用这种网络资源的结果。企业"边界"扩展到了企业边界以外,即包括所有与企业生存和发展具有关联的组织、群体和个人,以及由这些"节点"及其相互间的互动关系所构成的整个网络。而这些关系是否稳定并能给网络成员带来利益的增长,即达到"多赢"的结果,则依赖于有效的关系管理,包括利益和亲密的伙伴关系等。

(三)信息技术的有力驱动

信息技术的驱动,促进了关系营销理论的快速发展。现代信息技术的发展为各种营销伙伴关系的建立、维护和发展提供了低成本、高效率的沟通工具,它解决了关系营销所必需的基本技术条件和提供了大数据关系模型基础。在数据库支持下与顾客加强联系,让顾客感觉到公司理解他们,知道他们喜欢什么,并且知道他们在何时对何物感兴趣,通过这种个性化的服务培养顾客对企业忠诚。在与关系方交往过程中,必须做到在相互满足信息充分的前提条件下,相关的经济协作双方的可能收益,并通过在公开、公正、公平的交易条件下,使得产品或价值交换使关系方都能取得切实的效果与有力的保障。

三、关系营销的实施

建立并维持与客户的良好关系,首先必须真正树立以用户为中心的观念,一切从用户出发,将此观念贯穿到企业生产经营的全过程中。其次,切实关心消费者利益,加强与顾客的有效联系,密切关注双方感情需求。关系营销有利于巩固已有的市场地位和开辟新市场。

(一)维持与老客户的协作关系

关系营销体系框架的最基础部分是维系现有的老客户。关系营销会为顾客创造出比单纯的交易营销更大的价值。从顾客价值满足的角度,把顾客消费过程通过交易活动和关系活动清晰地反映在顾客价值链上,稳固并维系老顾客在消费全过程中的优质的体验,已成为增加顾客满意度和品牌忠诚度的关键要素。

(二)建立与发展新客户关系

发现并挖掘新客户是关系营销的拓展方向,老客户是企业稳定收入的主要来源,对企业的发展有着非常重要的作用。挖掘新客户,将为企业注入新鲜的能量,对企业的增长带来关键的突破口。特别是挖掘价值大的潜在客户,会对企业未来的发展产生重要的推动作用。企业要实现健康平稳的发展,必须做到在维护老客户的同时不断地开发新客户。特别是在市场变幻莫测的今天,我们都无法预知未来,更需要不断地发现、认识和开发潜在的新客户。

(三)注重营销关系的资源配置

面对顾客变化、外部竞争,企业承担不起内部竞争所造成的能量和资源的浪费,企业的全体人员必须通过有效的资源配置和利用,同心协力地实现企业的经营目标。在人力资源措施方面主要有:部门间的人员轮换、从内部提升、跨业务单元的论坛和会议。在信息资源分享环节,通常在企业采用新技术和新知识的过程中,以下方案提供了信息资源分享的方式:利用电脑网络来协调企业内部各部门及企业外部拥有多种知识技能的人;建立有关"知识库"或"回复网络";利用日益增多的独立受聘专业人员和新的交流技术,组成临时"虚拟小组",以完成自己或客户的交流项目。

(四)维持与客户的稳固关系层次

关系营销实质是在市场营销中与各关系方建立长期稳定的相互依存的营销关系,以求彼此协调发展。企业在建立与维系客户关系时,可以考虑根据客户的不同类型及重要程度建立不同的关系层次。企业常常从财务层次关系、社交层次关系、结构层次关系等不同的维度来建立关系营销层级。

(1)财务层次关系

财务层次关系营销,主要是运用财务方面的手段,使用价格来刺激目标公众以增加企业收益。具有代表性的方法是频繁市场营销计划和顾客满意度计划。

频繁市场营销计划,指的是给予那些频繁购买以及按稳定数量进行购买的顾客财务奖励的营销计划。美国航空公司是首批实行频繁市场营销计划的公司之一。80年代,该公司就决定对它的顾客提供免费里程信用服务。

客户满意度计划,是财务层次顾客关系的另一种代表形式,是企业设立高度的客户满意目标来评价营销实施的绩效,如果顾客对企业的产品或服务不满意,企业承诺将给予顾客合理的价格赔偿。

(2)社交层次关系

财务层次关系营销是一种低层次的营销,容易被竞争对手所模仿,很难将企业与竞争者区别开来。一旦营销方式被仿效,所产生的顾客忠诚的作用将会消失。因此财务层次营销可以购买顾客忠诚感,但无法真正创造忠诚顾客。当竞争者做出反应后,频繁市场营销计划反而会变为公司的负担。企业需要同顾客建立二级以及更高级的关系营销的联系,以增加顾客关注度,使顾客成为企业的终身客户。

社交层次客户关系营销,即二级关系营销,与财务层次关系营销相比,这种方法在向目标顾客提供财务利益的同时,也增加他们的社会利益。在社交层次营销里,与顾客建立良好的社交关系比向顾客提供价格刺激更重要。二级关系营销的主要表现形式是建立顾客组织。通过某种方式将顾客纳入企业的特定组织中,使企业与顾客保持更为紧密的联系。它包括两种形式:无形的顾客组织和有形的顾客组织。

无形的顾客组织是企业利用数据库建立顾客档案来与顾客保持长久的联系。如我国最大的网上书店"当当"在建立起一个大型的顾客数据库之后,灵活运用顾客数据库的数据,使服务人员在为顾客提供产品和服务的时候,明了顾客的偏好和习惯性购买行为,从而提供更具针对性的个性化服务。例如当当书店会根据会员最后一次的选择和购买记录,以及他们最近一次与会员交流获得的有关信息,定期向会员发送电子邮件,推荐他们感兴趣的书籍。同时企业可利用基于数据库支持的顾客流失警示系统,通过对顾客历史交易行为的观察和分析,赋予顾客数据库警示顾客异常购买行为的功能。

有形的顾客组织是企业通过建立各种正式或非正式的顾客俱乐部来与顾客保持长久的联系。在2000年1月30日海尔推出了国内家电行业第一家俱乐部——海尔俱乐部,这是海尔集团为满足消费者个性化需求,建立的一个类似顾客亲友团的组织。在海尔俱乐部里,会员在享受海尔家电高品质生活的同时,还体会到前所未有的乐趣:享受特有的尊贵权益和贴切的亲情服务;品味到最新的家电时尚,感受海尔家电的国际品质;获得直达个人需求的个性化生产和服务。

(3)结构层次关系

结构层次关系营销是一种高级层次的营销,是指整合应用高科技成果、精准规划符合目标利益客户的服务体系,让客户获得更多价值以强化顾客关系。例如,物流公司大数据系统帮助客户订制配送管理、存货管理、订单管理等等;金融公司协助其客户订制投资方案、工资管理、信贷管理;酒店利用信息管理系统帮助其客户存储出行偏好、订制旅游方案、设计个性化产品。企业产品与客户在技术结构、知识结构、习惯结构上吻合,从而建立起稳固的营销关系。只要建立起了结构层次上的营销关系,客户就成了企业长期、忠实的消费者。

第二节　体验营销

一、体验营销的概念及特点

体验营销(Experiential Marketing)指的是,通过看、听、用、参与的手段,充分刺激和调动消费者的感官、情感、思考、行动、联想等感性因素和理性因素,重新定义、设计的一种思考方式的营销方法。体验营销的特点是:

(一)顾客参与

在体验营销中,顾客是企业的核心,也是体验活动的主角。体验成功的关键是在于引导顾客主动参与。使其融入设定的情境当中。通过顾客表面的特征去挖掘发现其真正的需要。消费者自愿和企业产生互动,在这样的一个互动过程中,顾客的感知效果就是体验营销的效果,参与程度的高低直接影响到体验的结果。

(二)体验需求

体验营销的感觉是具体直观、生动、形象、易聚集和互动。它对消费者应景及时地做出购买决策,起到了较直接的促销效果。体验营销中消费者的理性与感性的合二为一。在体验的过程中,消费需求如果出现了多类的变化,比如从消费结构上,情感需求比物质需求更看重;从消费的内容上,个性化的产品和服务的需求日益增多;从价值目标来看,消费更多的关注在产品和服务使用时产生的心理感受,关注公众环境保护等社会公益问题。

(三)个性特征

在营销设计中,不仅考虑到企业能设计什么方案?而且更多的要关注到顾客的个性化需求。个性化是一个区别于他人,在不同的、特定环境中显现出来的相对稳定的、有影响的外显和内隐行为模式的心理特征的总和。在体验营销中,由于个性的差异,尤其是在精神感知上的不同,每个人对同一消费目标的体验可能完全不同。因此,传统的营销活动对个性化需求的设计是无法复制和描述的。

(四)体验活动都有一个体验"主题"

体验营销设计的一个个体验活动,往往都会通过独具匠心的"主题"安排,比如将艺术、文学、音乐等看似高雅的文化活动深入消费者的心目中,让消费者感受到不一样的独特韵味。2010年,上海"艺术与城市"邀请来了奥地利著名艺术家保罗·雷纳(Paul Renner)与上海外滩三号陆唯轩行政总厨大卫·拉里斯(David Laris)合作共同呈献"凤凰变·艺术餐会",融入美食和表演艺术、诗歌与音乐,为人们带来一次精致完美的艺术体验。体验营销的定位集中体现在体验主题上,迪士尼公园早在1953年就将主题定位于"人们发现快乐和知识的地方"。

(五)注重顾客在消费过程中的感受

顾客是公司最重要的资源,所有其他要素存在的意义就在于支持和保留你的顾客。体验营销更注重顾客在消费过程中的感受,在这一过程中氛围的营造特别重要。体验营销也更注重围绕某一群体、场所或环境营造顾客熟悉和喜欢的效果,让顾客产生流连忘返的氛围体验。因为好的氛围会像磁石一样牢牢吸引着顾客,使顾客频频光顾。如很多服装行业,大商场通过布置和细节,营造出该季产品的特点,让消费者能够找到喜欢的消费场景。

二、体验营销的形式

由于体验的复杂化和多样化,所以《体验式营销》一书的作者伯恩德·H.施密特将不同的体验形式称为战略体验模块,并将其分为五种基本类型:

(一)知觉体验

知觉体验即感官体验,将视觉、听觉、触觉、味觉与嗅觉等知觉器官应用在体验营销上。知觉体验营销可以区分公司和产品的识别,引发消费者购买动机和增加产品的附加值等。例如,宝洁公司曾经推出的汰渍洗衣粉,其广告突出"山野清新"的感觉:新型山泉汰渍带给你野外的清爽幽香。公司为创造这种清新的感觉做了大量工作,后来取得了很好的效果。

(二)思维体验

思维体验即以创意的方式引起消费者的惊奇、兴趣,对问题进行集中或分散的思考,为消费者创造认知和解决问题的体验。思维式营销是启发人们的智力,创造性地让消费者获得认识和解决问题的体验。它运用惊奇、计谋和诱惑,引发消费者产生统一或各异的想法。在高科技产品宣传中,思维式营销被广泛使用。1998年苹果电脑的IMAC计算机上市仅六个星期,就销售了27.8万台,被《商业周刊》评为1998年最佳产品。该方案将"与众不同的思考"的标语,结合许多不同领域的"创意天才",包括爱因斯坦、甘地和拳王阿里等人的黑白照片。在各种大型广告路牌、墙体广告和公交车身上,随处可见该方案的平面广告。当这个广告刺激消费者去思考苹果电脑的与众不同时,也同时促使他们思考自己的与众不同,以及通过使用苹果电脑而使他们成为创意天才的感觉。

(三)行为体验

行为体验是指通过增加消费者的身体体验,指出他们做事的替代方法、替代的生活形态与互动,丰富消费者的生活,从而使消费者被激发或自发地改变生活形态。行为式营销是通过偶像,角色如影视歌星或著名运动明星来激发消费者,使其生活形态予以改变,从而实现产品的销售。在这一环节耐克堪称经典,其成功的主要原因之一是有出色的"Just do it"广告,经常地描述运动中的著名篮球运动员迈克尔·乔丹,从而升华了运动的体验。

(四)情感体验

情感体验即体现消费者内在的感情与情绪,使消费者在消费中感受到各种情感,如亲情、友情和爱情等。情感式营销是在营销过程中,要触动消费者的内心情感,创造情感的融合,其范围可以是一个温和、柔情的正面心情,如欢乐、自豪,甚至是强烈的激动情绪。情感式营销需要真正了解什么刺激可以引起某种情绪,以及能使消费者自然地受到吸引,并融入这种情景中来。如在"水晶之恋"的果冻广告中,我们可以看到一位清纯、可爱、脸上写满幸福的女孩,依靠在男朋友的肩膀上,品尝着他送给她的"水晶之恋"果冻,就连旁观者也会感觉到这种"甜蜜爱情"的体验。

(五)相关体验

相关体验包含感觉、情感、思维、行动等层面,它超越了私人感受,是把个人与理想中的自我、他人(社会认同)和文化有机联系起来而获得的反应。它使人们建立起对某个品牌的偏好,同时让使用该品牌的人们形成某个特定的社会群体。关联式营销战略特别适用于化妆品、日常用品、私人交通工具等领域。"哈雷"摩托车的车主们经常把摩托车的标志文在自己的胳膊上,乃至全身。他们每个周末去全国参加各种竞赛,大大增强了哈雷品牌的影响力。

三、体验营销的流程

体验营销是指企业营造一种氛围,设计一系列有吸引力的事件,帮助顾客变成其中的一个角色,主动参与到产品或服务的体验过程中,从而产生深刻难忘的印象,为获得的体验向企业产生让渡价值。体验营销以向顾客提供有价值的体验为主旨,力图通过满足消费者的感知需要而达到吸引顾客、维系顾客和保留顾客的目的,以期获取营销目标利润。

(一)识别客户

识别目标客户就是要针对目标顾客提供购前体验,明确顾客范围,降低成本。同时还要对目标顾客进行细分,对不同类型的顾客提供不同方式、不同水平的体验。在运作方法上要注意信息由内向外传递的拓展性。对于企业行业来说,体验营销就是企业有意识地以服务作为舞台,以店内设施、产品作为道具,通过精心设计,使客人以个性化的方式融入其中,从而形成难忘的事件。

(二)认识顾客

认识目标顾客就要深入了解目标顾客的特点、需求,知道他们担心什么、顾虑什么。企业必须通过市场调查来获取有关信息,并对信息进行筛选、分析,真正了解顾客的需求与顾虑,以便有针对性地提供相应的体验手段,来满足他们的需求,打消他们的顾虑。我们关注到整个星巴克的咖啡店的布局,就像一杯咖啡:夹带暗红的咖啡色墙壁,浅黄色隔板,或深或浅的咖啡色桌椅、沙发,加上暗黄色柔和的灯光,四周充满咖啡的香味,再嘬上一口醇香润滑的咖啡,整个人似乎溶入了一杯浓浓的咖啡中。耳边爵士乐让人雀跃于这种感受,更添一份轻松与愉悦。墙壁上的挂画或色彩纷呈、抽象味儿十足,给人以时尚与个性的张扬感。咖啡馆内的一切,都围绕着咖啡文化而设计。

(三)顾客角度

要清楚顾客的利益点和顾虑点在什么地方,根据其利益点和顾虑点决定在体验式销售过程中重点展示哪些部分。例如,宜家把家具卖场打造成消费者寻找灵感和设计思路的地方,消费者可以根据每种产品价格、材料大小、颜色、产地等,思考出搭配方式。宜家的出现,为喜欢变革的中产阶级们提供了一个温暖的支撑。在自己的私人空间里,宜家的家具是为生活中的不断变动而设计的——一个新公寓、一段新恋情、一个新家。即使仅仅是随意的逛逛宜家,许多空间的每一处都展现一个家庭的不同角度,用户向人充分展示出可能的未来温馨的风格。多年来的运作,宜家成了一个文化符号,让长久以来渴望自由消费主义的中国新兴中产阶级趋之若鹜。当消费者将自己的人生主张、价值观、生活态度借由某种商品传达时,就表明他对该品牌的感官享受超过了临界点,开始形成对这一品牌的价值主张,这是品牌体验的最高境界。

(四)体验参数

要确定产品的卖点在哪里,顾客从中体验并进行评价。例如订制个性化服装,可以把顾客的身材与款式的匹配度,成衣与体型相符的满意度等指标作为体验的参数,这样在顾客体验后,就容易从这几个方面对比产品(或服务)的量化水平从而形成一个直观的判断。体验营销是以消费者所追求的生活方式为诉求点,通过将公司的产品或品牌演化成某一种生活方式的象征甚至是身份、地位的识别标志,从而达到吸引消费者、建立起稳定的消费群体的目的。

(五)项目设计

在这个阶段,企业应该预先准备好让顾客体验的产品或设计好让顾客体验的服务,并确定好便于达到目标对象的渠道,以便目标对象进行体验活动。在体验营销模式中,企业的角色就是搭建舞台、编写剧本。顾客的角色是演员。而联系企业和顾客的利益纽带则为体验。开展体验营销,要求企业深入体察顾客的心理,准确掌握顾客需要何种类型的体验。体验营销中的"体验"是要消费者经过自我思考与尝试去获得的解决方案。这种方案是独特的,是一种生活方式与消费者个人喜好的结合。商家要做的就是对产品的文化、功能、搭配方案的介绍及制作展示等,帮助他们找到最适合自己的方案。

(六)评价控制

企业在实行体验式营销后,还要对前期的运作进行评估。评估总结要从以下几方面入手:效果如何;顾客是否满意;是否让顾客的风险得到了提前释放;风险释放后是否转移到了企业自身,转移了多少;企业能否承受。通过这些方面的审查和判断,企业可以了解前期的执行情况,并可重新修正运作的方式与流程,以便进入下一轮的运作。

体验营销的目的在于促进产品销售,通过研究消费状况,用传统文化、现代科技、艺术和大自然等手段来增加产品的体验内涵,从而给消费者心灵带来强烈的体验感以促进销售。

第三节　服务营销

市场营销学界对服务概念的研究大致是从20世纪五六十年代开始的。区别于经济学界的研究,市场营销学者把服务作为一种产品来进行研究。1960年,AMA最先给服务下定义为"用于出售或者是同产品连在一起进行出售的活动、利益或满足感"。

一、服务的特点

20世纪70年代末至80年代初,市场营销学界的许多学者从产品特征的角度来探讨服务的本质,以区别于有形商品。对于大多数服务而言,都具有如下共同特征。

(1)无形性。首先,它是指服务与有形的消费品或产业用品比较,服务的特质及组成服务的元素往往是无形无质的,让人不能触摸或凭肉眼看见其存在。其次,它还指服务不仅其特质是无形无质,甚至使用服务后的利益也很难被察觉,或者要等一段时间后享用服务的人才能感觉到利益的存在。因此,人们不可能在购买服务之前,去视、听、嗅、尝、触到服务,而是必须参考许多意见、态度以及各方面的信息。当再次购买时,则依赖先前的经验。

(2)相连性。由于服务本身不是一个具体的物品,而是一系列的活动或过程,所以在服务的过程中消费者和生产者必须直接发生联系,从而生产的过程也就是消费的过程。也就是说,服务人员提供服务于顾客时,也正是顾客消费服务的时刻,二者在时间上不可分离。服务的这种特性表明,顾客只有而且必须加入服务的生产过程中才能最终消费服务。

(3)易变性。易变性是指服务的构成成分及其质量水平经常变化,很难统一界定。服务行业是以人为中心的产业,由于人类个性的存在,使得对于服务的质量检验很难采用统一的标准。一方面,由于服务人员自身因素(如心理状态)的影响,即使由同一服务人员所提供的服务也可能会有不同的水平;另一方面,由于顾客直接参与服务的生产和消费过程,于是顾客本身的因素,如知识水平、兴趣和爱好等,也直接影响服务的质量和效果。

(4)时间性。由于服务的无形性以及服务的生产与消费同时进行,使得服务不可能像有形的消费品和产业用品一样储存起来,以备未来出售,而且消费者在大多数情况下也不能将服务携带回家。当然,提供服务的各种设备可能会提前准备好,但生产出来的服务如不当时消费掉,就会造成损失,如车船的空位等,不过,这种损失不像有形产品损失那样明显,它仅表现为机会的丧失和折旧的发生。因此,时间性的特征要求服务企业必须解决由缺乏库存所引致的产品供求不平衡问题。

二、服务质量评估

服务质量是指服务能够满足规定和潜在需求的特征和特性的总和,是服务工作能够满足顾客需求的程度。服务质量是服务营销的核心,无论是有形产品的生产企业还是服务业,服务质量都是企业在竞争中制胜的法宝。对服务质量的评估是在服务传递过程中进行的,服务质量具有五个要素:可感知性、可靠性、反应性、保证性、移情性。

(一)可感知性

是指服务产品的有形部分,如各种设施、设备以及服务人员外表等。由于服务产品的本质是一种行为过程而不是某种实物,具有不可感知的特性,因此客户只能借助这些有形的、可视的部分把握服务质量。

(二)可靠性

是指企业准确无误地完成所承诺的服务。服务差错给企业带来的不仅是直接的经济损失,更有可能导致失去很多潜在客户,可靠性要求企业避免在服务过程中出现差错。

(三)反应性

是指企业随时愿意为客户提供快捷、有效的服务。对于客户的各种需求企业能否予以及时满足表明了企业的服务导向,即是否把客户的利益放在第一位。服务传递效率从另一个角度反映了企业的服务质量。尽量缩短客户的等候时间,提高服务传递效率将大大提高企业的服务质量。

(四)保证性

是指员工所具有的知识、礼节以及表达出自信和可信的能力。它能增强顾客对企业服务质量的信心和安全感。服务人员缺乏友善的态度会使顾客感到不快,而如果他们的专业知识懂得太少也会令顾客失望。

(五)移情性

要求设身处地地为顾客着想和对顾客给予特别的关注。移情性需要接近顾客的能力、敏感性和有效地理解顾客需求。企业要真诚地关心顾客,了解他们的实际需要(甚至是私人方面的特殊要求)并予以满足,使整个服务过程具有人情味。

顾客主要通过这五个方面将预期的服务和接收到的服务相比较,并对服务质量做出判断。

三、服务营销与产品营销的区别

前面已经简要分析了服务具有无形性、相连性、易变性和时间性等四个基本特征,这些特征决定了服务市场同产品市场有着本质的不同。服务市场营销与产品市场营销的区别具体表现为以下几个方面:

(一)产品特点不同

如果说有形产品是一个具体的物品或某类消耗品;那么服务则表现为一种感受、行为、绩效或努力。

(二)顾客对过程的参与不同

产品市场中顾客消费的是最终生产出来的产品,没有参与生产过程;在服务市场中由于顾客直接参与生产过程,如何管理顾客成为服务营销管理的一个重要内容。

(三)产品构成不同

产品市场的交易商品就是产品本身;服务市场交易的商品包含服务的过程,含顾客同服务提供者广泛接触的过程,服务绩效的好坏不仅取决于服务提供者的素质,也与顾客的行为密切相关。

(四)质量控制的不同

产品市场的质量控制就是产品生产过程中产品本身的质量标准;而服务市场的质量控制,由于人是服务的一部分,服务的质量很难像有形产品那样用统一的工业质量标准或者某一行业质量标准来衡量,因而服务的质量过程的缺点和不足也就不易发现和改进。

(五)产品储存不同

有形产品根据其物理属性大多具有可储存性;服务的无形性以及生产与消费的同时进行,使得服务具有不可储存的特性。

(六)时间因素不同

有形产品的生产与消费在时间上一般是分离的;在服务市场上,因为服务生产和消费过程是由顾客同服务提供者面对面进行的,所以服务的供应就必须及时、快捷,以缩短顾客等候服务的时间。

(七)分销渠道不同

服务企业不像生产企业那样通过物流渠道把产品从工厂运送到顾客手里,而是借助电子渠道或者虚拟平台传播,或是把生产、供应、销售和消费的地点连在一起提供更具个性化的产品。

四、服务营销组合

服务营销在传统营销组合4Ps的基础上,增加了人员(People)、有形展示(Physical evidence)、过程(Process)三个要素。

(一)产品

服务产品必须考虑提供服务的范围、服务质量和服务水准,同时还要注意品牌、保证以及售后服务等。服务产品中,这些要素的组合变化相当大,例如一家供应数样小菜的小餐厅和一家供应各色大餐的五星级大饭店的要素组合就存在着明显差异。

(二)定价

价格方面要考虑的因素包括:价格水平、折扣、折让和佣金、付款方式和信用。在区别一种服务和另一种服务时,价格是一种识别方式,顾客可从一种服务的价格感受到其价值的高低。价格和质量之间的相互关系,也是服务定价的重要考虑因素。

(三)分销

服务者的所在地以及地缘的可达性在服务营销上都是重要因素。地缘的可达性不仅是指实物上的,还包括传导和接触的其他方式,如电话或网络,所以分销渠道的形式以及其涵盖的地区都与服务可达性有密切关联。

(四)促销

促销包括广告、人员推销、销售促进或其他宣传方式的各种市场沟通方式,以及一些间接的沟通方式,如公共关系等。

(五)人员

在服务企业担任生产或操作性角色的人,在顾客看来其实就是服务产品的一部分,其贡献也和其他销售人员相同。大多数服务企业的特点是操作人员可能担任服务表现和服务销售的双重工作。因此,市场营销管理必须和作业管理者协调合作。企业工作人员的任务极为重要,尤其是那些需要"高度接触"的服务企业。所以,市场营销管理者还必须重视雇佣人员的筛选、训练、激励和控制。

此外,对某些服务业务而言,顾客和顾客之间的关系也应引起重视。因为,一位顾客对一项服务产品质量的认知,很可能是受到其他顾客的影响。在这种情况下,管理者应面对的问题,是在顾客与顾客之间相互影响方面的质量控制。

(六)有形展示

有形展示会影响消费者和客户对一家服务企业的评价。有形展示包括的要素有:实体环境(装潢、颜色、陈设、声音)以及服务提供时所需要的装备实物(比如汽车租赁公司所需要的汽车),还有其他的实体性线索,如航空公司所使用的标志,或干洗店将洗好衣物上加上的"包装"。

(七)过程

人的行为在服务企业中很重要,而过程(即服务的递送过程)也同样重要。表情愉悦、专注和关切的工作人员,可以减轻顾客必须排队等待服务的不耐烦感觉,或者平息顾客在技术上出问题时的怨言或不满。整个体系的运作政策和程序方法的采用、服务供应中机械化程度、员工裁断权的适用范围、顾客参与服务操作过程的程度、咨询与服务、定约与待候制度等,都是市场营销管理者要特别注意的事情。

复习思考题

1. 关系营销有哪几个层次?
2. 体验营销的特点有哪些?
3. 服务营销与产品营销的区别是什么?
4. 服务营销组合有哪几个要素?

案例分析

小米社区

小米社区是利用互联网技术建立的,供小米消费者和爱好者相互交流的虚拟品牌社区。小米社区同城会是由米粉(小米品牌粉丝)自发组建、经小米官方认证的组织,目前已有近百个小米同城会。同城会会长大多是小米品牌资深爱好者、忠诚顾客,对小米品牌有着强烈的情感依恋,且在同城会中拥有一定地位和发言权,其发布的信息能对品牌产生积极影响。小米还在其社区中设有酷玩组、荣誉开发组、内测粉丝组等特殊组,让其成员参与到小米产品的测试、研发、体验、建议等环节中。这种形式满足了顾客需求,增强了用户参与感,使品牌与用户建立了深厚联系。小米社区经常会发布活动信息,鼓励用户参与,并给予一定的奖品奖励。小米社区不仅鼓励用户在其平台上发表言论,还鼓励其开展线下活动。线下活动主要由同城会和"小米爆米花"组织,"米粉"可以线下交流心得、分享爱好、结交朋友。小米社区为不同的手机型号划分了各自版块,保证了使用不同小米手机型号的用户能够在特定板块进行分享,支持"点赞"功能,使用户能够获得认同。小米社区已在国内虚拟品牌社区中占据一席之地,促进了小米品牌的发展。

(资料来源:陆微:《基于虚拟品牌社区的关系营销研究——以小米社区为例》,山西农经,2019年第12期)

案例思考

1. 小米的关系营销体现了哪些特点?
2. 小米使用了哪几个层次的关系营销?
3. 小米还可以进行哪些关系营销的改进?

主要参考文献

[1]王德章,周游.市场营销学[M].第3版.北京:高等教育出版社,2015.

[2][美]菲利普·科特勒,加里·阿姆斯特朗.市场营销原理[M].第2版.北京:清华大学出版社,2007.

[3]王谊,于建源,张剑渝等.现代市场营销学[M].第3版.成都:西南财经大学出版社,2011.

[4]许军.市场营销学[M].成都:西南交通大学出版社,2009.

[5]万后芬,应斌,宁昌会.市场营销教学案例[M].第2版.北京:高等教育出版社,2009.

[6]李雪等.市场营销学原理与实践[M].北京:清华大学出版社,2017.

[7]汪涛,望海军.市场营销学[M].北京:高等教育出版社,2014.

[8]郭国庆等.市场营销学概论[M].第3版.北京:高等教育出版社,2018.

[9]吴健安,聂元昆.市场营销学[M].第6版.北京:高等教育出版社,2017.

[10][英]杰弗·兰卡斯特,费兰克·卫斯.市场营销基础[M].刘现伟,陈涛,译.北京:经济管理出版社,2011.